HUIT JOURS À VERSAILLES

PAR
PAUL GRUYER

LIBRAIRIE HACHETTE

HUIT JOURS

A VERSAILLES

A Louis XIV qui a voulu Versailles. — Aux nobles artistes qui l'ont créé.

DIANE CHASSERESSE PAR DESJARDINS, ET FONTAINE DE DIANE.

PAUL GRUYER

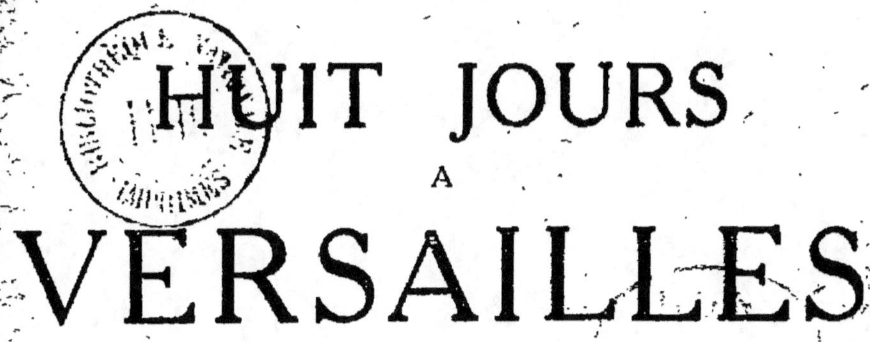

HUIT JOURS A VERSAILLES

LA VILLE
LE CHATEAU — LE PARC
LES TRIANONS

SIXIÈME MILLE

LIBRAIRIE HACHETTE

79, Boulevard Saint-Germain, Paris.

HUIT JOURS A VERSAILLES

CHAPITRE PREMIER

HISTOIRE DE LA VILLE ET DU CHATEAU

Versailles il y a trois siècles. ◦ Le petit Château de Cartes de Louis XIII. ◦ Le Versailles de Louis XIV. ◦ La ville sous Louis XIV et Louis XV. ◦ Louis XVI et la fin du Versailles royal. ◦ Versailles sous la Révolution. ◦ Napoléon et Versailles. ◦ La Restauration. ◦ De Louis-Philippe à nos jours. 1871-1920.

Versailles il y a trois siècles.

UN menu village à la mode de Callot, avec des tas de fumier devant les portes, sur lesquels picorent les poules et claironnent les coqs, avec une mare bourbeuse où se vautrent, en grognant, des cochons hirsutes ; des cabarets de rouliers, où le vin ruisselle sur les tables, et trois ou quatre hôtelleries dont les enseignes grinçantes se balancent au vent ; une humble église à clocheton pointu ; un vieux château fort féodal, transformé en ferme, avec colombier, grange et bergerie, deux tourelles en poivrière sur son portail et des lentilles d'eau dans ses fossés dormants ; un gros orme sur une place, avec un poteau où le seigneur de l'endroit faisait, à son de trompe, afficher ses proclamations devant les gueux attroupés. Tel était Versailles, il y a trois siècles, lorsque, le 24 août 1607, le Dauphin Louis XIII, âgé de six ans, y vint de Saint-Germain, en carrosse, faire sa première chasse dans les bois environnants. Il s'en retourna avec un levraut, six cailles et deux perdreaux.

L'origine de Versailles est fort lointaine. On trouve le mot dans une charte de 1037, où il est fait mention de son plus ancien seigneur : *Hugo de Versaliis*. La famille noble qui tenait ce fief et en portait le nom se perpétua jusqu'à la fin du XVe siècle, où elle s'éteignit, en 1464.

Après avoir passé par des mains diverses, terre et château appartenaient en 1572, lors de la Saint-Barthélemy, à Martial de Loménie de Brienne, ancien secrétaire des Finances de Charles IX. Catherine de Médicis ayant fait opportunément étrangler le propriétaire, le domaine fut acquis, au prix de 35 000 livres (175 000 francs environ de notre monnaie), par Albert de Gondi, maréchal de Retz.

Le vieux donjon occupait une part du sommet de la butte, alors fort étroite, qui porte aujourd'hui le château. Un moulin à vent tournait à côté de lui ses grands bras. Le village était sur le versant qui regarde la rue de l'Orangerie actuelle et la Pièce d'eau des Suisses. Il était gouverné par un bailli, dont un gibet, où flottait de temps à autre quelque pendu, un carcan et une geôle symbolisaient les fonctions. L'église était dédiée à saint Julien de Brioude, martyr. Pour paysage, un horizon de forêts, courant sur la crête des collines, et où se rejoignaient, en une même masse compacte, nos forêts actuelles de Saint-Germain et de Marly, nos bois de Satory, de Chaville et de Meudon, de Ville-d'Avray et de Saint-Cloud ; celui-ci prolongé jusqu'aux portes de Paris par les débris de l'ancienne forêt de Rouvray, notre Bois de Boulogne actuel. Dans les bas-fonds du vallon, ou val de Gally, qui s'étendait vers l'ouest, au-dessous de la butte, des étangs à grenouilles et à couleuvres, dont les principaux étaient l'étang Vieux, l'étang Puant et la mare aux Bœufs, et des marécages, miroitant au crépuscule et exhalant la fièvre, étaient réunis entre eux par un réseau de petits rus, que l'on retrouve encore, en plusieurs endroits, sous les hautes futaies du Petit Parc. Sur l'autre face de la butte, le vaste étang de Clagny, qui subsistera jusqu'au milieu du XVIIIe siècle, et celui de Glatigny, son voisin. Le reste du terrain était occupé par des bois-taillis et par des friches, par des bouts de prairies, des carrés de culture et des plants de vignes.

Gibier de toute plume et de tout poil pullulait en ces sûres retraites. C'était un grouillement de lièvres et de lapins, de cailles et de perdrix, de daims mouchetés et de chevreuils, de grands cerfs branchus et de biches, de sangliers sortant, en trottant, de leurs bauges. Sur les étangs et les mares s'ébattaient canards, hérons et oies sauvages, sarcelles, râles d'eau et poules d'eau. Les bêtes de proie ne manquaient pas non plus à la fête. Milans noirs, aigles-pêcheurs et busards tournoyaient dans l'air, mêlant leur cri aigu au cri lourd des corbeaux et des choucas, dont les croassantes cohortes, pourchassées de siècle en siècle, emplissent encore les hauts plateaux de la région. La nuit, c'était le glapissement des renards, le hurlement des loups, aux yeux de feu et aux dents blanches.

Un chemin, qui venait de Normandie et descendait vers Saint-Cloud, servait de voie aux longs troupeaux de bœufs destinés à ravitailler Paris, et que les marchands, escortés de chiens, poussaient devant eux à coups de bâton. Les bêtes se désaltéraient dans les mares, les conducteurs dans les cabarets du village, qui en tirait profit.

Plusieurs autres hameaux ou villages étaient disséminés alentour, disparus ou transformés depuis : Choisy-aux-Bœufs, Saint-Antoine-du-Buisson, Trianon, devenu célèbre ; Porche-Fontaine, qui possédait aussi un vieux château ; Montreuil, où était une maladrerie pour les lépreux.

Le petit Château de Cartes de Louis XIII.

En 1624, nous retrouvons Louis XIII, devenu roi, chassant à Versailles, longue figure osseuse, à moustache et à barbiche, au froid sourire, un grand col blanc de dentelle sur les épaules, des bottes éperonnées, jusqu'à mi-cuisse, un faucon au poing.

Chasser et " voler " est le meilleur plaisir du roi. Il vole, à Paris, dans les jardins du Louvre, à la pie-grièche et à l'épervier, rouges-gorges, roitelets, mésanges et rossignols. S'il ne veut sortir, il vole, dans ses chambres et dans ses galeries, des moineaux captifs, qu'il y fait lâcher. D'autres moineaux et des serins sont dressés à voler les mouches et les papillons. Lorsqu'il vole dans la campagne, cent vingt fauconniers le suivent, portant ses oiseaux de chasse, faucons et gerfauts, de toute taille et de toute race, chaperonnés et liés aux pattes, qu'ils lui tendent selon sa demande et le gibier qui se présente. La chasse ordinaire se fait au tir, aux chiens et aux dards.

Les deux principales maisons royales où se rend le souverain, quand il quitte Paris, sont Fontainebleau et Saint-Germain. C'est à Fontainebleau qu'est né Louis XIII, de Henri IV et de Marie de Médicis. C'est à Saint-Germain que naîtra Louis XIV, de Louis XIII et d'Anne d'Autriche. Le château de Saint-Germain, qui est plus proche, est le plus fréquenté et tient alors le rôle que, plus tard, jouera Versailles. Le roi, la reine, la cour s'y transportent et s'y installent durant des mois entiers. C'est une belle et somptueuse demeure, réédifiée par François Ier, agrandie par Henri IV, et qui s'orne chaque jour davantage. Ses jardins sont surtout fameux par leurs terrasses superposées, qui descendent vers la Seine, par leurs galeries en arcades, par leurs eaux qui jaillissent dans des grottes souterraines, parmi les statues de dieux et de néréides.

Le giboyeux terroir de Versailles plaît à Louis XIII. D'abord il en revient, le soir, à Saint-Germain ; parfois, quand la randonnée a été trop rude, il couche sur place, soit chez le fermier du vieux castel, soit dans une des hôtelleries. Bientôt il décide d'avoir un pied-à-terre qui lui appartienne, une petite maison suffisante pour le loger lui et sa suite, et où il pourra venir, de temps à autre, se détendre l'esprit.

Dès le début de 1624, il a acquis du terrain, sur la partie de la butte restée libre, et la construction a commencé. Le maître de l'œuvre est un certain Le Roy, à la fois entrepreneur et architecte, selon l'usage de l'époque, qui lui a soumis les plans, puis a passé tous les marchés. Au mois de mars, le bâtiment est sorti du sol et Louis XIII arrive du Louvre, en un train de galop, pour inspecter les travaux. En juin, le gros œuvre de quelques pièces est terminé et le roi couche chez lui, du vendredi 28 au 5 juillet. Il a amené ses mousquetaires, qu'il passe en revue, dans le pif-paf des arquebuses ; il chasse, fait curée de cerf et de renard, entend la messe à Saint-Julien et y tient sur les fonts baptismaux l'enfant de son nouveau concierge et gouverneur, qui est un ancien archer de ses gardes. En août, divers ameublements sont expédiés et installés, ainsi que la batterie de cuisine. En 1626, le 2 novembre, le roi reçoit pour la première fois la cour, les deux reines (la reine mère et sa femme) et les princesses. Les allées et venues entre Versailles et Saint-Germain ou Paris sont dès lors constantes.

Le 10 novembre 1630, Richelieu est mandé secrètement à Versailles. Le pouvoir politique est en pleine crise. Marie de Médicis, qui a poussé le cardinal près de son fils, l'a pris maintenant en haine ; elle intrigue avec Gaston d'Orléans, frère du roi, et exige le renvoi du ministre. Dès son arrivée, Richelieu, introduit par Claude de Saint-Simon, capitaine du château et père de l'historien, est reçu par le roi. Tout le monde, à la cour, ignore ce qui se passe et, chacun est persuadé que la reine-mère va l'emporter ; elle le croit comme les autres. Mais, le lendemain, coup de théâtre complet. Richelieu est maintenu en fonctions, et les plus acharnés de ses ennemis reçoivent l'ordre de se constituer prisonniers. Gaston d'Orléans court se jeter aux genoux de son frère et promet au cardinal de le bien servir désormais ; Marie de Médicis, qui refuse de plier, sera incarcérée, puis exilée, l'année suivante. Ce fut ce qu'on appela la "Journée des Dupes".

Le 8 avril 1632, Louis XIII achète de Jean-François de Gondi,

LE CHATEAU SOUS LOUIS XIII.

LE CHATEAU DU CÔTÉ DU PARC APRÈS LES PREMIERS TRAVAUX DE LE VAU.

LE MÊME DU CÔTÉ DE L'ARRIVÉE, AVEC LE TRACÉ DE L'AVANT-COUR,
DE LA PLACE D'ARMES ET DES TROIS AVENUES.
Estampes d'Israël Silvestre et de Pérelle.

ILLUMINATIONS ET FÊTE DE NUIT DU 18-19 JUILLET 1668.
Estampe de J. Le Pautre.

REPRÉSENTATION D'« ALCESTE », DE QUINAULT ET LULLI, DANS LA COUR
DE MARBRE (4 JUILLET 1674). *Estampe de J. Le Pautre.*

archevêque de Paris, oncle du futur cardinal de Retz, l'ancien château féodal dont il a hérité. Il le lui paie 66 000 livres (330 000 francs), avec les terres y attenant. Ce vieux débris sera conservé encore quelques années, en guise de communs, puis rasé à une date imprécise.

Le NOUVEAU CHÂTEAU, avons-nous dit, occupe le sommet de la butte. Il est bleu, blanc et rouge. Bleu par les ardoises de son toit, blanc et rouge par le mélange de pierre et de briques dont ses murs sont construits. Il appartient à ce style français de la Renaissance, commun depuis Henri IV, dont la place des Vosges, à Paris, et mainte gentilhommière de Touraine nous offrent le type. C'est une architecture au charme un peu froid, mais d'une harmonie de couleur bien particulière et non sans finesse.

L'orientation est la même que celle du château actuel : l'entrée vers Paris ; la façade principale sur les jardins, tournée vers le couchant. Une précieuse estampe d'Israël Silvestre, la première de la série qu'il a consacrée à Versailles, nous montre cette façade. Un rez-de-chaussée, avec porte centrale, précède une terrasse d'où descend un escalier double ; le premier étage compte neuf fenêtres et le second, sous les combles, autant de lucarnes. Deux petits avant-corps, à toitures plus hautes, s'avancent légèrement à droite et à gauche. Du côté de l'entrée, s'allongent deux ailes, encadrant une cour intérieure, de 21 mètres de large, de 32 mètres de profondeur, fermée alors par des arcades, et qui deviendra un jour la "Cour de Marbre". Un fossé la précède, dont le fond gazonné sert au roi à jouer au palet.

L'appartement du roi, qui occupe le premier étage du corps de logis principal, se compose d'une antichambre, avec un billard à six queues et à douze billes, d'une chambre à coucher, avec un lit à baldaquin, dont les matelas sont en bourre de laine, d'une garde-robe et d'un cabinet de travail. Les murs sont tendus de tapisseries des Flandres ; le carreau est recouvert de tapis d'Orient. Il n'y a pas d'appartement de la reine, celle-ci ne venant qu'à titre d'invitée. Une vingtaine de chambres sont disposées pour les familiers du roi. Les ailes sont occupées par le personnel et les divers services.

Devant le château, là où sont aujourd'hui les Parterres d'Eau, Jacques de Nemours, qui est le neveu de Jacques Boyceau, contrôleur général des jardins du roi, a tracé des Parterres de Broderie. Ce sont de savantes et patientes arabesques, dessinées sur le sol avec de petits buis, coupés courts, et qui reproduisent les motifs et le style des plus riches dentelles. Entre les lignes de buis, des fleurs piquées çà et là et des sables de couleur. Des bassins circulaires, à bordure de grès, sont alimentés, ainsi que leurs jets, par l'étang de Clagny, à l'aide d'une pompe, mue par un manège à chevaux. En dessous des parterres, dans le creux du val de Gally, s'étend un parc, fort rudimentaire, qui occupe à peu près la surface du parc actuel et qui est plutôt une réserve de chasse. Il est clos de murs. Quelques allées y sont marquées par des rangées d'arbres et des pans de charmilles, taillées à grands traits.

D'année en année cependant, le goût de Louis XIII s'accentue pour Versailles. Le 20 novembre 1632, revenant de l'armée du Languedoc et de la campagne qui s'est terminée par le supplice de Montmorency, il apparaît, escorté de quatre cents dragons, s'installe au château et y reçoit, les jours suivants, le flot de ceux qui accourent pour le complimenter de ses victoires. Le 9 novembre 1634, il offre une chasse au loup à l'ambassadeur d'Angleterre. A tout moment, il vient de Saint-Germain tenir conseil des ministres ou donner collation. Mais la maison reste maison privée, où nul n'est admis s'il n'est directement prié.

C'est à Versailles que, surmontant cette invincible honte, cette sorte de dégoût de l'amour, qu'il a gardés du spectacle de la paillardise et des débordements paternels, Louis XIII offre à Mme de La Fayette, fille d'honneur de la reine, de venir demeurer, " pour y vivre sous ses ordres, pour y être toute à lui ". La jeune fille, poursuit Mme de Motteville, qui n'était pas insensible, prit peur et se retira dans un couvent. Le même jour où elle devait, de Saint-Germain, partir pour jamais, son dolent amant montait en carrosse et se faisait conduire seul à son petit château, afin d'y cacher son chagrin. A travers les vitres fermées de la voiture, ils s'envoyèrent de la main leur dernier adieu. Puis c'est Mlle de Hautefort, pour qui son cœur avait déjà battu autrefois, que le roi amène à Versailles, en capeline, sur sa haquenée. Mais il la sent intérieurement moqueuse, railleuse de sa gaucherie, et il ne se défait point, vis-à-vis d'elle, de déclarations timides.

Au milieu de ces allées et venues royales et du mouvement qu'elles entraînent, le village a commencé à se transformer. D'autres logis se sont bâtis. Des marchands s'installent. Louis XIII a fait construire des halles. Il a établi trois foires franches, qui existent encore, et un marché.

Tel fut, selon le mot de Saint-Simon, le " petit Château de Cartes " de Louis XIII. De ce château ne subsistent que des pans de murs au ras du sol, quelques fondations et, peut-être, un escalier à vis intérieur, encastré dans une muraille. Mais c'est de lui que naîtra et évoluera le Versailles futur. Les dépenses de construction s'étaient élevées, d'après ce que nous possédons des comptes, à 238 040 livres, dont 42 560 livres à Jacques de Menours, pour ses ouvrages du parc. Il y avait eu 9 856 livres payées à divers petits propriétaires, pour 117 arpents de terrain (40 hectares), et 66 000 livres payées à Jean-François de Gondi, pour 353 arpents (120 hectares 68 ares) et pour son fief. Soit en bloc 313 896 livres. Si nous admettons le rapport d'un à cinq comme valeur relative de l'argent à cette époque et aujourd'hui, ce seraient 1 569 480 francs de notre monnaie.

Le Premier Versailles de Louis XIV.

Louis XIII mort, à quarante-deux ans, le 14 mai 1643, d'une maladie de langueur, Anne d'Autriche, sa veuve, prend la régence. Mazarin ne tarde pas à devenir premier ministre et à exercer la réalité du pouvoir. Le petit Louis XIV a quatre ans et huit mois, et c'est à Saint-Germain que se passent les premières années de son enfance. En 1649, les troubles de la Fronde, émeutes populaires, révoltes du Parlement et de la Noblesse, forcent la cour à plier bagages et à chercher sa sûreté plus loin de la capitale.

En 1651, Mazarin s'étant exilé, une accalmie se produit et la cour rentre à Saint-Germain. Le 18 avril, Louis XIV, âgé de treize ans, s'en va à Versailles, en partie de chasse, comme son père, enfant, y était venu jadis. Le petit château a toujours été entretenu et le garçonnet royal y est traité à dîner (c'est-à-dire à déjeuner) par le marquis de Maisons, qui a succédé à Claude de Saint-Simon dans la capitainerie du logis. Il y revient, les 15 et 18 juin, " pour courir, sauter, chasser " et faire partie de palet, ainsi que les gazettes rimées de l'époque ne manquent pas de le rapporter au public. C'est le moment où Israël Silvestre grave sa première estampe ; la maison est restée ce qu'elle était sous Louis XIII. Le 7 septembre de la même année, le roi est déclaré majeur.

L'année suivante, Mazarin ayant reparu, nouvelle alerte. Mais Turenne, qui a pris le parti de la cour, emporte la balance. La rébellion est vaincue sans retour, les disgrâces pleuvent et les bannissements. Le Parlement est maté. Bientôt le jeune roi lui parlera botté et le fouet en main. En 1653, nous revoyons Louis XIV à Versailles, accompagné de l'Éminence, plus en faveur que jamais.

Sacré en 1654, il épouse, en 1660, l'infante Marie-Thérèse d'Autriche, fille de Philippe IV, roi d'Espagne. Quatre mois après son mariage, le 25 octobre, il l'amène à Versailles.

En 1661, Mazarin trépasse. Louis XIV va gouverner par lui-même. Il a vingt-trois ans, il est ardent, plein de vie et se jette à corps perdu dans la royauté. Après avoir abattu Fouquet, qui paie non seulement pour ses propres malversations, mais pour celles aussi de Mazarin, qui les ont au moins égalées, après l'avoir remplacé par Colbert et avoir engagé dès lors sa politique personnelle, il songe à bâtir.

Aucun roi n'est grand s'il ne laisse derrière lui, comme Chéops des monuments éternels de sa puissance et de sa gloire. Après, Charles VIII et Louis XII, François Ier a rouvert en France l'ère des bâtisseurs antiques, en couvrant le sol de palais, dont l'énorme Chambord.

Louis XIII, si ménager des deniers publics et qui a fait solder Versailles sur le chapitre de ses menus plaisirs, s'est surtout adonné au Louvre, dont il a fait reprendre et pousser avec vigueur les travaux. "La postérité, ne craint pas d'écrire Colbert, mesure les princes à l'aune de ces superbes maisons qu'ils ont élevées pendant leur vie." Tout grand seigneur pense de même, pour sa propre renommée. Richelieu a édifié Rueil, aujourd'hui détruit ; Condé embellit Chantilly, dont les eaux jaillissantes ne se taisent ni jour ni nuit ; Fouquet a créé Vaux. La question se pose donc d'elle-même à Louis XIV, de savoir quel palais sera destiné à le personnifier devant les siècles futurs.

Tout d'abord il s'est, à son tour, occupé du Louvre, œuvre ancestrale commune. Dès 1660, un édit enjoint de prendre et payer les matériaux nécessaires, partout où ils se trouveront. Interdiction aux particuliers d'entreprendre, sans permission, aucun bâtiment à Paris et à dix lieues à la ronde ; 10 000 livres d'amende aux contrevenants et, pour les ouvriers, la prison ou même les galères.

On travaille simultanément aux Tuileries, à Fontainebleau et à Saint-Germain. Mais déjà ces diverses résidences portent chacune leur empreinte. Une création réelle est impossible.

La situation est différente à Versailles, où le souverain a devant lui table rase, ou à peu près. En 1661, la transformation de la petite maison de Louis XIII commence. Soit respect du souvenir paternel et désir d'enchaîner l'œuvre nouvelle à l'embryon qu'elle était hier, soit que ses desseins manquent encore de l'ampleur qu'ils prendront un jour, c'est une sorte d'habillage, de parure de luxe de la construction ancienne que demande Louis XIV à l'architecte Le Vau.

Né vers 1613, Louis Le Vau avait construit, pour Fouquet, le château de Vaux. Il éleva, à Paris, les hôtels Lambert et de Thorigny, les chapelles du chœur de Saint-Sulpice, et fournit à Mazarin les plans du collège des Quatre-Nations, aujourd'hui bien défiguré et devenu l'Institut. Nommé architecte du roi, il transforma en maison de plaisance le château de Vincennes, s'occupa de celui de Saint-Germain, termina la cour intérieure du Louvre, édifia la façade qui regarde le pont des Arts actuel et bâtit, aux Tuileries, les anciens pavillons de Flore et de Marsan. Il fut, après sa mort, inhumé en l'église Saint-Germain-l'Auxerrois, d'où sa tombe a disparu.

Une estampe de Pérelle, qui représente la FAÇADE SUR LES JARDINS, après le travail accompli, nous montre le changement d'aspect qui en a résulté. Les toitures ont été refaites et de hauts corps de cheminées s'y allongent, symétriques ; les lucarnes, grandes et petites, ont reçu des frontons finement ornementés. Autour du premier étage court un balcon de fer forgé. Des moulures allègent, sur les murs, les panneaux de pierre encastrés de briques. Toute la simple et froide construction primitive a pris une allure d'élégance charmante. A droite de l'estampe, on remarque le clocher pointu et l'abside de l'église Saint-Julien. Au premier plan, on voit, attelé de six chevaux, le carrosse royal. Le balcon, qui est doré, ainsi que les épis et la ligne faîtière des toits, se poursuit le long des ailes de l'édifice, d'où il fait retour sur la FACE D'ENTRÉE. La courette intérieure a reçu elle aussi sa parure ; ses murs ont été garnis de consoles de marbre blanc, où se posent des bustes antiques. C'est la décoration qui a en partie subsisté dans la Cour de Marbre. Un pont de pierre a remplacé, en même temps, l'ancien pont-levis par où l'on pénétrait dans le château.

Sur cette même face, les dépendances affectées aux divers services sont reconstruites, plus importantes, avec des écuries pour cinquante-quatre chevaux. Elles sont englobées dans une avant-cour, que ferme une grille dorée, encadrée de deux pavillons de garde, et que précède un terre-plein circulaire, légèrement incliné, dont deux obélisques marquent l'entrée. Ce sera plus tard la grande cour du château. Sur les obélisques apparaît l'emblème du Soleil, que Louis XIV commence à faire sien. Au delà du terre-plein, des alignements d'arbres marquent la future place Royale, la place d'Armes actuelle.

Çà et là, s'élèvent en avant du château et aux frais du souverain quelques maisons d'habitation, disséminées en plein champ, quelques hôtels privés, offerts par Louis XIV aux principaux seigneurs de sa cour. C'est l'amorce de la ville.

La dépense est considérable. Pour deux des trois premières années, elle monte à 500 000 écus, soit 1 500 000 livres, c'est-à-dire, si nous admettons, pour le règne de Louis XIV, le rapport d'un à quatre comme valeur relative de l'argent, 6 millions de francs. En février-mars 1603, 80 ristons ou terrassiers d'élite, à 4 livres 10 sous de la toise (la toise valait 1 m. 949 ; il s'agit ici de la toise cube) et 330 terrassiers ordinaires, à 3 livres 10 sous, sont occupés à remuer le sol. Les tailleurs de pierre sont au nombre de 54 ; les limousins, ou maçons de pierre, et les maçons de plâtre, de 55 ; les manœuvres et ouvriers divers, de 231. Soit un total de 750 hommes.

Colbert s'effraye. Versailles n'est à ses yeux qu'une fantaisie du roi, à qui il remontre avec respect qu'il serait temps, peut-être, de s'arrêter. Les travaux du Louvre en souffrent, et c'est le Louvre, non Versailles, qui fera, pour les siècles à venir, la renommée de Sa Majesté. Louis XIV laisse dire et suit son idée. Les dépenses, en 1664, sont de 834 037 livres (3 336 148 francs) ; en 1665, de 783 673 livres (3 134 692 francs).

La création du PARC est parallèle et absorbe une grosse partie de ces sommes. L'entreprise est dès lors confiée à Le Nôtre et, si le détail de l'ornementation sculpturale, le nombre des fontaines, la forme et l'ampleur des bassins n'ont pas encore leur expression définitive, une mise en place générale est arrêtée. De chaque côté de l'admirable perspective qui, à travers le val de Gally transfiguré, s'enfuit vers l'horizon, les grandes masses de verdure des allées et des bosquets se dessinent en une savante harmonie. Aux ristons et aux terrassiers, 167 Suisses ont été adjoints, pendant un mois, pour unifier l'inclinaison de la colline, en dessous des anciens parterres de Jacques de Menours, et le curé de Saint-Julien a permis de travailler les jours de fête, après la messe. 94 jardiniers sont occupés à planter.

Sur la face sud du château, qui regarde le bois de Satory, d'autres terrassements entament le sol. Une première ORANGERIE, à onze arcades, précède celle qu'élèvera Mansart. Elle est encadrée de deux escaliers de pierre, d'une vingtaine de marches, qui deviendront les Cent Marches.

Enfin à l'extrémité d'un des bras du GRAND CANAL, que l'on commence à creuser, une MÉNAGERIE est construite, ornement ordinaire des résidences royales, pour recevoir des oiseaux rares et des animaux exotiques, dont un éléphant et un chameau.

L'intérieur du château a été, comme ses façades, complètement remanié. Un grand salon s'orne d'une coupole voûtée. Un petit salon, où s'esquisse l'idée qui présidera à la décoration de la Galerie des Glaces, se pare de miroirs biseautés, encastrés dans les murs, face aux fenêtres, et reflétant, en les doublant, le paysage et le ciel. Deux escaliers de marbre jaspé montent, l'un à gauche aux appartements de la reine, l'autre à droite aux appartements du roi. Le sobre mobilier de chêne de Louis XIII est renouvelé. La plupart des objets, tables et guéridons, vases à fleurs, bahuts et sièges divers, sont de style italien et en filigrane d'argent. Ils sortent de la manufacture des Gobelins, fondée en 1662, dirigée par Le Brun dès 1663, et qui comprend non seulement des ateliers de tapisserie, mais aussi de meubles, de bijouterie et d'orfèvrerie.

Louis XIV n'a pas attendu que ces aménagements, qui dureront jusqu'en 1665, soient terminés, pour jouir de Versailles et y séjourner, dans les coups de marteau, le crissement de la pierre grattée et les plâtres frais. Nous l'y trouvons, en 1662, à dîner, souper et danser, en compagnie de Marie-Thérèse et de nombreux invités. Du 15 au 22 septembre 1663, pendant huit jours, ce sont sans discontinuer fêtes, bals et ballets, comédie, concerts de voix et d'instruments. Jusque-là, ceux que les rois convient à résider sous leur toit n'ont jamais reçu que la chambre qui leur est attribuée, sans les meubles, qu'ils doivent apporter avec eux ; ils ont aussi à se nourrir, en dehors des repas de gala, à s'éclairer et à se chauffer à leurs frais. Désormais Louis XIV ordonne que ses invités seront meublés, qu'ils recevront bois et bougies et mangeront à son compte. Sa munificence en est louée, et la faveur d'être au nombre des élus en devint plus courue.

C'est à ce séjour de 1663 que paraît Molière. Molière et sa troupe appartiennent alors à Philippe d'Orléans, frère du roi, dit Monsieur. De même que les musiciens et les chanteurs appelés au divertissement de Sa Majesté, il est logé, avec ses comédiens, dans le pavillon des Cuisines. Il jouera successivement *Don Garcie de Navarre*, le *Sertorius* de Corneille, *l'École des Maris*, *les Fâcheux*, *le Dépit amoureux* et une piécette nouvelle, composée et répétée en huit jours, *l'Impromptu de Versailles*, où il se met personnellement en scène. Le théâtre est dressé, au rez-de-chaussée du château, dans un vestibule à jour qui sert alors de passage entre la cour d'entrée et le parc (p. 149) et que closent des volets, lorsque l'on joue, afin d'éviter les courants d'air ; la scène se compose de planches, légèrement soulevées sur des tréteaux. Nous avons les dimensions de ce bâti volant, qui fut renouvelé, l'année d'après, par maître Buret, menuisier à Paris : 19 pieds (6 m. 16 dans un sens) et 20 pieds (6 m. 48) dans l'autre, pour le plancher ; les six tréteaux qui le supportent ont 2 pieds de haut (65 centimètres) au-dessus du sol. Le tout en bois de chêne, bien chevillé. Il n'y a pas de décors. Des bougies, dans les chandeliers de cristal, servent à l'éclairage. Ce sont, en somme, ce que nous appellerions aujourd'hui des représentations de salon. En 1665, Molière et sa troupe deviendront Comédiens du roi.

Les Fêtes de 1664 et 1668.

D'autres fêtes, plus importantes, vont suivre. Du 7 au 9 mai 1664, Louis XIV offre à Mlle de La Vallière la première grande fête de Versailles. Aimer comme bâtir fait la gloire d'un roi. François Ier, le roi-chevalier et le plus brillant des Valois devant l'histoire, n'a même pas compté ses maîtresses, qu'il prenait et semait partout. Henri IV en a eu officiellement jusqu'à trois à la fois, et deux femmes, la première, dont il était divorcé, étant venue rejoindre la seconde au bout de quelques années. Cinq enfants légitimes et huit bâtards étaient son orgueil, élevés tous ensemble, sous la même gouvernante. Louis XIII même, dit le Chaste, n'a-t-il pas rêvé d'installer à Versailles Mlle de La Fayette? Une reine de France ne saurait, sans injustice, demander à son époux qu'il lui tienne le serment de fidélité jurée et, un an à peine après son mariage, Louis XIV a distingué une des filles d'honneur d'Henriette d'Angleterre, femme de Monsieur.

C'est une jeune fille de dix-sept ans, qui boite un peu, plutôt petite et menue, guère de poitrine, les dents médiocres, le bout du nez assez fort, mais toute gracieuse cependant. Née en Touraine, elle est blonde, d'un blond argenté, avec des yeux bleus, au regard amoureux, moite et clair, et de grands sourcils arqués qui donnent à l'expression un air de candeur étonnée. Sa peau, comme celle du roi, est fine et blanche. Anne d'Autriche a tenté d'enrayer la passion naissante de son fils. Louis XIV a pleuré, mais en déclarant qu'il n'avait ni la force ni le désir de vaincre le mal d'amour et de résister à son cœur. Mlle de La Vallière, de son côté, a penché vers l'homme autant que vers le monarque et a glissé d'elle-même entre ses bras

En 1662, dans la cour intérieure des Tuileries (elle en a gardé l'appellation qu'elle porte encore aujoud'hui), le roi a offert à son amante un " carrousel ", avec courses de têtes et courses de bagues, qui a renoué, dans toute leur splendeur, la chaîne des anciens tournois.

À Versailles, la fête sera plus variée et plus ample. Personne non plus n'ignore à qui elle est donnée et Marie-Thérèse qui, comme son mari le Soleil, a pris la Lune pour emblème, a dû accepter de la couvrir de son nom. Ce en quoi, de l'avis commun, elle se montre sage. Bientôt elle sera contrainte, par son impitoyable époux, de demander Mlle de La Vallière à sa belle-sœur et de la prendre parmi ses propres filles d'honneur, afin de fournir plus de commodité aux rencontres des deux amants. Anne d'Autriche est présente, elle aussi.

Le thème de la fête, qui tint en même temps du tournois, du ballet et de l'opéra en action, fut, en trois journées, et sous le titre des *Plaisirs de l'Ile Enchantée*, un chapitre du *Roland Furieux* de l'Arioste. Le roi, qui figurait Roger, chevauchait un cheval blanc, au harnais couvert de feu, constellé de pierreries. Il était vêtu à la romaine, avec une cuirasse souple, à lames d'argent, couverte d'une broderie d'or et de diamants. Un vaste panache de plumes d'autruche ondoyait sur son casque. Sur son écu, son soleil symbolique ne portait pas encore en exergue le *Nec pluribus impar* (Je n'ai pas d'égal), mais la non moins fière devise : *Non cesso, non erro* (Jamais je ne m'arrête et jamais ne m'égare). Autour de lui étaient groupés, en pareil costume, des quadrilles de cavaliers. Les quadrilles se distinguaient par leurs couleurs, et le roi avait dans le sien le marquis de La Vallière, frère de sa maîtresse.

Au son des tambours, des timbales, des trompettes enrubannées et drapées d'étoffes, la course de bagues fut courue. Elle laissa vainqueur le marquis de La Vallière. A tous le héraut d'armes proclama ce nom précieux, dans une fanfare, et le marquis, s'agenouillant devant la reine-mère, en reçut son prix, une épée à la garde incrustée de diamant, avec les boucles. Nous sommes en plein camp du Drap d'Or, en pleine Renaissance, et l'harmonie est complète avec le petit palais de pierre et de briques, aux balcons dorés et aux toits étincelants, à la décoration de marbre blanc.

La course de bagues s'était courue dans le parc et avait eu pour piste l'emplacement actuel du Tapis Vert, qui n'était alors qu'une large allée de terre battue. C'est encore dans le parc, entre les murs naissants des charmilles, que se déroulera la suite de la fête : char du

Temps et des Heures conduit par le cocher du roi, costumé en vieux Saturne ; défilé allégorique des Siècles et des Saisons ; procession du premier éléphant et du premier chameau de la Ménagerie ; danses de faunes et de faunesses, de bacchants et de bacchantes, de bergers et de bergères ; apparition du dieu Pan, que figurait Molière. Le tout accompagné de musique et de chœurs, sous la direction de Lulli, avec des récitatifs poétiques par Molière et par sa troupe.

Le soir venu, au centre d'un portique de feuillages, qui suppléait à l'abri des arbres trop jeunes, une table en croissant reçut le roi et sa famille. Deux cents valets éclairaient, tenant chacun un flambeau de cire ; des " masques " apportaient les plats sur leur tête. Les cavaliers de Roger montaient la garde, en costume et sur leurs chevaux.

Sur un théâtre de verdure, le soir du second jour, après les promenades et collations de la journée, Molière représenta *la Princesse d'Élide*, comédie-ballet en cinq actes, musique de Lulli. Le rôle de la princesse d'Élide était tenu par Armande Béjart, sa femme ; il jouait le rôle de Moron, bouffon de la princesse. La pièce avait été composée pour la circonstance et les allusions n'y manquaient point aux joies de l'amour :

> " *Jeunes beautés, laissez-vous enflammer.*
> *Moquez-vous d'affecter cet orgueil indomptable,*
> *Dont on vous dit qu'il est beau de s'armer !*
> *Dans l'âge où l'on est aimable,*
> *Rien n'est si beau que d'aimer.* "

Et le confident du " prince d'Ithaque " ne cache pas à son maître que tout un peuple est heureux quand il voit son Roi s'abandonner à ces " généreux transports ", qui entraînent après eux toutes les vertus.

Le troisième jour, il y eut ballet sur l'eau, à la nuit tombante, sur une île flottante, construite au milieu du " Grand Rondeau " aujourd'hui bassin d'Apollon. L'île portait, bâti en toile peinte, le château enchanté d'Alcine, la magicienne redoutable qui retient Roger captif. Mlle Du Parc, Mlle de Brie et la Béjart débitèrent des vers, sur le dos articulé d'un monstre marin et de deux baleines, qui s'avancèrent de l'île jusqu'au rivage. Le roi avait laissé son rôle de Roger à un figurant du ballet et était passé spectateur. Finalement un feu d'artifice éclata, qui engloutit île et château.

Le séjour du roi et de la cour se prolongea à Versailles quelques jours encore. Le lendemain, 10 mai, dans les fossés du château, on courut des têtes, têtes de Turc, de Maure ou de Méduse, posées sur le sol ou plantées sur des piquets, et qui devaient être enlevées au galop par les cavaliers, avec la lance, la javeline ou l'épée. Le 11, visite et concert à la Ménagerie ; le soir, au château, représentation des *Fâcheux*. Le 14, le roi offrit aux dames une loterie d'objets de parure et d'objets utiles, pierreries, meubles et argenterie. Marie-Thérèse n'y fut point oubliée, et le gros lot lui échut. Le soir, représentation inédite des trois premiers actes de *Tartuffe*. Le 13, *le Mariage forcé*. Le 14, les derniers invités se dispersèrent, et la cour partit pour Fontainebleau.

Du 7 au 14 mai, durant ces sept jours, six cents invités, parmi lesquels nous trouvons pour la première fois Mme de Sévigné, avaient été hébergés comme on avait pu. Les gens les plus titrés, les Guise, les Coislin, les Elbeuf, n'avaient eu, nous dit le conseiller au Parlement Lefèvre d'Ormesson, "quasi pas un trou pour se mettre à couvert". Une cohue de plusieurs milliers de personnes était venue de Paris pour tenter de voir, à travers les grilles du château, du haut des arbres de la campagne et des toits du village. Il avait fallu faire garder les murs du parc pour en empêcher l'escalade.

Pendant les années qui suivent, le roi et la cour partagent leur temps entre Versailles et les diverses résidences royales. Les carrousels continuent, les collations et promenades en carrosse dans le parc, la comédie donnée par Molière (première représentation de *l'Amour médecin*, le 15 septembre 1665). Le 21 février 1667, à l'occasion du carnaval, cavalcade costumée conduite par le roi, vêtu à la hongroise, et par Henriette d'Angleterre, en veste d'amazone. En novembre de la même année, pour la Saint-Hubert, six jours de chasse et représentation d'*Attila*, de Corneille.

En 1668, quatre ans après les *Plaisirs de l'Île enchantée*, avait lieu, plus formidable, plus éblouissante encore, la seconde grande fête de Versailles, la dernière que verrait le petit château de Le Vau. Le temps a marché. Anne d'Autriche est morte en 1666. Si Mlle de La Vallière, depuis que ses deux enfants ont été légitimés, en 1666 et 1667, est maintenant maîtresse officielle et duchesse, s'asseyant à la table du roi, une autre femme lui a pris le cœur de son amant. En 1667, durant un séjour à Compiègne, pendant la campagne de Flandre, Louis XIV a remarqué une autre fille d'honneur de la reine, Françoise-Athénaïs de Rochechouart, marquise de Montespan.

C'est à elle, perdue en apparence dans la foule, comme hier celle qu'elle remplace, que va l'hommage de la fête.

La petite boiteuse, à l'étreinte aimante, aux yeux d'azur, l'humble violette au cœur tendre, restée timide devant la reine et comme honteuse toujours de sa faute, ne pouvait plus suffire à Louis XIV. A son orgueil, qui monte et grandit, il fallait accoupler un autre orgueil et une beauté plus parfaite. Mme de Montespan, en 1668, a vingt-sept ans. Elle est, suivant l'expression de Saint-Simon, " belle comme le jour ". Belle gorge, belles mains, beaux bras. Cheveux blonds, comme La Vallière, mais plus ardents. La hanche est parfaite. Les yeux bleus sont légèrement effrontés. Le port, svelte et droit, non sans souplesse, a quelque chose en soi de souverain. Elle manque de propreté sur sa personne ; mais c'est alors un défaut commun à bien des femmes. Louis XIV lui-même " sent fort ". Le fard, ainsi que les parfums dont les deux sexes ont coutume de s'imprégner, remédient à ce genre d'ennuis.

L'esprit a son originalité marquée. L'intelligence est vive et cultivée, avec le goût des arts et de la compagnie des écrivains. Le tour de la conversation est personnel, le mot juste et spirituel, amusant par son imprévu. Mais le sentiment est railleur et hautain, la langue toujours prête à mordre. Sous une dévotion qui s'étale, une croyance secrète à la sorcellerie, aux philtres et aux breuvages.

Mme de Montespan, quand elle eut compris qu'elle plaisait au roi, semble avoir d'abord résisté, par coquetterie tout au moins. Louis XIV, qui n'ose afficher encore ce double adultère, exige de Mlle de La Vallière qu'elle couvre de son amitié la nouvelle favorite, qui la hait en retour, de toute son âme, envoûte et transperce des cœurs de pigeons, pour la mieux séparer du roi, et ne serait point fâchée, s'il était possible, de l'aider à mourir. Le marquis de Montespan, de son côté, ne prétend point renoncer à sa femme, qui se moque de ses clameurs. Marie-Thérèse continue à souffrir et à subir. Que pourrait-elle d'ailleurs ? Son pays est vaincu, la guerre vient d'humilier l'Espagne, et Mars, à son tour, a couronné Louis XIV.

La fête de 1668, qui suivait de deux mois la paix d'Aix-la-Chapelle, ne dura qu'une nuit, celle du 18 au 19 juillet, et se déroula tout entière dans le parc. Celui-ci, qui, avec ses hautes charmilles et ses treillages de bois, garnis de plantes grimpantes et de fleurs, présente un aspect assez différent de celui qu'il offre aujourd'hui, a reçu une partie de ses termes et de ses statues. Des motifs de plomb doré ou polychromé commencent à orner les bassins. Le groupe du Dragon est en place; des grenouilles s'accroupissent sur la margelle du Rondeau de Latone. Grâce à la construction de nouveaux réservoirs et d'une tour d'eau, les jets fusent plus nombreux et plus hauts.

Les invités, au nombre de trois mille, arrivèrent pendant la journée du 18. Des chambres avaient été mises, dans le château, à la disposition des dames, pour réparer le désordre du voyage, se poudrer de frais, recoller leurs mouches. La plupart, selon l'habitude de l'époque, sont venues masquées de petits loups, en velours et dentelle, noirs ou de couleur, dont elles se servent pour protéger leur teint et se garder la figure contre le hâle de l'air et les poussières de la route. Des rafraîchissements sont aussitôt servis.

A six heures du soir, le roi, la reine et leur entourage sortirent du château et débouchèrent sur les terrasses. Comme un flot, la foule des invités s'épand à leur suite, parmi le parc, les hommes donnant aux femmes le bras ou la main, les pages portant la queue des robes. Le sol, dont les marécages viennent à peine d'être comblés, est empierré de gros cailloux coupants, qui ne laissent pas d'être cruels aux pieds sensibles et à maint soulier de satin. Le roi monte en calèche, la reine en chaise, un certain nombre de privilégiés en carrosse, et le cortège royal descend, par la future Allée des Marmousets, vers le Bassin du Dragon. Les fontainiers tournent les robinets. Le monstre, percé d'une flèche et qui semble vomir le sang par la gueule, pousse en l'air un gros bouillon d'eau, qui retombe en pluie autour de lui et couvre tout le bassin. Puis le cortège se remet en marche et se dirige vers le Bosquet de l'Étoile, où la collation a été préparée.

Au centre du bosquet, cinq buffets sont dressés. L'un porte une colline artificielle, dont les cavernes sont remplies de viandes froides et de jambons. Un deuxième est chargé, en étages superposés, de sorbets, de gobelets de sirops, de coupes de vin et d'eau-de-vie. Une pyramide en fruits confits, un château en miniature, bâti de massepains, et un rocher, fait de caramels, complètent la décoration. Entre chaque buffet, dans des cache-pots de porcelaine ou d'argent, de petits arbres portent d'autres fruits confits, suspendus à leurs branches, à l'aide de rubans. Tout autour du bosquet, alternant avec des jarres de marmelades, des rangées de melons sont disposées sur des banquettes de gazon. Dans les cinq allées qui rayonnent du carrefour central et qui sont ornées d'ifs taillés en arcades, des arbres fruitiers, chargés de leurs fruits, ont été transplantés et mis en ligne, le long des charmilles. Il y a, simultanément amenés à maturité par l'art des jardiniers, des orangers du Portugal, des cerisiers et bigarotiers, des abricotiers et des pêchers, des groseilliers de Hollande et des poiriers. C'est un chapitre vécu de cette *Ile des Douceurs* que Fénelon écrira plus tard, pour l'usage du petit-fils de Louis XIV, et dont notre enfance s'est pourléchée les babines.

Le roi et son cortège intime sont d'abord admis seuls à l'honneur de cette étonnante collation. Les melons sont coupés en tranches par les servants, les viandes sorties de leurs cavernes. Chacun cueille aux arbres le fruit qui lui plaît, se bourre de massepains, se poisse les doigts aux sucreries. Mainte indigestion se prépare pour le lendemain. Puis, ces nobles bouches une fois satisfaites, les gardes qui barraient l'accès du bosquet s'écartent, livrant passage à la masse des invités. C'est, au grand divertissement du souverain et de ceux qui l'entourent, qui se sont un peu reculés, une ruée, un pillage épiques. La montagne de victuailles et le château de massepains s'écroulent; les caramels roulent sur le sol. C'est à qui atteindra, pour soi-même ou pour l'offrir à la dame qu'il conduit, un gobelet de boisson, une glace ou un fruit confit. Tout le monde joue des coudes ou des épaules. La confusion est générale. Leurs Majestés rient de bon cœur.

Cet assaut terminé et la collation réduite à néant, le cortège royal remonte en chaises et en carrosses. Il descend vers la partie basse du parc, jusqu'à l'amorce du Grand Canal, en admire la perspective et celle du château, puis revient, par les bosquets de gauche, au carrefour où est aujourd'hui le Bassin de Saturne. Le jour s'est éteint et des lustres de cristal ont allumé leurs bougies au bord des allées, dans les arbres où ils sont pendus.

Nous retrouvons là, comme en 1664, un théâtre de verdure, dont l'intérieur est tendu de tapisseries de haute lice, Molière et Lulli, la Pastorale héroïque et ses hymnes à l'Amour, ses danses de faunes et de sylvains, en alternant avec chaque acte d'une comédie. La comédie est *George Dandin* ou *le Mari confondu*. Chaque spectateur songe sous cape à l'infortuné marquis de Montespan, lorsque Lubin, parlant de Dandin, s'écrie : " De quoi s'avise-t-il d'être jaloux de sa femme et de vouloir qu'elle soit à lui tout seul? C'est un impertinent, et M. le vicomte lui fait trop d'honneur. "

Une seconde collation de fruits confits, et de pâtes variées avait précédé la comédie. Mais les estomacs, à cette époque, sont insatiables.

> *"Bisques, dindons, pois et fèves nouvelles*
> *Charment les belles,*
> *Et les Amours,*
> *Qui sont enfants, veulent manger toujours."*

Ainsi rime le poète Sarrazin, et les "belles" sont de cet avis, Les hommes également.

Symétrique avec le théâtre, au carrefour qui, de l'autre côté du Tapis Vert, recevra le Bassin de Flore, la salle de festin attend le roi. Bâtie en charpente, elle est décorée de fleurs et de diverses constructions gastronomiques. Elle est éclairée de girandoles, de flambeaux, de fontaines lumineuses, faites de grosses boules de verre à facettes, où sont enfermées des lumières et sur lesquelles coulent des nappes d'eau. La table que le roi préside est chargée de vaisselle d'argent ; soixante couverts, pour soixante dames ; le roi et Monsieur sont les seuls hommes. Parmi les dames, Mlle de La Vallière et, sur la liste des autres noms, Mme de La Fayette, Mme de Sévigné et Mlle sa fille. Le repas fut de cinq services, chacun de cinquante-six grands plats, sans les hors-d'œuvre.

Hors de cette salle, les allées du parc étaient emplies d'autres tables, sous des vélums et sous des tentes. Marie-Thérèse avait la sienne. Les ambassadeurs étrangers, dont le nonce du Pape, en avaient trois. Une nuée de valets distribuaient les plats et les boissons ; les Cent Suisses portaient les viandes. A la table de la duchesse de Montausier étaient assises Mlle de Scudéry et Mme de Montespan. Côte à côte avec celle-ci, dans une sorte d'ironie mystérieuse de l'avenir, la belle Mme de Ludre et Mme Scarron. Mme de Ludre, qui devait, en devenant la maîtresse du roi, marquer une des premières déchéances de celle qui, en ce moment, ascendait en pleine gloire ; Mme Scarron, qui précipiterait la chute et resterait seule à l'emporter sur toutes.

Après la table, la danse. Une troisième salle de charpente, ornée de statues et de cariatides en plâtre et en carton dorés, s'élevait au carrefour du Bassin de Cérès actuel. Des jets d'eau sortant du sol, des cascades jaillissant des piédestaux des statues rafraîchissent l'atmosphère, mêlant leur glouglou liquide aux rythmes de l'orchestre. Le roi fit valoir la grâce de sa jambe, la souplesse de son allure, la légèreté de son pas. Deux heures après minuit sonnaient quand tomba le dernier accord.

Alors la nuit sembla s'enflammer. Partout dans le parc des feux s'allument, se croisent en berceau par-dessus les allées, où chacun se jette à plat ventre contre terre. Des termes lumineux, faits de toiles transparentes, tendues sur des châssis, des statues, des colosses de feu, des caducées enlacés luisent, d'un éclat opalescent, dans l'ombre des bosquets. Sur la terrasse, qu'ont regagnée le roi et la cour, chaque fenêtre du petit château est un incendie ; des serpenteaux tracent dans les airs les deux ⅃L adossées du chiffre royal. Les bassins eux-mêmes se sont transformés en une mer de laves. Les grenouilles et les iguanes de Latone vomissent, au lieu d'eau, des feux grégeois ; chaque jet de chaque rondeau est devenu un volcan. Lorsque les nuages de fumée, qui couvraient le ciel et en avaient voilé les étoiles, se dissipèrent, la nuit tirait à sa fin et l'aube pâle blanchissait l'Orient.

La dépense connue de la fête fut, pour cette seule nuit, de 100 000 livres environ (400 000 francs). Félibien des Avants, historiographe du roi, fut chargé d'en écrire le récit. Mlle de Scudéry l'a décrite dans sa *Promenade de Versailles*. Une série d'estampes de Jean Le Pautre en a gravé le souvenir. Quoique nous ne les trouvions pas nommément mentionnés, il est permis de penser que Racine, La Fontaine et Boileau étaient au nombre des spectateurs.

" *De cette nuit, Phénice, as-tu vu la splendeur ?* "

dira Racine, dans *Bérénice*, deux ans après, en transposant le lieu de la scène et le nom des personnages (c'est Bérénice qui parle ; il s'agit de Titus et de la fête donnée par lui, à Rome, pour l'apothéose de son père Vespasien).

" *Tes yeux ne sont-ils pas tout pleins de sa grandeur ?*
Ces flambeaux, ces bûchers, cette nuit enflammée,
Ces aigles, ces faisceaux, ce peuple, cette armée,
Cette foule de rois, ces consuls, ce sénat,
Qui tous de mon amant empruntaient leur éclat ;
Cette pourpre, cet or, que rehaussait sa gloire,
Et ces lauriers, encor témoins de sa victoire,
Tous ces yeux qu'on voyait venir de toutes parts
Confondre sur lui seul leurs avides regards ;
Ce port majestueux, cette douce présence...
Parle. Peut-on le voir sans penser, comme moi,

Le second Versailles de Le Vau (1668-1671) ; corps central du Chateau actuel. *Estampe d'Israël Silvestre.*

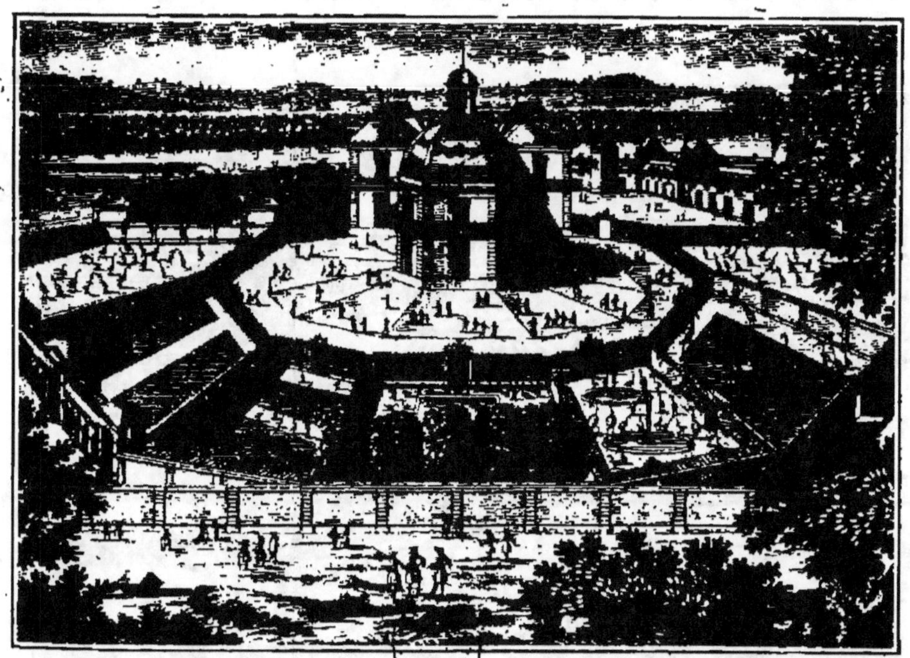

La Ménagerie (au centre, le Pavillon d'habitation ; tout autour les Cours pour les animaux). *Estampe d'Aveline.*

Le Chateau terminé, vu du côté du Parc.

Le même, avec l'Orangerie, vu de la Pièce d'eau des Suisses.

Le même, du côté de l'Arrivée.
Estampes de J. Rigaud.

> *Qu'en quelque obscurité que le sort l'eût fait naître,*
> *Le monde, en le voyant, eût reconnu son maître."*

L'allusion était transparente de Titus à Louis XIV.

L' "Enveloppe" de Le Vau.

L'élégant château de pierre et briques faisait, malgré sa finesse et sa grâce, assez pauvre figure dans la splendeur de pareilles fêtes. Il demeurait, comme dit Mlle de Scudéry, "la petite maison du plus grand roi de la terre ". Il avait été la jeunesse de Versailles et, comme La Vallière s'effaçait devant Montespan, il allait s'envelopper d'un palais plus ample, plus en rapport avec la gloire de celui qu'il abritait.

Une nouvelle et déférante opposition aux projets du roi avait été soulevée par une partie de son entourage et par Colbert. Le site avait déjà ses admirateurs, mais ses détracteurs aussi étaient nombreux, qui le trouvaient ingrat et peu aimable. Pratiquement, les constructions existantes occupaient, au sommet de la colline, presque toute la place disponible et, pour les étendre, d'autres et énormes travaux de terrassement seraient nécessaires. Enfin l'absence, à proximité, de toute rivière, de toute masse d'eau utilisable pour les bassins du parc et pour leurs jets, dont l'accroissement était prévu, constituait une objection encore plus sérieuse. Ne valait-il pas mieux laisser Versailles en l'état et, si l'on voulait faire grand, chercher un autre terrain ? Louis XIV passa outre.

Le principe admis, que bâtirait-on? Colbert, pour éviter, dit-il, " de la rapetasserie ", avait proposé de raser ce qui existait. Louis XIV s'y était refusé. Respect, une fois de plus, de souvenirs qui lui étaient devenus personnels, ou volonté persistante d'enchaîner l'œuvre, à tous ses degrés, il se montra intraitable. On eut beau, raconte Charles Perrault, l'auteur des *Contes* (il joignait à ses occupations littéraires la charge de contrôleur des Bâtiments du roi), lui représenter qu'une partie du petit château menaçait ruine. Il ordonna d'en réparer ce qui avait besoin de l'être et " se doutant qu'on le lui montrait plus caduc qu'il n'était, afin qu'il se résolût à l'abattre, il dit, avec un peu d'émotion, qu'on pouvait le démolir tout entier, il le ferait relever tel quel, sans y rien changer ".

Bref, il fut arrêté que la face du palais qui regardait la Cour de Marbre serait conservée dans son ancien aspect, tandis qu'un autre château " envelopperait " le premier, se soudant à lui du côté des jardins. Sur cette face seulement l'œuvre ancienne disparaîtrait. Le Vau, l'illustre Claude Perrault, frère de Charles, Jacques Gabriel, qui commença à Paris la construction du Pont Royal, Antoine Le Pautre, frère du graveur, et l'Italien Vigarini, qui avait été l'ordonnateur des fêtes de 1664 et 1668, fournirent des projets.

L'art français subissait, à ce moment, une importante évolution. Notre architecture se tournait vers la Renaissance dite romaine, qui nous venait d'Italie, où elle florissait depuis plus d'un siècle, et qui s'inspirait des préceptes de Vitruve, célèbre architecte romain, contemporain d'Auguste. Les caractéristiques de ce style étaient l'emploi de la ligne droite et la recherche de ses harmonies, à l'exclusion presque absolue de la ligne courbe. Les colonnes, leurs chapiteaux, leurs entablements étaient pris dans l'un des cinq ordres antiques : *toscan* et *dorique*, les deux plus simples, sans ornements presque ; *ionique*, où les chapiteaux se contournent en cornes de bélier ; *corinthien*, le plus riche, avec l'élégant découpage de ses feuilles d'acanthe ; *composite*, où se mêlent, avec plus de magnificence encore, l'ionique et le corinthien, et qui était né à Rome, d'où son autre nom d'*ordre latin*. En guise de toits, des Terrasses plates, bordées de balustres où se posent, de place en place, des motifs décoratifs qui rompent la monotonie du profil et se silhouettent sur le ciel.

Il ne s'agit point d'une imitation rigoureuse de l'antiquité, tant grecque que romaine (celle-ci étant née de celle-là), imitation que des connaissances archéologiques imparfaites eussent rendue d'ailleurs impossible. Nous sommes loin encore du futur style classique, qui fleurira dans la seconde moitié du XVIIIe siècle et où finira par sombrer notre architecture nationale. Mais, de ce mouvement d'art, commencé à l'école de l'Italie, va sortir et se dégager le style Louis XIV, bien français et tout magnifique, auquel nous devons deux de nos chefs-d'œuvre architecturaux : le Louvre de Perrault, dès 1665, et ce deuxième Versailles de Le Vau, repris ensuite et repétri par Mansart.

C'est Le Vau en effet qui avait vu finalement préférer son projet à ceux de ses divers concurrents et qui avait été chargé de continuer Versailles, avec des appointements réguliers de 6 000 livres par an (24 000 francs). Les travaux débutent à l'automne de 1668. En juin 1669, le nouveau bâtiment atteint son premier étage, et nous trouvons occupés au gros œuvre 566 ouvriers. En 1671, soit en trois ans, on arrive au faîte, et les sculpteurs peuvent s'attaquer à la partie décorative, mascarons des fenêtres, statues et balustres. L'édifice est debout.

La dépense seule de maçonnerie se soldait à 1 350 000 livres, auxquelles s'ajoutaient 54 500 autres livres en 1672 (soit un total de 5 618 000 francs). Cette part de l'ouvrage avait été dirigée par Jacques Gabriel, faisant fonction d'architecte en second. Poncelet Cliquin, entrepreneur des bâtiments royaux, avait conduit la charpenterie. Parmi les sculpteurs apparaissent les noms connus de Houzeau, Marsy, Le Gros, Massou et Le Hongre, auxquels les 24 trophées qui couronnent les toits ont été payés en bloc 14 600 livres (58 400 francs), le 10 décembre 1671. Enfin, Le Vau étant mort au cours des travaux, en 1670, François d'Orbay (1634-1697), son élève, avait poursuivi et terminé l'exécution des plans, avec 1 000 livres (4 000 francs) de traitement.

Diverses peintures et gravures, dont l'estampe de Silvestre que nous reproduisons, nous montrent le vaste édifice rectangulaire. Il forme, sur le parc, le CORPS CENTRAL du château actuel, qui semble avoir été bizarrement amputé de ses deux ailes. Nous y reconnaissons ses trois étages : rez-de-chaussée, avec ses portes-fenêtres cintrées ; premier étage, aux hautes fenêtres ; " attique " plus bas, aux fenêtres carrées, et que surmonte la toiture plate, bordée de balustres ornementés. Nous remarquons toutefois que la façade forme un retrait en son milieu. Là où Mansart élèvera la Galerie des Glaces, se trouve alors une terrasse, à la mode italienne (une disposition identique se rencontre notamment à Tivoli, dans la célèbre villa d'Este), qui était dallée de marbres de couleur, blancs, noirs et rouges, avec un jet d'eau. Nous voyons aussi, sur cette même estampe, que le fer à cheval de Latone était alors entouré d'arcades, disparues ensuite.

En arrière, cette " enveloppe " se soude, tant bien que mal, aux bâtiments déjà existants. Le raccord n'est pas toujours facile et nécessite, aux jointures, l'établissement de ces courettes intérieures, au jour triste, qui ont subsisté. La Cour de Marbre, réparée et conso-lidée en ses endroits faibles, reçoit de nouveaux ornements, parmi lesquels le beau balcon, supporté par huit colonnes jaspées, sur lequel s'ouvrira la Chambre royale.

Cette même Cour de Marbre s'allonge de deux ailes élégantes, terminées par des portiques qui l'annoncent sans l'écraser et qu'ont remplacés sous Louis XV, puis sous Louis XVIII, les deux lourds pavillons à fronton triangulaire que nous avons maintenant sous les yeux. Plus avant, tout ce qui subsistait de fossés, de demi-lunes et de pavillons de l'époque de Louis XIII est abattu, comblé, nivelé.

Intérieurement, une partie des GRANDS APPARTEMENTS du roi et de la reine est constituée, dès lors, telle qu'elle est venue jusqu'à nous, dans la splendeur des marbres et l'éclat des ciselures dorées. Charles Le Brun a pris en main l'œuvre de décoration générale. Outre sa direction des Gobelins, où il dessine les cartons des tapisseries, donne des modèles aux orfèvres, aux ébénistes, aux ciseleurs et aux mosaïstes, il règne sur l'Académie royale de peinture, avec le titre de premier peintre du roi. A la fois peintre, sculpteur et architecte, il compose des plafonds que lui ou d'autres exécuteront ; il crayonne, pour le parc, des bassins et des fontaines ; il jette sur le papier des gestes et des profils de statues. Entre temps, il trouve le loisir de couvrir des toiles gigantesques, de brosser des batailles aux centaines de personnages, des allégories théâtrales, qui sont ingénieuses et non sans grandeur.

Comme Louis XIV unifie autour de lui le gouvernement politique, Le Brun en fait autant avec l'art. Il exige que tous ceux qu'il emploie marchent dans son sillage. Quelques-uns de ces subalternes ne sont point les premiers venus, cependant : en peinture, les deux Coypel ; en sculpture, Warin, Nicolas Coustou, Coysevox, Girardon, Anguier, Tubi et tant d'autres ; le serrurier Delobel, qui forge le fer ; les frères Keller, qui fondent le bronze ; dans l'art décoratif proprement dit, Claude Ballin, Boulle, Pierre et Philippe Poitou, Jean Oppenord, Domenico Cucci et Philippe Caffiéri. Le Brun leur impose ses conceptions personnelles, mais n'écrase pas, dans l'exécution, leur mérite propre, leur interprétation d'artistes. Il leur interdit toutefois, le plus souvent, de signer leur œuvre, qui doit rester anonyme. Et, si cette loi est dure, c'est de cette fusion de l'effort de tous que naîtra aussi l'unité de Versailles.

Nous retrouverons et décrirons à leur place (p. 102) les Grands Appartements, avec leurs mosaïques de marbre, leurs plafonds symboliques, leurs fresques murales en " trompe-l'œil ", à l'italienne. Mais des deux escaliers qui leur donnaient accès, l' " Escalier de la Reine " (p. 131) a seul subsisté. L'autre, l'ESCALIER DU ROI, a disparu. C'était le plus magnifique. On le nommait aussi l'*Escalier des Ambassadeurs*, car il servait à la réception des ministres étrangers, ou plus simplement le *Grand Escalier de Versailles*. Exécuté de 1672 à 1679, sur les plans de Le Vau, mais sous l'entière direction de François d'Orbay, détruit sous Louis XV, en 1752, il ne nous est plus connu que par les descriptions contemporaines, les devis des comptes, les cartons de Le Brun, exposés au Louvre, et par une série d'estampes de Baudet, de Simonneau et de Louis Surugue, qui nous en traduit les différents aspects. Il s'ouvrait à droite de la Cour de Marbre et aboutissait au Salon de Vénus (p. 105). Par onze marches, il s'élevait d'abord vers un palier central, décoré d'une fontaine, qu'ornait un groupe antique, figurant Silène emporté par un triton marin (ce groupe se retrouve aujourd'hui au Louvre). L'eau retombait en nappe, dans une grande vasque, parmi des coquilles et des roseaux sculptés. L'escalier se développait de là, à droite et à gauche, bordé par une rampe de marbre. Au-dessus de la fontaine était placé le buste de Louis XIV, en marbre blanc, par Jean Warin, dans un encadrement de palmes de métal, de casques et de boucliers Sur les murs étaient peintes de fausses tapisseries, encadrant des suites militaires de Van der Meulen et attenant avec des " loggia " en perspective, où figuraient des personnages accoudés, venus des différentes parties du monde pour admirer Versailles. Le plafond, à caissons, chargé de rostres et de trophées, de cuirasses et d'armures, de soleils et de globes fleurdelysés, avait été peint par Le Brun, aidé de ses élèves, dont G. Anguier, F. Bonnemer, Baudrin Yvart et Bon Boulogne. On y voyait le " Passage du Rhin ", la " Guerre de Hollande ", la " Conquête de la Franche-Comté ", le " Roi protégeant le Commerce, les Sciences et les Arts ", tout ce que nous retrouverons, sur un champ plus vaste, au plafond de la Galerie des Glaces, de gloire exaltée et d'encens à l'adresse de celui que le *Mercure Galant*, décrivant ces merveilles, n'appelle plus désormais que Louis le Grand.

Du 30 juin à novembre 1674, pendant quatre mois, Louis XIV vient résider au château. C'est le plus long séjour qu'il ait encore fait à Versailles. Des fêtes sont organisées. Mais le roi n'y prend plus la même part active qu'au libre temps de sa jeunesse. Il ne saurait plus s'exhiber en spectacle, et l'heure est venue pour lui où sa grandeur l'attache au rivage. — Le 4 juillet, à huit heures du soir, dans la Cour de Marbre, par les pensionnaires de l'Académie royale de musique, représentation d'*Alceste*, tragédie de Quinault, musique de Lulli. — Le 19 juillet, le soir pareillement, après collation à la Ménagerie et retour en gondole, sur le Grand Canal, les comédiens du roi donnent, sur la terrasse du château, *le Malade imaginaire*, dernier ouvrage de Molière, mort l'année précédente. — Le 18 août, le roi reçoit, envoyés par Condé, cent sept drapeaux et étendards, pris à la bataille de Senef, sur Guillaume d'Orange. L'après-midi, dans l'Orangerie, première représentation de l'*Iphigénie* de Racine. — En octobre, sur le désir formel de Louis XIV, représentations de *Cinna*, de *Pompée*, d'*Horace*, de *Sertorius*, d'*Œdipe* et de *Rodogune*, du vieux Corneille, âgé de soixante-huit ans, triste et délaissé par le public, et qui, dans un dernier frisson d'orgueil, remerciait son illustre protecteur :

> *" Est-il vrai, grand Monarque, et puis-je me vanter*
> *Que tu prennes plaisir à me ressusciter ?*
> *Qu'au bout de quarante ans, Cinna, Pompée, Horace*
> *Reviennent à la mode et retrouvent leur place,*
> *Et que l'heureux brillant de mes jeunes rivaux*
> *N'ôte point leur vieux lustre à mes premiers travaux ?*
> *Tel Sophocle, à cent ans, charmait encore Athènes. "*

Moins nobles certes étaient, dans les salons du château, ces folles parties de trou-madame, de bassette, de lansquenet et de reversi, où, conte Mme de Sévigné, "l'on voit perdre ou gagner tous les jours 2 000 ou 3 000 louis ", quelque chose comme 200 000 à 300 000 francs de notre monnaie.

Château de Clagny.

En cette même année 1674, côte à côte avec la demeure royale, s'élevait, pour Mme de Montespan et pour "Messeigneurs les enfants naturels du Roi ", un autre palais, presque aussi somptueux et aujourd'hui disparu, le CHATEAU DE CLAGNY. Il occupait, avec son parc, l'emplacement actuel de la gare de la Rive-Droite et d'une partie du boulevard de la Reine.

Sa construction avait été confiée à un jeune architecte bien en cour, Jules Hardouin-Mansart, alors âgé de vingt-huit ans, qui travaillait, pour la première fois, au service du roi. Il était le petit-neveu de François Mansart, qui commença le Val-de-Grâce. Le parc avait été demandé à Le Nôtre et les mêmes artistes qui décoraient Versailles étaient occupés à Clagny, où, à l'instar de son amant, la favorite surveillait elle-même les 1 200 ouvriers attelés par Colbert à la besogne. Elle aussi jouait les Sémiramis traçant les jardins de Babylone et les Didon bâtissant Carthage.

La construction s'étendit de 1674 à 1680, en deux périodes, avec une dépense de 2 millions de livres environ (8 millions de francs).

Une collection d'estampes de Pérelle, d'Aveline et de Jean Rigaud et de nombreux plans gravés nous montrent seuls, comme pour l'Escalier des Ambassadeurs, ce que fut Clagny, avec ses eaux, ses jardins, ses treillages et ses portiques, ses parterres garnis de tubéreuses, de roses et de jasmins. Deux ailes en retour précédaient, du côté de l'arrivée, le corps central du château et se composaient, comme lui, d'un rez-de-chaussée et d'un premier étage, que surmontaient des toits cintrés, à combles brisés, dits " à la Mansart ". A l'intérieur, une vaste galerie occupait, au premier étage, la majeure partie de la façade sur le parc, et sa voûte devait être ornée de peintures, figurant l'*Histoire d'Énée*, qui ne furent jamais exécutées.

Dès 1678, en effet, Mme de Montespan, compromise dans la tragique affaire des Poisons, tombait en disgrâce définitive et, peu à peu, s'écartait de Clagny, pour aller mourir, en 1707, aux eaux de Bourbon-l'Archambault. Cette quasi royale résidence, abandonnée dans le cours du XVIIIe siècle, qu'écrasait le poids de tant de palais, fut finalement démolie en 1769. Pas une pierre n'en a survécu.

Le Versailles de Mansart.

En 1676, Mansart, occupé à Clagny, est nommé premier architecte du roi. Il passait par-dessus d'Orbay, qui avait travaillé non seulement à Versailles, mais au Louvre et aux Tuileries, et à qui la place semblait revenir de droit.

C'était un grand et bel homme, au visage agréable, et habile à plaire. " Son adresse, dit Saint-Simon, était d'engager le roi, par des riens en apparence, en des entreprises fortes ou longues, et de lui montrer des plans imparfaits qui, tout seuls, lui missent le doigt sur la lettre. Alors Mansart s'écriait qu'il n'avait jamais trouvé ce que le roi proposait ; il éclatait en admiration, protestait qu'auprès de lui il n'était qu'un écolier, et le faisait tomber de la sorte où il voulait, sans que le Roi s'en doutât le moins du monde. " Il est permis de penser qu'il y a dans cette médisance de l'écrivain quelque chose de l'exagération malveillante qui lui est coutumière et que, si Louis XIV s'attacha Mansart, ce fut justement parce qu'il trouvait en lui l'exécuteur hardi des gigantesques projets qu'à cette heure plus que jamais il concevait pour Versailles.

Pour la troisième fois, le château allait se transformer et la fleur de pierre grandir vers son suprême épanouissement.

En 1678, Mansart construit les deux ailes de pierre et briques qui, à la suite des bâtiments de la Cour de Marbre, continuent le palais jusqu'à la place d'Armes. Ce sont les Ailes dites des Ministres, qui recevront bientôt les différents services du gouvernement. En 1679 (sur la rue Gambetta actuelle), il élève, pour la "Bouche du Roi", le Grand Commun (p. 152). En bordure de la place d'Armes, il bâtit, en demi-cercle, les Écuries du Roi (p. 89).

Cette même année, Mansart s'attaque au corps du château et à la façade sur le parc. Il conserve l'édifice de Le Vau ; mais, afin d'en unifier et d'en élargir les lignes, il supprime la terrasse du premier étage et, ramenant en avant le retrait des murs, il construit à sa place la Grande Galerie, ou Galerie des Glaces. Sans remanier à fond l'architecture générale de son prédécesseur, il en corrige le caractère trop anguleux en cintrant, à ce même étage, les angles supérieurs des fenêtres, dans un style plus personnel, avec une élégance plus française, qui s'évade résolument de l'influence italienne. Après quoi, il allonge ce corps central de deux ailes immenses, du même style, qui donneront au palais un développement de 580 mètres de long. L'AILE DU MIDI, ou Aile des Princes, commencée en 1679, se terminera en 1682 ; l'AILE DU NORD sera exécutée à partir de 1684. Une estampe de Pérelle nous montre le château en cours de transformation. La terrasse du corps central n'existe plus ; à droite, on voit l'Aile des Princes, tandis qu'à gauche l'Aile du Nord n'est pas encore commencée. Les Parterres d'Eau, qui s'étendent devant le château, n'ont pas reçu non plus leur dessin définitif, et, au lieu de lignes droites, dessinent des lignes courbes.

C'est alors que Louis XIV peut se comparer vraiment à Chéops. Durant près de quinze ans, 36 000 hommes et 6 000 chevaux sont occupés, à Versailles et aux alentours, à charrier la pierre et à remuer le sol.

Les travaux de terrassement ont repris. Dans le parc, de concert avec Le Nôtre, Mansart fait creuser le Bassin de Neptune, le plus vaste de tous. A l'opposé, il entreprend de terminer le nettoyage et l'assainissement de la plaine basse qui étend ses marécages au pied des coteaux de Satory. Une terrible pestilence, aggravée par les pluies d'automne, s'exhale de cette bourbe, et Mme de Sévigné nous conte, avec un peu d'effarement, "la mortalité prodigieuse des ouvriers, dont on emporte, chaque nuit, comme de l'Hôtel-Dieu, des charrettes pleines de morts." (12 octobre 1678). Le roi lui-même qui, par sa présence, vient sans cesse animer les travailleurs, est atteint de maints accès de fièvre. Au printemps suivant, lorsque l'épidémie s'est enrayée, le régiment des Gardes Suisses vient prêter

CHATEAU DE CLAGNY, VU DU CÔTÉ DE L'ARRIVÉE.
Estampe d'Aveline.

L'ANCIEN ESCALIER DU ROI, OU ESCALIER DES AMBASSADEURS.
Estampe de Louis Surugue.

Phot. Giraudon.

Mansart, par J.-L. Lemoyne.

Phot. Giraudon.

Le Brun, par Coysevox.

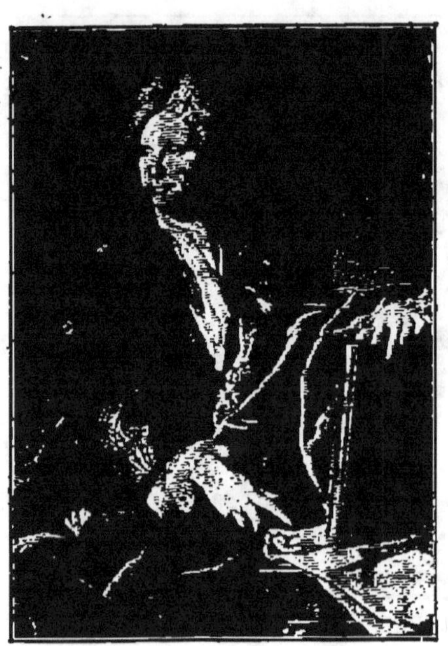

Phot. Neurdein.

Robert de Cotte, par Rigaud.

Phot. Giraudon.

Le Nôtre, par Carlo Maratta.

main forte aux terrassiers et, de 1679 à 1682, termine la belle pièce d'eau, qui a pris le nom de Lac ou Pièce d'eau des Suisses.

L'ancienne Orangerie de Le Vua est, en même temps, jetée à bas et, dominant le Lac des Suisses, Mansart élève à sa place, de 1684 à 1686, la Nouvelle Orangerie, avec ses murs puissants de soutènement, qui s'acculent aux Parterres du Midi, ses galeries voûtées, semblables à des nefs de cathédrale, et son double escalier des Cent Marches qui, plus que tout autre ouvrage, évoque à Versailles l'image grandiose des constructions cyclopéennes de l'antique d'Asie.

Les Aqueducs et les Eaux.

Si les eaux mortes abondent à Versailles, l'eau courante, nécessaire à la fois à alimenter les gens et à fournir aux jets du parc, fait toujours défaut. L'eau du vaste étang de Clagny, qui s'étendait, derrière l'église Notre-Dame, sur l'emplacement actuel du boulevard de la Reine, avait été, dès Louis XIII, utilisée pour les premiers effets d'eau du parc. Une petite pompe, mue par un manège à chevaux, l'y puisait et l'amenait dans un réservoir, à l'aide d'une chaîne à godets. En 1665, la pompe est refaite, plus puissante, et élève l'eau de l'étang dans une tour d'eau, construite par Le Vau, sur la place de l'hôtel actuel des Réservoirs. Une estampe de Silvestre nous montre cette massive construction octogonale, en forme de pylône tronqué, soutenue par d'énormes contreforts, et qui borde le chemin de Saint-Germain (rue des Réservoirs actuelle), aux creuses ornières. La tour distribuait l'eau, par un réseau de conduites de plomb, aux bassins du parc et fournissait la pression nécessaire aux différents jets. Quelques années après, de nouveaux réservoirs reçoivent l'eau de la Bièvre, maigre rivière qui coule au sud de Versailles et qui a été captée. Le débit de l'étang de Clagny est également renforcé par l'adduction des mares et eaux de pluie des territoires de Glatigny et du Chesnay, qui l'avoisinent. Mais ces ressources demeurent insuffisantes, et le précieux liquide doit être à ce point ménagé que l'eau qui a déjà été utilisée est soigneusement ramenée des bassins aux réservoirs, par une nouvelle pompe et d'autres chaînes à godets.

Vainement Riquet, en 1674, a projeté d'amener la Loire aux pieds du roi. Il s'est trompé dans ses nivellements, et l'entreprise a pu être arrêtée à temps. Plus pratique, l'abbé Picard (1620-1682), savant astronome et mathématicien, né à La Flèche, membre de l'Académie des Sciences, entreprend de drainer, par un système de rigoles gazonnées, les eaux des hauts plateaux qui, au sud et à l'ouest, dominent Versailles. Le vaste réseau de ces canalisations, qui existe et fonctionne encore (p. 213), s'étend sur 15 000 hectares. Ces travaux furent exécutés de 1675 à 1683.

Louis XIV estime cependant que ce n'est toujours pas le fleuve rêvé. Il fait tambouriner dans toutes les villes du royaume, pour inviter ceux qui se jugent experts dans les choses de l'hydraulique, à présenter à Colbert inventions et idées. Deux Liégeois, associés ensemble, le chevalier Arnold de Ville et le maître-charpentier Rennequin Sualem, proposent leurs services. Ils offrent de faire gravir et parcourir à la Seine, alors merveilleusement limpide et pure, les 132 mètres d'altitude et les quelques kilomètres qui la séparent de Versailles. Leurs plans sont agréés et, de 1681 à 1684, ils construisent, entre Port-Marly et Louveciennes, la célèbre machine, dite MACHINE DE MARLY.

Quatorze roues de bois, à palettes, de 12 mètres de diamètre, mues par le fleuve qui servait ainsi à sa propre élévation, faisaient fonctionner, par un système d'engrenages et de chaînes sans fin, 257 pompes qui escaladaient à la file la colline de Louveciennes. C'était quelque chose de monstrueux et de fantastique, un hérissement innombrable de bois et de fer, de leviers, d'éperons et de balanciers, qui ressemblait de loin à une forêt défeuillée. Dès que la machine entrait en mouvement, tout cet énorme appareil se mettait à remuer, en geignant et en gémissant, se heurtait et s'entre-choquait, oscillant comme les mâts d'une flotte. Le sol tremblait et, à plusieurs lieues à la ronde, le vent emportait l'écho de ses sourds grondements. Le mardi, 3 juin 1684, en présence du roi et de la cour, l'eau arrivait au faîte de Louveciennes, d'où, l'année suivante, un bel aqueduc de pierre, de 36 arches et de 643 mètres de long, suivi de canalisations souterraines, l'amenait dans les réservoirs de Versailles.

Ce fut un sujet d'admiration sans bornes pour les contemporains, et la machine de Marly fut regardée comme la huitième merveille du monde. Les poètes chantèrent sa gloire et contèrent le désespoir de la Nymphe de la Seine, violée par de Ville, qui l'arrache de son lit, où elle essaye vainement de fuir. Il la livre à ses terribles engrenages qui la " rouent ", puis la revomissent, brisée, en de sombres tuyaux, dans lesquels il l'enferme captive. Mais c'est pour la faire renaître dans les bassins du parc, où elle reparaît au jour, avec un nouvel éclat, heureuse de contribuer au plaisir du roi.

La construction avait coûté 3 674 864 livres 8 sous (14 699 456 fr.), et 1 800 hommes y avaient été constamment employés. De Ville avait reçu 6 000 livres par an et 1 000 livres de gratification, après le travail achevé ; il fut ensuite nommé gouverneur de la machine, avec 20 000 livres (80 000 francs) environ d'appointements. Rennequin Sualem avait eu 1 800 livres par an, qui furent transformées en pension. Le rendement maximum pouvait atteindre, en plein fonctionnement, près de 58 litres à la seconde, soit 5 000 mètres cubes par jour ; il était, en moyenne, de 3 000 mètres cubes. Mais l'entretien de ce complexe organisme était ruineux ; il coûtait de 50 000 à 80 000 livres par an. La présence, à demeure, y était nécessaire de 20 charpentiers, 14 forgerons, 22 manœuvres et ouvriers divers, qui, outre le bois, le cuivre et le fer, y employaient 130 cuirs de bœuf ou de vache, 2 500 livres de cordages, 1 200 livres de chandelles (en guise de suif, pour graisser les engrenages) et 4 000 livres de clous.

Le succès de cette entreprise allait pousser Louis XIV vers une autre, plus colossale, dont le sort devait être moins heureux. L'année même où l'eau de la Seine jaillissait à Versailles, commençaient, au printemps de 1685, les travaux de dérivation de la rivière de l'Eure.

Les nivellements avaient été exécutés, l'abbé Picard étant mort, par son collègue de l'Académie des Sciences, le mathématicien, astronome et géomètre, Philippe de la Hire (1640-1718). Il s'agissait de capter l'Eure, à 37 kilomètres au delà de Chartres, un peu au-dessus de Pontgouin, où son débit journalier est de 100 000 mètres cubes. Un canal à ciel ouvert, de 81 kilomètres, amènerait cette eau à l'étang de la Tour, près de Rambouillet, qui se raccordait déjà, par une rigole, au système de drainage des hauts plateaux de Versailles, distant de 33 kilomètres. Le canal, bordé d'une margelle de pierre, pourrait porter des bateaux, avec une largeur de 15 m. 20 et une profondeur de 2 m. 60. Il se poursuivrait, presque partout, en terrain plat. Deux obstacles sérieux lui couperaient seuls la route : la vallée des Larris, près de Berchères, et celle de l'Eure, à Maintenon, que l'une et l'autre il faudrait franchir.

Le promoteur du projet était Louvois, qui avait pris la succession de Colbert, mort en 1683. Vauban fut chargé de l'exécution, et ce fut lui qui établit tous les plans. Il barra d'abord la rivière, près de Pontgouin, par une digue puissante, dite digue de Boizard, et l'on se mit ensuite à creuser le canal. Louis XIV désirait que l'on marchât vite, mais les ouvriers disponibles étaient en nombre insuffisant.

Alors il donna l'ordre à Vauban de prendre 30 000 hommes de l'armée, soit seize régiments d'infanterie et trois escadrons de cavalerie, qui vinrent camper sur place et déposèrent le mousquet pour la pelle et la pioche. Les hommes se mirent au travail, encadrés de leurs officiers, et la discipline fut aussi rigoureuse qu'en campagne. Personne, pas même les colonels, ne devait s'absenter de sa section, fût-ce un quart d'heure. En deux ans, outre la levée de Boizard, prête à fonctionner, avec ses écluses et ses vannes, 46 kilomètres de tranchée étaient ouverts et maçonnés ; l'eau atteignait Maintenon. Mais, une fois encore, les fièvres paludéennes avaient sévi, fauchant 5 000 à 6 000 hommes.

Il avait été décidé que la cassure de Berchères, creuse seulement de 40 mètres, large de 1 000 mètres, serait franchie à l'aide d'un siphon à tubes de fonte, qui descendrait, puis remonterait d'un versant à l'autre. Mais, sur la vallée de Maintenon, plus profonde et plus large, Vauban avait résolu de jeter un aqueduc de géants, dont le triple rang d'arcades superposées atteindrait 73 mètres à son faîte. C'est-à-dire, pour prendre un point tangible de comparaison, que ce prestigieux pont de l'air aurait, sur une longueur de 5 kilomètres, dépassé de 5 mètres la hauteur des tours de Notre-Dame. Tout ce qu'avait, en immensité, conçu l'antiquité se trouvait du coup éclipsé et un tel ouvrage, achevé, eût été à jamais l'étonnement des générations. Deux canaux spéciaux, dérivés de l'Eure, avaient été aménagés pour transporter jusque-là la pierre des carrières d'Épernon et de Saint-Priest, que toutes les bêtes de somme de la Beauce, mises en réquisition, eussent été impuissantes à charrier. Le 4 août 1687, Racine écrivait à Boileau : '' J'ai fait le voyage de Maintenon. Les ouvrages que j'y ai vus sont prodigieux. Les arcades qui doivent joindre les deux montagnes, vis-à-vis de Maintenon, sont presque faites. Il y en a quarante-huit. Elles sont bâties pour l'éternité. '' Il ne s'agissait que du rang inférieur, haut de 30 mètres. Pour les deux étages supérieurs, Vauban demandait encore deux ans.

Louis XIV déclara que deux années c'était trop. Alors Vauban proposa d'établir, sur ce premier rang d'arcades, un siphon de fonte, comme à Berchères, et cette combinaison plus rapide fut adoptée. Mais la guerre grondait à l'horizon. La Ligue d'Augsbourg avait, en 1686, coalisé l'Europe contre la France. Guillaume d'Orange et la Hollande, l'Espagne, la Suède et les Princes Allemands guettaient, pour se précipiter sur nous, une occasion propice. Louis XIV décida de prévenir ses ennemis. Il mobilisa toutes nos armées et, en septembre 1688, il prenait l'offensive en faisant envahir le Palatinat. Les troupes de Maintenon avaient suivi les autres et déserté les chantiers.

Cette guerre devait durer neuf ans, absorbant les forces vives de la nation, et ne se terminer qu'en 1697, à la paix de Ryswick. L'œuvre de Vauban ne fut pas reprise et les sommes dépensées, qui montaient à 8983627 livres, près de 32 millions de francs, se trouvèrent perdues. Il est permis de le regretter, car, en dépit du dénigrement dont il fut l'objet, le CANAL DE L'EURE n'avait, dans sa hardiesse, rien de chimérique. De toutes les entreprises formées à cette époque pour fournir d'eau Versailles, c'était la plus simple, à la fois, et la plus sûre, celle qui se rapproche le plus de nos conceptions modernes. On devait y revenir, une centaine d'années après, sous Louis XVI, qui, en 1684, fit étudier l'état des travaux et si leur reprise était possible. La Révolution anéantit une seconde fois ces projets. En 1867, sous le Second Empire, la question fut remise à nouveau sur le tapis, et il n'est pas impossible qu'elle y revienne un jour.

On peut suivre encore aujourd'hui la majeure partie du tracé, depuis la digue de Boizard jusqu'à Maintenon, où, sur près d'un kilomètre de long, les quarante-huit arcades dont parle Racine sont toujours debout, comme de grands témoins.

Château et Jardins de Marly.

A cette même période se rattachent la construction du Grand Trianon, maison de plaisance et de repos pour Sa Majesté, auquel nous reviendrons, et celle du CHATEAU DE MARLY, aujourd'hui disparu, qui égala presque Versailles en célébrité, sinon par l'importance des bâtiments, du moins par leur originalité et par la splendeur des eaux et des jardins.

Situé entre Versailles et Saint-Germain, au faîte des hauts coteaux qui, en pentes rapides, dominent la Seine, le petit village de Marly s'adossait comme aujourd'hui à sa belle forêt, lorsque Louis XIII, dans une de ses randonnées de chasse, y vint, un soir, demander l'hospitalité et y coucha chez un manant, sur une botte de paille. Mansart y ramena Louis XIV, qui était à la recherche d'un nouvel "ermitage", un peu plus distant de Versailles que Trianon.

Le lieu était admirablement choisi et possédait cette beauté naturelle du site qu'il avait fallu créer à Versailles. Le sombre mystère des bois, où il n'y avait qu'à tailler, s'unissait à l'échappée d'un merveilleux horizon. Le spectateur voit se dérouler à ses pieds les tortueux méandres de la Seine ; il plane sur Saint-Germain, sur ses toits, son château, sa terrasse et la chaude verdure de sa forêt. Par-dessus celle-ci, l'œil découvre, vers la Normandie, de lointaines collines vaporeuses, dans une sorte d'infini bleuâtre, qui rappelle celui de la mer.

Les défrichements commencèrent en 1679. Ils furent exécutés, en grande partie, par des paysans embauchés dans le pays et dans les environs. Par la suite, la troupe fut aussi employée, et trois bataillons des régiments du Roi furent envoyés à Marly. Au delà de l'Abreuvoir actuel, à l'extrémité du vallon où devait se déployer la perspective des bâtiments et celle du parc, une grosse butte gênait la vue. Elle fut rasée. Il y eut, comme à Versailles, des marécages à dessécher. Une briqueterie, pour les constructions, fut établie à Louveciennes.

Les travaux peuvent se classer en deux périodes : l'une qui va jusqu'en 1686 ; la seconde qui reprit en 1696, avec des dépenses qui, en 1703, en arrivèrent à dépasser celles de Versailles. Jusqu'à sa mort, Louis XIV ne cessera d'entasser à Marly marbres et œuvres d'art, d'y satisfaire mille fantaisies décoratives, dont il se lassait le lendemain, se plaisant à montrer à ses invités un bosquet touffu, là où six semaines auparavant ils avaient vu une pièce d'eau, à les promener en gondole là où ils s'étaient assis sur le gazon, à l'ombre des ormeaux.

Le plan général suivait le mouvement du terrain. De la partie supérieure du vallon descendait, entre deux rangs de charmilles, la *Grande Cascade*, dite aussi la *Rivière*, qui dévalait, en nappes d'eau, bouillonnante comme un torrent, sur soixante marches de marbre. C'était, comme hydraulique, la pièce principale et le plus magnifique ornement des jardins. — En dessous de la Cascade, sur une esplanade plantée de parterres, se trouvait le château proprement dit, le *Pavillon du Soleil* ou *Pavillon du Roi*, destiné au monarque et à sa famille. Elevé par Mansart, en 1680, c'était un bâtiment carré avec un toit plat et quatre frontons triangulaires, symétrique sur tous ses côtés, et qui ne dépassait pas 21 toises (40 m. 929) sur chacun d'eux. Il se composait d'un rez-de-chaussée et d'un premier étage, de neuf fenêtres sur chaque face. Il était encadré, du côté de l'arrivée, de deux pavillons plus petits, de même architecture, dont l'un servait de *Chapelle*, l'autre de *Salle des Gardes*. Du côté opposé, un troisième pavillon abritait les *Offices*. — Au delà du château, un peu en contre-bas, se suivaient à la file trois grands bassins, aux lignes droites, ou légèrement cintrées, dont le principal était le *Bassin du Grand Jet*. Quatre petits bassins ronds les encadraient, aux quatre angles. S'inspirant, en l'élargissant encore, du principe des "espaces libres" de Le Nôtre, Mansart avait voulu qu'un immense miroir liquide occupât seul, de sa nappe d'argent, tout le fond du vallon, où rien ne coupait ainsi le regard. — Les bassins étaient bordés par des terrasses alternées, que soutenaient des glacis de gazon, plantés de petits ifs, et par des perrons de pierre, le tout encadré de portiques de feuillage. En arrière de ceux-ci, s'alignaient, à espaces réguliers et isolés les uns des autres, douze *Petits pavillons* cubiques, six de chaque côté, qui ressemblaient assez exactement à des dés à jouer. Ils étaient de l'invention de Le Brun et leur nombre répondait à celui des *Signes du Zodiaque*. Chacun d'eux mesurait 6 toises (11 m. 694) de façade, comportait un rez-de-chaussée et un premier, chaque étage avec deux fenêtres sur chaque face, et comprenait deux appartements indépendants. C'est dans cet élégant, mais minuscule abri, que le roi logeait ses invités. Ils y trouvaient, hommes et femmes, les objets nécessaires à la toilette. — L'eau des bassins se dégorgeait finalement, par un déversoir souterrain, dans l'*Abreuvoir*, qui était surmonté de deux Chevaux ailés, par Coysevox. Le décor se continuait ainsi, d'un seul tenant, sur une longueur de 1 800 mètres, du sommet de la Grande Cascade à l'Abreuvoir, que suivait un dernier bassin. L'unité de l'ensemble était complète.

La polychromie dominait à Marly. Toutes les constructions étaient couvertes extérieurement de fresques, comme en Italie le sont souvent encore les maisons, par un usage qui remonte à l'ancienne Rome. Ces peintures, semblables à des décors de théâtre, avec de fausses ombres simulant le relief, avaient été exécutées, d'après les dessins de Le Brun, par Jacques Rousseau et Meusnier. Elles figuraient, sur le Pavillon du Roi, des pilastres corinthiens et leurs chapiteaux, des médaillons, des nœuds de rubans et des devises. Aux quatre frontons se retrouvait l'inévitable emblème du Soleil : à son lever, à son midi, à son déclin vers le couchant et lorsque la nuit le couvre de ses voiles. Sur les murs des douze petits pavillons, le peintre avait représenté les attributs de divers dieux mythologiques et des allégories (la Renommée, l'Abondance, la Victoire) ; chacun d'eux tirait son nom du sujet qu'il portait. Le plus grand défaut de ce genre d'ornements est, dans notre pays, sa facilité de destruction, par l'effet de la pluie et des intempéries. Aussi fallait-il à ces peintures un entretien perpétuel. Quant aux bassins, ils étaient non seulement garnis de plombs dorés et coloriés, comme à Versailles, mais revêtus en outre de faïences émaillées, vertes, jaunes et blanches, d'un vif éclat, dont on a retrouvé d'intéressants débris.

Parmi les bosquets, plusieurs fois remaniés, comme nous l'avons dit, les plus renommés étaient : les *Salles Vertes*, dites aussi les *Appartements Verts*, pour les soupers de minuit; celui des *Sénateurs*, avec quatre statues antiques de sénateurs romains ; l'*Amphithéâtre*, garni de gradins gazonnés, avec une rotonde à son centre ; la *Salle des Muses*, ornée des statues des Muses et d'Apollon ; les *Bains d'Agrippine*, où la mère de Néron semblait prête à sortir du bain, assise dans une piscine, sur un siège de marbre.

Afin d'alimenter bassins, jets et cascades, les eaux de la fameuse Machine, qui puisait la Seine à Port-Marly, au pied même du coteau, n'avaient pas tardé à être détournées en majeure partie vers Marly. La disette d'eau qui en résulta pour Versailles fut une des causes qui firent entreprendre, presque aussitôt, les travaux du canal de l'Eure.

Être convié à Marly était pour les courtisans une des faveurs les plus enviées et comme un signe de satisfaction personnelle que donnait le roi. Les séjours qui, par la suite, se prolongèrent plusieurs semaines et même plusieurs mois, étaient d'abord réguliers, du mercredi au samedi. Lorsque les petits pavillons étaient pleins, les invités allaient se loger, aux frais du roi, au village de Marly ou à Louveciennes.

Ici, l'étiquette se détendait. "Le Roi lui-même, dit Racine, est fort libre et fort caressant." Par dérogation à l'usage de Versailles, il permettait que, dans les jardins, on se couvrît devant lui. Dans les salons, où se jouait un jeu d'enfer, on se vautrait sur les canapés, en présence du Grand Dauphin.

Afin de divertir les dames, Louis XIV possédait une armoire pleine de bijoux et d'objets précieux, dont il prenait, de temps à autre, une certaine quantité, qu'il mettait pour elles en loterie. Tous les numéros gagnaient. Ou bien encore les dames, vêtues de costumes persans ou chinois, tenaient sous les arbres de petites boutiques garnies de bibelots exotiques, qui leur étaient fournis gratuitement et qu'elles revendaient à leur profit. Les princes et les princesses du sang jouaient en personne la comédie, comme Marie-Antoinette le fera plus tard au Petit Trianon, chantaient des motets de leur composition, dansaient des pas, la main dans la main avec les premiers sujets de l'Opéra, ou se livraient à des défilés de masques,

Château de Marly (Pavillon du Soleil et Petits Pavillons du Zodiaque) vu du côté des Bassins. *Estampe de J. Rigaud.*

La Grande Cascade de Marly, aujourd'hui Tapis Vert.
Estampe de J. Rigaud.

Chateau de Marly, vu du côté de l'Arrivée (Pavillon du Soleil).
Estampe d'Aveline.

Machine de Marly et Aqueduc de Louveciennes. *Estampe ancienne.*

en faisant sauter des singes. Dans les jardins, on trouvait des jeux de plein air, des escarpolettes, un Mail et une ramasse ou glissoire, sorte de traîneau doré, glissant ou roulant sur des rails de bois et qui équivalait à peu près à nos montagnes russes.

Nous terminerons par une rapide histoire du sort déplorable réservé à ce Marly, dont la création et les remaniements avaient, à la mort de Louis XIV, absorbé 11 686 969 livres (46 747 876 francs).

Le Régent commença par vouloir tout raser, comme étant ruineux et inutile. Ce fut Saint-Simon qui intervint et arrêta cet acte de vandalisme. Mais Marly fut à peu près laissé dans l'abandon. En 1719, cependant, les Chevaux ailés de l'Abreuvoir ayant été transportés à Paris, à l'entrée du Jardin des Tuileries qui ouvre sur la place de la Concorde actuelle et où on les voit encore, deux autres morceaux de sculpture furent commandés à Guillaume Coustou. C'est alors que celui-ci exécuta les deux groupes connus sous le nom de *Chevaux de Marly*, qui représentent chacun un écuyer nu, tenant en main un cheval de sang, cabré en un geste superbe et prêt à retomber sur le sol. Amenés eux aussi à Paris, à l'époque de la Révolution, les Chevaux de Coustou encadrent aujourd'hui, face à ceux de Coysevox, l'entrée de l'avenue des Champs-Elysées.

Louis XV séjourna peu à Marly, une fois par an environ, et s'y trouvait mal. L'humidité salpêtrait les murs, et l'appartement royal sentait le moisi. En 1728, le cardinal de Fleury, étant premier ministre, avait fait détruire la Grande Cascade, afin d'économiser les frais de son entretien et les réparations qu'elle nécessitait.

Sous Louis XVI, la cour ne venait plus guère que par habitude et désœuvrement. Le Grand Salon s'était transformé en tripot, et la société que l'on admettait était si mêlée que des filous faisaient passer des rouleaux de faux louis. Au Jeu de la Reine, les femmes, jusqu'aux plus authentiques duchesses, trichaient effrontément, et les banquiers fermaient les yeux, afin d'éviter des scandales. A l'un de ces voyages, Marie-Antoinette, encore dans toute la joie de vivre de sa jeunesse, demanda à son mari la permission d'aller voir se lever l'aurore, du haut des jardins. Louis XVI y consentit et, tandis que pour sa part il préférait dormir, la reine sortit, accompagnée de ses femmes et d'une nombreuse compagnie, à trois heures du matin, afin d'assister au spectacle du Dieu du Jour surgissant de l'horizon.

Pendant la Révolution, Marly fut démeublé, comme Versailles, par un décret public, et son parc ouvert à tout-venant. On y cassa et pilla. En 1795, la Convention fit transférer à Paris les deux groupes de Coustou, qu'un menuisier de Marly avait protégés de la destruction en les couvrant, à ses frais, avec des caisses de bois. En 1796, le Directoire sauva d'autres œuvres, de Coysevox, de Nicolas Coustou, de Le Pautre et de Sarrazin, ainsi que de beaux bronzes, d'après l'antique. Ces diverses sculptures ornent aujourd'hui le Jardin des Tuileries ou ont été abritées au Louvre. On retrouve à Brest une *Amphitrite*, un *Neptune* et une *Abondance*, de Coysevox.

Les constructions demeuraient encore debout, lorsqu'en 1798 le Trésor public, à court d'argent, vendit le domaine en entier, château, parc et dépendances, pour une somme dérisoire, mal établie, à un certain Sagniel, qui commença par installer dans le Pavillon du Roi, après en avoir défoncé la toiture, et dans les Communs, une filature de laine et une fabrique de draps, dont les métiers étaient mus par des bœufs. Cet obscur barbare procéda ensuite à la destruction méthodique de tout ce qui avait survécu et dont il pouvait battre monnaie. Malgré les protestations des habitants du bourg, qui voyaient se consommer ainsi leur propre ruine, il coupa les arbres, il dépeça les plombs des bassins et les marbres, il vendit au poids les fers ouvragés des grilles et des balcons et, pour terminer, sa filature ayant fait faillite, il débita en briques et en moellons le château lui-même, avec tous ses bâtiments, grands et petits.

L'administration impériale (on était alors en 1806) avait tenté d'intervenir. Mais aux offres de rachat Sagniel avait répondu par des propositions inacceptables. Quand il eut bien tout rasé, tout anéanti, il céda le sol, pour 288 000 francs, à un tiers, qui trouva moyen de le vendre à son tour, à Napoléon, au prix de 421 000 francs. Le terrain est demeuré depuis bien de l'État.

Rien n'est plus poignant aujourd'hui que le spectacle des lieux où s'éleva Marly. Sous l'ombre des grands arbres, dont les uns dessinent encore des ronds de verdure et de majestueuses allées, dont les autres sont redevenus forêt, parmi les bassins comblés et retournés aux grenouilles coassantes, sur les vastes pelouses qui ont remplacé le miroir des eaux, il semble que l'on foule du pied l'emplacement de quelque cité antique. Le terrain a conservé sa forme et son dessin. Mais rien n'y demeure que des murs de soutènement, qui n'ont pas fléchi, des épaulements du sol où se tordent des racines, comme des tentacules de pieuvre. Çà et là, une sorte de caverne, à allure d'hypogée, reste d'un poste de garde ou de quelque commun, un cirque de pierre, sur lequel se penchent les hêtres et les chênes, et qui fut un ancien bosquet. De temps à autre, un rat ou un lapin trottine sur les feuilles mortes.

Ce n'est pas pourtant, comme pour Clagny, le néant complet. Celui qui erre sur ces ruines, aidé des plans anciens, des tableaux et des estampes, dont une série de Jean Rigaud, exécutée vers 1730, joint au charme de l'art une précision presque photographique, y retrouve sans peine la place des choses : celle de la Grande Cascade, qu'a remplacée la pente gazonnée du *Tapis Vert* ; l'esplanade où s'élevait le Palais du Soleil, dont un carré de pierres dessine encore les fondations ; la Demi-lune où aboutit la route pavée, à pic et rigide, que descendaient, dans un bruit de tonnerre, les carrosses venant de Versailles ; puis, au sommet de cette route, une autre Demi-lune qu'encerclaient les *Écuries* et où s'ouvrait la *Grille Royale*, dont les deux piliers sont encore debout, ornés de deux vases de pierre sculptés, dits Vases de Jouvenet. A l'opposé, dans une futaie de chênes, c'est l'ancien *Belvédère*, qui, par-dessus les communs, dominait le château et que décorait la statue de bronze d'Hercule terrassant l'hydre de Lerne.

Vers le bourg, une des *Portes du parc* a conservé son large fronton à l'antique, ainsi qu'un grand bas-relief, à l'ample facture, à demi effrité, figurant des faisceaux de licteurs, des têtes de béliers, des drapeaux et des glaives, et qui semble un débris du Forum romain. C'est l'Abreuvoir enfin, avec ses lignes harmonieuses, dont le dessin demeure intact, ses pierres ravagées, maladroitement restaurées, et ses piédestaux dépouillés. La marque du passé, sur tout cet ensemble, reste ineffacée. Rien, ou presque rien, n'est plus. Mais il semble que tout pourrait renaître, et l'on se prend à rêver de la baguette magique d'un enchanteur qui, soudain, remettrait en place la féerie disparue.

Versailles à son apogée.

Vers 1690, Versailles se présentait sous sa forme définitive. La façade sur le parc était achevée, telle à peu près que nous la voyons aujourd'hui. Sur la face opposée, Mansart avait, une dernière fois, remanié la Cour de Marbre, afin de la raccorder de son mieux à l'énormité des constructions nouvelles. Il l'avait haussée, à son centre, d'un troisième étage, orné de sculptures, et que couronnait, au faîte du toit, une crête de plomb doré. A droite et à gauche, sur les balustrades des combles, il avait posé des statues, assises ou couchées, de dieux et de déesses. Plus avant, les deux avant-corps de Le Vau avaient eu, eux aussi, leurs toits plats surélevés et coiffés de lanternons. Une estampe de Jean Rigaud nous donne une idée complète de ce qu'était, de ce côté, le château, une fois terminé. On remarque les deux cours, avec leur double grille et leur double porte, la seconde de celles-ci occupant la place actuelle de la statue de Louis XIV ; sur le pavé de la première cour s'alignent les Gardes Suisses. Vers la droite, s'élève, avec sa lanterne, le haut toit de la Chapelle, dont les fondations furent jetées en 1689 et pour la construction de laquelle Mansart, débordé, s'adjoignit son neveu Robert de Cotte. Les travaux durèrent jusqu'en 1710.

Tel fut Versailles à son apogée. Le 7 mai 1682, Louis XIV, par un coup d'État retentissant, était venu s'y installer à demeure, amenant avec lui la cour et tous les services du gouvernement. Il avait renié sa capitale, pour s'isoler, avec orgueil, dans ce monde nouveau qui était son œuvre, hors du coudoiement populaire, à distance des effusions comme des rébellions de ses sujets.

Mansart avait été royalement payé. Ses appointements réguliers, qui étaient d'abord de 6 000 livres (24 000 francs), furent, en 1687, portés à 10 000 livres (40 000 francs). Nommé successivement Inspecteur général, Intendant, puis Surintendant des bâtiments du Roi, il tirait de ces charges cumulées, en 1699, dans les 70 000 livres par an (280 000 francs). En gratifications supplémentaires, il reçut de Louis XIV 154 000 livres (616 000 francs), dont 100 000 livres en une seule fois, pour payer à son fils une charge de Conseiller d'État. Il avait été anobli, en 1683, et, lorsque son fils épousa la fille du célèbre banquier Samuel Bernard (elle apportait avec elle une dot de 400 000 livres, soit 1 600 000 francs), d'autres lettres de noblesse furent remises à la famille à laquelle s'alliait la sienne. En 1693, il avait enfin été fait chevalier de Saint-Michel, en même temps que Le Nôtre, et ils furent tous deux les premiers artistes qui portèrent cet Ordre.

Outre son beau-frère, Robert de Cotte, il avait eu sous sa direction les architectes et dessinateurs Claude Daviler, Cauchy et Cailleteau, dit Lassurance, auxquels Saint-Simon, toujours désobligeant, ne manque pas d'attribuer le meilleur de son talent. Il mourut subitement à Marly, d'une indigestion de primeurs, le 11 mai 1708, à l'âge de soixante-deux ans. Il avait, semble-t-il, avant sa mort, fait approuver au roi, à qui les maquettes avaient été présentées, le projet de surélever, sur le parc, les immenses toits plats du château, dernier reste de l'influence italienne qui avait présidé à sa construction. Ces toits se fussent recouverts de hauts combles dorés, semblables à ceux de la Chapelle, qui, dominant actuellement le niveau de l'ensemble, surgit seule dans le ciel. La disparition de Mansart et les désastres de la guerre de la Succession d'Espagne arrêtèrent une entreprise dont l'exécution aurait, sur cette face, modifié complètement l'aspect du château.

Le Brun était mort en 1690 et une partie de son autorité avait passé à Mignard, puis à Girardon. Le Nôtre était mort, lui aussi, avant Mansart, en 1700.

Le règne penchait vers son crépuscule. Après une courte intrigue, en 1680, avec Mlle de Fontanges, " belle comme un ange, sotte comme un panier ", Louis XIV avait, à la suite de la mort de Marie-Thérèse, survenue en 1683, épousé secrètement, vers 1684, Mme de Maintenon, dont l'ascendant était maintenant souverain.

Les revers et les deuils s'abattent sur le vieux roi. Nos armées, épuisées ou mal commandées, sont battues en Allemagne et dans les Flandres ; la France même est sur le point d'être envahie. Louis XIV se raidit contre la destinée et ne veut pas que rien semble trahir à la cour ces lamentables événements. Le jeu, les violons, la comédie, les fêtes et les bals continuent, comme par le passé, dans les salons du château. A la fête des Rois de 1708, en plein malheur public, soixante-douze Gardes Suisses enrubannés, divisés en quatre quadrilles, portaient les plats du souper. Le lendemain, les gazettes décrivaient avec complaisance la coupe, le velours et le satin des robes qui, pour les femmes dont les maris ou les fils étaient morts à l'armée, " étaient garnies d'hermine, avec des attaches de diamants ".

Le 14 août 1711, la variole enlevait à Louis XIV son seul enfant légitime, le Grand Dauphin, âgé de cinquante ans. L'année suivante, une épidémie de rougeole, la " fièvre pourprée ", se déclarait à Versailles. La rieuse duchesse de Bourgogne, mère de Louis XV, tombait la première, le 12 février, à moitié tuée par les médecins, et son mari, le fils du Grand Dauphin, l'élève de Fénelon, la suivait, sept jours après. Il avait vingt-cinq ans ; la duchesse en avait vingt-six. Ils laissaient deux enfants, l'un de cinq ans, l'autre de deux. Le premier expirait, le 8 mars, du même mal que ses parents ; le second, le petit Louis XV, était arraché à temps aux soins de la Faculté, par sa gouvernante, Mme de Ventadour, qui arrêtait enfin cette hécatombe.

Louis XIV, accompagné de Mme de Maintenon, était parti pour Marly, afin d'y cacher ses larmes qui, sous ces coups répétés, débordaient malgré lui. Il y recevait, le 16 avril, Villars, qui partait pour l'armée de Flandre et allait jouer la suprême carte de salut qui restait à la France. " Je connais votre zèle, lui dit-il, monsieur le Maréchal, et la valeur de vos troupes, mais la fortune peut vous être contraire. Je sais les raisons des courtisans. Presque tous, si ce malheur arrivait, veulent que je me retire à Blois et que je n'attende pas que l'armée ennemie s'approche de Paris. Pour moi, loin de là, je compterais aller à Péronne ou à Saint-Quentin, y ramasser tout ce qui me resterait de troupes, faire un dernier effort avec vous et périr ensemble, ou sauver l'État. " Villars partit et, le 24 juillet, il remportait sur les Austro-Germano-Hollandais la décisive victoire de Denain, qui préparait les traités de paix d'Utrech (11 avril 1713) et de Rastadt (6 mars 1714).

Les forces du Grand Roi déclinaient. Il résidait, le plus souvent, à Marly où, promené en chaise roulante, il continuait inlassablement à faire charrier des arbres, remanier des bosquets, vider des bassins, élever ou déplacer des statues. Le 4 mai 1714, il perdait encore un de ses petits-fils, le duc de Berry, âgé de dix-huit ans et troisième fils du Grand Dauphin, et il s'occupait de régler la succession au trône. Il instituait un Conseil de régence et, au cas où l'enfantelet Louis XV viendrait à mourir, il déclarait aptes à la couronne les deux bâtards qu'il avait eus de Mme de Montespan, le duc du Maine et le comte de Toulouse, et après eux leurs enfants.

Le 9 août 1715, Louis XIV avait, à Marly, suivi la chasse, en calèche, et était rentré si abattu qu'il demandait, le lendemain, qu'on le ramenât à Versailles. Une plaie, due au sang qui se décomposait, lui enflait la jambe, où la gangrène s'était mise. Il vit venir la mort avec noblesse et simplicité, absorbant en conscience les remèdes plus ou moins fantasques qu'on lui présentait et s'apprêtant à comparaître au tribunal de Dieu. Le 1er septembre, entre 8 h. 20 et 8 h. 25 du matin, il rendit l'âme, dit Dangeau, sans effort, comme une chandelle qui s'éteint. Il était âgé de soixante-dix-sept ans et avait régné de nom durant soixante-treize.

La Ville sous Louis XIV.

La VILLE s'était développée parallèlement au château. Sa vraie charte de fondation est du 22 mai 1671. A cette date, Louis XIV étant à Dunkerque, en pleine campagne de Flandre, rendit un décret d'après lequel des terrains seraient accordés à toute personne qui en ferait la demande, avec diverses exemptions et moyennant un droit unique de " 5 sols annuels par arpent, à charge de construire avec symétrie, selon les plans et modèles délivrés par le Surintendant des Bâtiments ". La cité nouvelle était limitée, au nord, par l'étang, le parc et le château de Clagny. Elle s'étendait, au sud, sur l'emplacement de l'ancien village de Versailles et vers le bois de Satory, et se prolongeait, dans la direction de Paris, vers Montreuil. Quoique dessinée, dès lors, dans ses grandes lignes, avec ses trois avenues, ses rues principales et ses places, elle différait fort d'aspect de la ville actuelle. Quantité d'hôtels seigneuriaux, à l'usage des gens de cour et de leurs familles, formaient autant de pavillons isolés, de modèle identique. Rangés à l'alignement, ils étaient séparés les uns des autres par des cours entourées de murs, avec porte cochère sur la rue. Tous se composaient pareillement d'un rez-de-chaussée, d'un premier étage et, sous le toit, de mansardes, en sorte que pas un ne s'élevait plus haut que l'autre devant la demeure royale. La matière employée était la brique rouge, encadrée de pierre ; si la brique avait manqué, elle devait être simulée. Tous les toits étaient d'ardoise bleue. Les mêmes principes de symétrie, de hauteur et d'aspect s'appliquaient aux maisons bourgeoises et à celles qui étaient à l'usage du peuple. Les privilèges accordés par le roi furent renouvelés en 1692 et 1696, avec décharge de toutes dettes et hypothèques contractées par les propriétaires. Ils furent révoqués en 1713, les espérances de Sa Majesté, relatives à l'extension de la ville, " ayant été remplies et au delà ".

La ville, qui comptait, à la mort de Louis XIV, 30 000 habitants, demeura propriété royale jusqu'en 1787, à la veille de la Révolution. Elle n'eut pas, jusque-là, de municipalité, mais était administrée, au nom du souverain, par un Gouverneur, qui fut successivement, sous Louis XIV, Bontemps et Blouin, premiers valets de chambre du Roi. La plupart des constructions de cette époque ont disparu, et rares sont celles que nous retrouverons dans la ville actuelle. L'église NOTRE-DAME, élevée par Mansart en 1684, a été conservée. C'était la paroisse du château, et ses registres ont consigné, à côté de ceux qui concernent les autres habitants de la ville, tous les actes de baptême et de mariage de la famille royale. La façade est décorée de colonnes doriques et ioniques ; le gros cadran est de 1763. L'intérieur est en forme de basilique romaine et sévère d'aspect, avec des voûtes et une coupole de pierre ; la chaire sculptée est de Philippe Caffieri. L'abside a été défigurée en 1867.

Les Comptes

Quel fut le coût de Versailles ? Jusqu'en 1664, c'est-à-dire pour la première transformation, par Le Vau, du petit château de Louis XIII, ainsi que pour la période correspondante des ouvrages du parc, déjà considérables, nous manquons de documents précis. Nous savons seulement, par une lettre de Colbert, de date indéterminée, qu'en deux années on a dépensé 500 000 écus, soit 1 500 000 livres. Force nous est donc d'admettre, sur ce chapitre, un chiffre approximatif, quelque chose comme 2 millions de livres (8 millions de francs), qui semblent un minimum raisonnable.

A partir de 1664 s'ouvrent les Comptes des Bâtiments du Roi. Ces comptes, qui existent en manuscrit aux Archives Nationales, s'étendent à toutes les résidences royales, depuis cette époque jusqu'à la fin du règne de Louis XV. Tenus avec régularité, année par année, quoique confus parfois dans le détail, ils ont été dépouillés par Jules Guiffrey et publiés par lui, de 1881 à 1896. Pour le second Versailles de Le Vau et pour celui de Mansart (c'est-à-dire pour le château actuel), pour l'achèvement du parc et la construction du Grand Trianon, ils nous donnent, à la mort de Louis XIV, une somme nette et totale de 65 651 267 livres 18 sous 3 deniers.

Si nous additionnons à cet état les 2 millions de livres du petit château, les 11 686 969 livres de Marly, les 1 986 209 livres de Clagny, les 4 611 918 livres de la machine de Marly, les 8 983 627 livres du canal de l'Eure, nous arrivons pour cet ensemble de travaux, concernant Versailles ou s'y rattachant, au chiffre rond de 95 millions de livres. Soit, au rapport d'un à quatre, 380 millions de francs. Sans doute faudrait-il ajouter à ces sommes les journées de travail imposées, pour les défrichements notamment, aux paysans et manants de la région, à titre de corvées non rémunérées et pour une valeur qu'il est impossible de fixer.

Ces chiffres, qui n'ont au surplus rien d'excessif, si l'on considère surtout qu'ils se répartissent sur une période de cinquante-quatre années, devaient démesurément grandir dans l'imagination populaire, et Louis XIV passa longtemps pour avoir brûlé les comptes de Versailles, qu'il n'osait pas avouer. Les exagérations voulues de Saint-Simon qui, le premier, déclara que, pour Marly seul, on pouvait compter " par milliards ", firent leur chemin et Voltaire qualifie Versailles un " abîme de dépenses ". Sébastien Mercier, dans son *Tableau de Paris*, à la veille de la Révolution, parlera

Louis XIII, entre la France et la Navarre, par Simon Vouet.

Louis XIV et sa nourrice. (peintre inconnu).

Louis XIV, par H. Rigaud.

Marie-Thérèse, par Beaubrun.

MLLE DE LA VALLIÈRE,
PAR NOCRET.

MME DE MONTESPAN
(ÉCOLE DE MIGNARD).

MME DE MAINTENON JEUNE,
PAR MIGNARD.

MME DE MAINTENON EN STE FRANÇOISE
ROMAINE, PAR MIGNARD.

de 300 millions de livres, dont "32 millions sur le seul article du plomb pour les conduites d'eau ". Mirabeau ira à 1 200 millions de livres ; l'historien Volney, député aux États Généraux, à 1 400 millions, près de 3 milliards de notre monnaie.

La haine de Versailles.

Ce Versailles, qui nous apparaît aujourd'hui dans la calme sérénité de sa puissance, dans la pure beauté de son art, dégagée des souffrances ambiantes dont elle fut payée, devint, pour les générations qui suivirent, un symbole de haine. Il résuma en lui tous les abus et tous les despotismes. Devant cet Olympe de dieux qui, couturés de diamants, y festoyaient et " godaillaient " jour et nuit ; devant les lourds carrosses dorés qui, les emportant de fête en fête, passaient comme des trombes, entourés de laquais qui bâtonnaient et laissaient morts sur place les passants trop lents à se déranger ; devant la splendeur de cette cour sur laquelle le maître tout-puissant déversait à flots ses faveurs, le paysan de La Bruyère, l'être livide, aux yeux hagards, se dressait à demi sur son sillon et son poing levé se tendait. Lorsque mourut Colbert, dont le seul crime était d'avoir servi d'instrument aux volontés du roi, la populace se rua sur son cercueil et le lapida. — "Laissez en paix respirer vos peuples, avait supplié Fénelon, s'adressant à Louis XIV à travers les allégories du *Télémaque*. A force de vouloir paraître grand, vous avez ruiné votre véritable grandeur.... Suspendez tous ces ouvrages ". — " Je hais Versailles, dira carrément Montesquieu. Tout le monde y est petit. Il y a à Versailles plus de statues que de citoyens dans une ville ". — Mme Roland, rappelant dans ses *Mémoires* un séjour qu'elle fit au château, étant jeune, nous conte qu'elle pressait sa mère de l'emmener au plus vite, car " encore quelques jours, disait-elle, et je ne saurais que faire de ma haine ". Et, au début encore du XIXe siècle, Chateaubriand évoquera, dans *René*, " la voix douloureuse qui sort de ces murs, comme s'ils étaient l'écho où viennent se répercuter les soupirs des peuples ".

Mais la note la plus curieuse nous est donnée par Sébastien Mercier, dans un opuscule publié par lui, en 1782, sans nom d'auteur, sous le titre : *L'an deux mille quatre cent quarante, Rêve s'il en fut jamais*, avec cette épigraphe de Leibnitz : " Le temps présent est gros de l'avenir ". L'auteur s'imagine en songe qu'il a précipité le cours des siècles et qu'il se retrouve transporté à Versailles. " J'arrive ; je cherche des yeux ce palais superbe. Quelle surprise!

je ne vois que débris, murs entr'ouverts, statues mutilées... lorsque je rencontre un vieillard assis sur le chapiteau d'une colonne. — Oh! lui dis-je, qu'est devenu ce vaste palais? — Il est tombé! Il s'est écroulé de lui-même! Un homme, dans son orgueil impatient, a voulu forcer ici la nature. Il a précipité édifice sur édifice. Avide de jouir, dans sa volonté capricieuse, il a fatigué ses sujets. Ici est venu s'engloutir l'argent du royaume ; ici a coulé un fleuve de larmes... Voilà ce qui subsiste de ce colosse qu'un million de mains ont élevé avec tant d'efforts. — A ces mots, il versait un torrent de larmes. — Pourquoi pleurez-vous? lui dis-je. Il éleva la voix et me répondit : Sachez que je suis ce Louis XIV, qui a bâti ce palais. La justice divine a rallumé le flambeau de mes jours pour me faire contempler de plus près mon déplorable ouvrage. — J'allais l'interroger encore, quand une des couleuvres dont ce séjour était rempli, s'élançant des tronçons d'une colonne, me piqua au col et je m'éveillai ".

Sept ans après que ces lignes avaient été écrites, la Révolution éclatait, l'émeute violait Versailles et, le 20 octobre 1792, le député Manuel demandait à la Convention que l'on appendît un écriteau *Maison à louer*, sur la " Caverne des tyrans ".

De la Régence à Louis XVI

Dès que Louis XIV ne fut plus, le château retentit, selon l'étiquette, des gémissements de douleur des hommes et des hurlements des femmes, par ce même usage, venu de l'antiquité, que nous retrouvons encore dans le *vocero* corse. Les princes du sang allèrent saluer, en grande cérémonie, le jeune héritier du trône et ses cinq ans. Lorsque le bambin s'entendit traiter de Sire et de Majesté, il se prit à fondre en larmes, sans savoir seulement que son arrière-grand-père était mort. A l'étranger, les ennemis même du Grand Roi prirent le deuil.

Le corps fut embaumé et, durant huit jours, exposé, à visage découvert, dans le Salon de Mercure. Une foule innombrable y vint défiler, tandis que les messes et les psalmodies ne cessaient ni jour ni nuit. Le 9 septembre, au soir, le char funèbre partait pour Saint-Denis, où un service solennel et l'ensevelissement avaient lieu, le 23 octobre suivant.

Le Parlement, heureux de prouver son existence, avait cassé, dès le 2 septembre, le testament du défunt. Écartant du pouvoir les bâtards légitimés, il avait nommé à la Régence le neveu du feu roi,

Philippe d'Orléans, âgé de quarante et un ans et marié à Mlle de Blois, fille naturelle de Louis XIV et de Mme de Montespan.

C'était un homme de forte encolure, au teint rouge et au poil noir, intelligent et brave, affable, mais dénué de sens moral. Il avait été accusé d'inceste avec sa propre fille, la duchesse de Berry, qui, encore plus sensuelle et dévergondée que lui, était en état d'indigestion perpétuelle et presque toujours ivre. Après un court séjour à Vincennes, il installa son pupille aux Tuileries et s'établit lui-même au Palais-Royal, lâchant la bride à tous les débordements que, sous l'influence de Mme de Maintenon, comprimait, depuis une quinzaine d'années, la Majesté assagie du vieux roi. De 1715 à 1722, pendant sept ans, Versailles fut abandonné, et l'on n'y trouve à signaler que deux visites du tsar de Russie, Pierre le Grand, qui, en mai et en juin 1717, logea au Château et à Trianon et assista au jeu des eaux.

Le 15 juin 1722, le Régent et la cour réintégraient Versailles et Louis XV y amenait avec lui sa jeune fiancée, Marie-Anne-Victoire, infante d'Espagne (fille de Philippe V, petit-fils de Louis XIV), âgée de quatre ans. Le 25 octobre de la même année, il était sacré à Reims et, le 23 février 1723, le Parlement le déclarait majeur. Le duc d'Orléans passait premier ministre. Toutefois il continuait à régner de fait et comptait bien, un jour, coiffer la couronne. Le petit roi semblait souffreteux ; l'infante était nouée ; tous deux passeraient sans doute de vie à trépas avant d'avoir pu procréer un héritier. Mais l'apoplexie foudroyait le duc, le 2 décembre suivant, dans l'appartement qu'il occupait, au rez-de-chaussée du château.

Le pouvoir revint au duc de Bourbon-Condé, petit-fils du grand Condé et second prince du sang. Grand, sec, osseux, ayant eu l'œil gauche crevé dans un accident de chasse, il gouverna en compagnie de sa maîtresse, la marquise de Prie. Afin de couper court aux visées des d'Orléans, l'infante d'Espagne fut séparée de son jeune mari, non sans quelque chagrin pour les deux enfants, qui s'étaient attachés l'un à l'autre, et renvoyée à son père, le 5 août 1725. Elle fut remplacée par une femme déjà nubile, Marie Leczinska, fille de l'ex-roi de Pologne, Stanislas Leczinski. Louis XV et elle se rencontrèrent à Chantilly, le 8 juin 1725 ; le contrat fut signé à Versailles, le 9 août ; le mariage fut célébré à Fontainebleau, le 5 septembre, et, le 1er décembre au soir, les deux mariés, revenus à Versailles, montaient ensemble, en grande pompe, l'Escalier des Ambassadeurs, flamboyant de lumières. Le roi avait alors quinze ans.

La reine en avait vingt-deux. C'était un cœur pieux et doux, émerveillé de tant de fortune, sans en être troublé. Le physique était pauvre et laid, non sans quelque charme des yeux, où se reflétait la candeur de l'âme. Mais la constitution était bonne et, au bout de deux ans, Marie Leczinska mettait au monde, le 14 août 1727, deux filles jumelles, puis, l'année suivante, une troisième fille, et, l'année d'après, un Dauphin (4 septembre 1729). Elle devait encore donner le jour, en 1730, à un second fils, qui mourut âgé de trois ans, puis, en six ans, à cinq autres filles, qui terminèrent, en 1737, la série de ses dix enfants. Louis XV, à l'arrivée de cette huitième fille, s'était hâté de la baptiser " Madame Dernière " et, renonçant à obtenir un nouvel héritier mâle, il cessa tous rapports avec sa femme, pendant les trente et un ans que durèrent encore leur union. On sait que de ce divorce intime il devait se consoler abondamment, avec l'innombrable sérail de ses maîtresses, de la liste desquelles émergent surtout les noms de Mme de Pompadour et de Mme du Barry.

Prenant le sceptre en main, en 1726, et remplaçant le duc de Bourbon par son vieux précepteur, le cardinal-évêque de Fréjus, Hercule de Fleury, âgé de soixante-seize ans, Louis XV devait régner durant quarante-huit ans, à compter de cette date, pour ne mourir que sur le déclin du siècle, en 1774.

Versailles, durant cette longue période, subit d'importants remaniements, correspondant à l'évolution des mœurs et du style.

Une première série de travaux, dirigés par Robert de Cotte (devenu Premier Architecte en 1708, il conserva ces fonctions jusqu'à sa mort, en 1734), se borne à continuer l'œuvre de Mansart et de Le Vau. De cette époque date le Salon d'Hercule (p. 97), terminé en 1734-1736, qui sert d'entrée aux Grands Appartements et se rattache à leur système décoratif de placages de marbres et de bronzes ciselés. Mais déjà, dans l'élégant Vestibule de pierre blanche, qui est de la même période et qui relie le Salon d'Hercule au premier étage de la Chapelle (p. 96), le style s'affine, avec des lignes plus sveltes et une ornementation plus délicate. Ce sont les premiers tâtonnements d'un art nouveau, c'est la transition de deux styles, qui n'est pas sans charme. Dans le parc, en 1740, le Bassin de Neptune, inachevé, reçoit de Sigisbert Adam et de Bouchardon sa parure définitive, dont l'ampleur n'est pas indigne du souvenir de Le Nôtre et des conceptions contemporaines du Grand Roi.

Des transformations intérieures plus caractérisées commencèrent en 1738. De même que les hommes ont déposé leur opulente et majestueuse perruque, l'architecture évolue, chez les bourgeois comme chez les grands, vers moins d'apparat et plus de commodité. Autant Versailles était superbe pour la parade royale et l'éblouissement des yeux, autant le palais, dans son inspiration italienne, avec ses pièces immenses, ses murs et ses planchers de marbre, était, pour la vie pratique, un non-sens sous notre climat. Si Mme de Sévigné trouvait que, pendant l'été, une fraîcheur délicieuse régnait dans ces beaux salons et que l'on n'y sait pas ce que c'est que le chaud, l'hiver, par contre, l'eau et le vin gelaient dans les verres. Durant les grands froids, pour se protéger du vent, qui filtrait en sifflant, on condamnait les fenêtres, en collant sur leurs joints des bandes de papier. La séparation de fait qui eut lieu, en 1737, entre lui et Marie Leczinska fut pour Louis XV l'occasion de se faire aménager un logis plus confortable.

Les Petits Appartements de Louis XV s'étendent en bordure de la Cour de Marbre (p. 139). Les pièces se sont humanisées et les boiseries sculptées et dorées, où excellèrent surtout le Français Antoine Rousseau et Jacques Verberckt, d'Anvers, y ont remplacé, sur leurs murs, le marbre et le bronze. Les travaux durèrent de 1738 à 1757. En 1741, le roi installa au-dessus de lui sa première maîtresse, Mme de Mailly, dans un élégant réduit, où passera Mme de Pompadour et qui sera repris par Mme du Barry. Marie Leczinska eut aussi, en arrière de ses Appartements de Parade, sur une cour étroite et noire, ses Petits Cabinets (p. 144), où elle trouvait un refuge contre la vie officielle et les yeux étrangers. D'autres transformations eurent lieu, dans le même esprit, au rez-de-chaussée du château, sur le parc, tant pour Mme de Pompadour que pour les filles du roi et pour son fils, le Grand Dauphin. Ces remaniements n'allèrent pas toujours sans de regrettables destructions. Si celles-ci furent en partie compensées par l'œuvre d'art nouvelle qui se substitua à l'ancienne, des actes de vandalisme plus fâcheux se préparaient.

Cette charmante Cour de Marbre, dont Louis XIV avait imposé la conservation, continuait à chagriner les gens épris de symétrie. Malgré les habiles retouches de Mansart, toute cette face du château passait pour indigne de l'autre. Nommé Premier Architecte en 1742, Jacques-Ange Gabriel (petit-fils de Jacques Gabriel) fut chargé, cette même année, d'établir les plans de sa complète reconstruction.

Le désordre et l'incohérence régnaient alors, comme partout, au chapitre des Bâtiments du Roi. Louis XV, qui se déplaisait à Versailles, n'y était présent que le moins possible, pour les fêtes et les cérémonies officielles. Le reste du temps, il laissait Marie Leczinska s'y distraire de son mieux, avec un fantôme de cour, et le vieux cardinal Fleury y trôner à sa place, en singeant Louis XIV. Quant à lui, il vagabondait là où le poussaient sa fantaisie et son ennui. Outre quelques séjours à Trianon et à Marly, outre les voyages traditionnels à Compiègne, au printemps, et à Fontainebleau, à l'automne, il allait s'installer au château de la Mutte (nous disons aujourd'hui la Muette), à Passy, près de Paris, construit par le Régent, pour sa fille, la duchesse de Berry, et qu'il avait acheté. C'est là qu'il avait, un soir, en 1732, âgé de vingt-deux ans et fidèle encore à Marie Leczinska, levé soudain son verre : "A l'inconnue!" Il le fera rebâtir en entier, en 1747. En 1739, il avait acquis le château de Choisy-le-Roi, voisin de la forêt de Sénart, édifié, sous Louis XIV, par Mlle de Montpensier. Il l'avait fait remanier et le fera bientôt en grande partie reconstruire.

De son côté, Mme de Pompadour achète, en 1746, avec l'argent de son royal amant, le château de Crécy, près de Dreux, pour 700 000 livres (soit 2 100 000 francs, au rapport d'un à trois pour la valeur relative de l'argent à cette époque). Elle y dépensa 2 903 267 livres (8 709 801 francs). En 1748, elle se fait construire, à Versailles, son hôtel de l'Ermitage, pour 285 000 livres (855 000 francs); la même année, Louis XV lui offre le château de la Celle-Saint-Cloud, entre Versailles et Rueil, au prix de 260 000 livres (780 000 francs). De 1748 à 1750, elle élèvera, entre Sèvres et Meudon, pour 6 millions de livres (18 millions de francs), le château de Belle-Vue, que le roi inaugure en une fête d'un luxe tel qu'il fut, à cette occasion, commandé à la Manufacture royale de Vincennes pour 800 000 livres (2 400 000 francs) de fleurs de porcelaine. En 1752, elle se fera bâtir à Versailles, moyennant 210 000 livres (630 000 fr.), un autre hôtel (l'hôtel des Réservoirs actuel), plus proche du palais, avec lequel il communiquait par un long corridor, en bordure du parc. En 1753, elle acquerra, à Paris, pour 730 000 livres (2 190 000 fr.) l'hôtel d'Évreux (aujourd'hui palais de l'Élysée), rue Saint-Honoré. En 1760, elle rachètera le château de Ménars, près de Blois, qu'elle a fait élever, quelques années avant, pour son frère, le marquis de Marigny. La mort seule de l'aimable marquise arrêtait, en 1764, cette fureur de la bâtisse qui, avec des objets plus divers et des constructions de moindre envergure, ne le cédait en rien à la même passion dont avait témoigné le Grand Roi.

Tandis que s'édifient ou sont accommodées toutes ces gracieuses demeures, toute cette poussière de palais, le cardinal de Fleury fait, par économie, détruire la Grande Cascade de Marly et le même sort attend le superbe Clagny, livré à l'abandon. Versailles même dépérit, faute d'entretien. La pierre se descelle, rongée par les filtrations d'eau. Les combles de la Chapelle menacent ruine, et il va falloir abattre la lanterne dorée qui les couronne pour préserver de l'écrasement le reste de l'édifice. Dans le parc, les plombs de maints bassins sont crevés et la masse énorme de l'Orangerie se lézarde. L'argent fait défaut.

Le moment était mal choisi pour entreprendre de nouveaux travaux, et les projets ébauchés demeurèrent en suspens durant dix ans, jusqu'en 1752. Il fut alors décidé, pour débuter, que l'Escalier des Ambassadeurs, qui n'avait plus sa place dans le futur remaniement, serait jeté à bas. La belle œuvre architecturale de Le Vau et de d'Orbay, les peintures de Van der Meulen et de Le Brun, les marbres et les stucs dorés, tout fut mis en pièces par la pioche des démolisseurs. En principe, un nouvel escalier, se raccordant au Salon d'Hercule, devait remplacer celui qui disparaissait. Mais les frais et les soucis de construction d'une salle d'Opéra (p. 156), entamée l'année suivante, étant passés à l'ordre du jour, on s'en tint à la destruction accomplie. Les travaux de la Cour du Louvre, délaissés depuis Louis XIV, avaient, d'autre part, été repris, et un surcroît de dépenses en avait résulté. Quatorze ans passèrent encore.

En 1766, le marquis de Marigny (Abel-François Poisson, devenu marquis par la grâce de sa sœur, Mme de Pompadour), directeur des Bâtiments du Roi, estime qu'il faut aboutir. Les divers bâtiments qui encadrent ou précèdent la Cour de Marbre sont d'ailleurs en un tel état de délabrement qu'il est urgent de prendre un parti, où ils vont tomber. Ordre est donné à Gabriel de sortir ses plans. Gabriel, qui est homme de goût, propose de reconstruire ce qui existe, dans le même style, moyennant 754 000 livres (2 262 000 fr.). Mais Marigny veut du nouveau et du plus grand, de la pierre de taille et des colonnes, le tout dans le " style classique ", qui en revient une fois de plus à l'antiquité, dont il serre de plus près les modèles, et qui l'emporte décidément dans la faveur publique. Gabriel, à qui l'on a, en même temps, recommandé l'économie, présente, sur ces indications, un autre devis de 850 000 livres (2 550 000 fr.), qui est approuvé par Louis XV, en 1771.

Pas un denier n'était disponible. Le désordre et la détresse d'argent n'ont fait qu'empirer. Les meilleurs artistes ne peuvent plus se faire payer. Verberckt, Rousseau, Jacques Caffieri implorent à tout moment quelques milliers de livres, tant pour eux que pour les gens qu'ils emploient. On ne les écoute que le jour où ils quittent le travail. Mme du Barry, qui a succédé à Mme de Pompadour, n'en continue pas moins à commander des remaniements et des dépenses.

Gabriel se lamente et se désespère. Les entrepreneurs, maintes fois échaudés, ne consentent plus aucune avance. Impossible de commencer les travaux. Quant à Louis XV, il n'a cure de tou'e ces vagues humanités qui, pour le satisfaire, se débattent au-dessous de lui et laisse chacun se débrouiller. Le 1er novembre 1771, Mme du Barry intervient et, sur ses fonds personnels, fait, par son banquier Beaujeon, verser à Gabriel 50 000 livres (150 000 francs), à titre de prêt au roi. Grâce à cet argent, l'extrémité d'une des deux ailes qui encadrent la Cour Royale est démolie et l'AILE NEUVE (p. 91), à droite, sort du sol, l'année suivante.

Mais bientôt les tiraillements recommencent et, le 21 juin 1773, les ouvriers impayés fomentent une émeute. C'est un scandale inouï, en présence du Dauphin qui, juste à ce moment, partait à la chasse, Mme du Barry, prévenue, accourt à Versailles, mande Gabriel et veut que l'on emprisonne l'entrepreneur. Gabriel, qui sait qu'il n'est pas responsable, propose simplement son renvoi. Ainsi fut fait. Les bureaux des Bâtiments grattèrent, ci et là, quelques écus, et l'Aile Neuve, appelée depuis *Aile Gabriel*, vit se terminer sa masse carrée, si pauvre d'ornements, et son fronton de temple grec.

Espérer faire davantage, après cet effort, eût été vain, et la Cour de Marbre était du moins sauvée. Il restait à souder l'Aile Neuve au corps du château, dont elle était séparée par un trou béant. De l'aile parallèle il serait question par la suite et, pour l'instant, un autre trou remplaçait, à gauche de la Cour Royale, les bâtiments disparus. C'est en cet état que Louis XV, en mourant, l'année d'après, le 10 mai 1774, laissa Versailles.

De 1762 à 1768, Gabriel avait construit le délicieux palais du Petit Trianon (p. 229). La Salle de l'Opéra s'était achevée en 1770, au bout de dix-sept ans.

Louis XV emportait avec lui le respect de la royauté. La réprobation publique contre tant d'impudeur officielle, la colère populaire contre

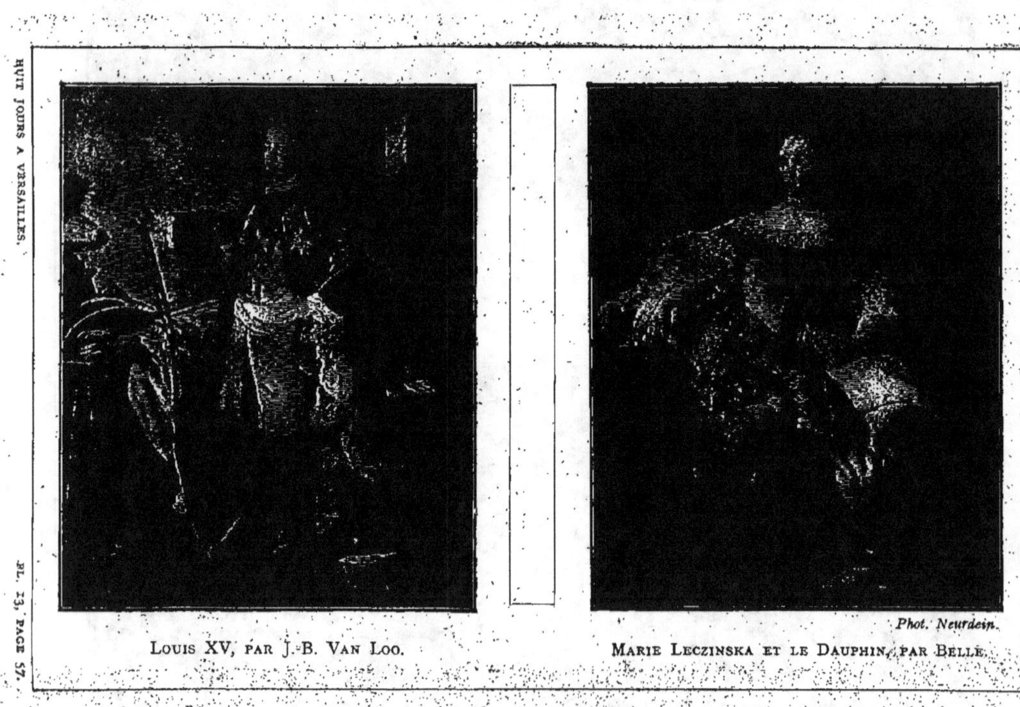

Phot. Neurdein.

LOUIS XV, PAR J.-B. VAN LOO.

MARIE LECZINSKA ET LE DAUPHIN, PAR BELLE.

tant de gaspillage insolent, qui avait été la loi du règne, s'étaient attaquées d'abord aux favorites, qui étaient accusées de pervertir l'esprit et le cœur du souverain. Le 9 septembre 1741, Mme de Vintimille, sa seconde maîtresse, étant morte au château, avait été aussitôt transportée en ville, à l'hôtel de Villeroy. Là, les domestiques chargés de la veiller s'en étant allés boire, en laissant les portes ouvertes ; des gens de la canaille avaient envahi l'appartement et des scènes d'horreur, dignes des pires jours de la Révolution, avaient eu lieu. Celle qui, la veille, partageait la couche royale avait été jetée à terre dans son linceul, traînée sur le plancher et son corps, mis à nu, criblé de pétards enflammés. Lors de l'attentat de Damiens, en 1757, Mme de Pompadour entendra la foule épandue dans les cours du château chanter à son adresse des refrains orduriers et la menacer, vivante, de la mettre en pièces.

La haine était, peu à peu, montée jusqu'au trône. En 1750, la capitale se soulève et accuse le roi de spéculer sur les blés. Des bandes armées, traçant la voie à celles qui viendront chercher Louis XVI, passent les barrières, en hurlant qu'elles vont brûler Versailles. Il faut envoyer les troupes, en toute hâte, au pont de Sèvres et à Meudon, pour leur barrer la route. Et lorsque, deux jours après sa mort, Louis XV, qui n'est plus déjà qu'un cadavre gangrené, a été cloué au cercueil ; lorsque cet affreux débris a été enfermé, à huit heures du soir, dans un carrosse escorté de gardes, qui, à la lueur des flambeaux, l'enlève au grand trot, pour le conduire à Saint-Denis, le peuple de Versailles est là, sur le passage de la funèbre chevauchée. Il ricane, en souhaitant un bon voyage au " Plaisir des Dames " et en criant, à pleins poumons : " Taïaut ! Taïaut ! "

La Ville s'était, sous Louis XV, profondément modifiée et avait perdu l'unité architecturale que lui avait imposée Louis XIV. En même temps que licence leur était donnée de se surélever à leur gré, les constructions se tassaient plus serrées, afin de ménager le terrain, et s'étendaient en de nouveaux quartiers : quartiers Saint-Louis et du Parc-aux-Cerfs ; puis, par la suite, quartiers Notre-Dame et de Clagny, lorsque l'étang de ce nom eut été desséché, de 1735 à 1736, à la suite d'une épidémie de fièvre paludéenne, et quand la royale résidence de Mme de Montespan eut été jetée bas, en 1769. Les anciens et symétriques hôtels seigneuriaux étaient presque tous abattus et remplacés, soit par de simples maisons d'habitation, dont nous retrouvons aujourd'hui un grand nombre, soit par de nouveaux hôtels, au goût du jour, plus élégants et confortables, et qui recevaient toute liberté décorative. La population était montée, dès la première moitié du règne, à 45.000 têtes. Elle ne fit que croître, ainsi que la ville, jusqu'à la Révolution. Un arrêt du Gouverneur, comte de Noailles, avait, à partir de 1734, dans l'intérêt de l'hygiène et de la tranquillité publiques, interdit aux habitants de se livrer à l'élevage des poules, pigeons, canards, oies, poulets, coqs d'Inde, lapins et cochons.

Parmi les monuments les plus intéressants de cette époque, il faut citer l'*Hôtel de la Guerre* (dans l'ancienne rue de la Surintendance, aujourd'hui rue Gambetta), construit en 1759, par Berthier, ingénieur et architecte, père du maréchal de ce nom. La porte, avec son Soleil flamboyant, sa couronne fleurdelysée et ses trophées d'armes, a conservé dans son style toute l'ampleur du style Louis XIV.

Mitoyen, l'*Hôtel des Affaires étrangères*, maintenant *Bibliothèque de la Ville*, est l'œuvre aussi de Berthier, 1761. Il a conservé ses anciennes salles, avec leurs sculptures dorées et des panneaux peints de Van Blarenberghe, figurant treize villes d'Europe. Dans la salle centrale passent pour avoir été signés : le traité de 1768, par lequel Gênes cédait la Corse à la France, le traité d'alliance de 1778, entre la France et les États-Unis ; le traité de 1783, entre la France et l'Angleterre, qui reconnaissait l'indépendance de la jeune république américaine.

L'ÉGLISE SAINT-LOUIS, aujourd'hui cathédrale, fut construite de 1742 à 1754, par Jacques-Hardouin Mansart, dit Mansart de Sagonne, petit-fils du grand Mansart. C'est une des rares églises du style Louis XV que nous possédions, cette époque voluptueuse et sceptique ayant plutôt songé à élever des temples à l'Amour que des monuments à la Foi. Extérieurement, s'alliant aux ordres antiques et aux pots à feu du XVIIe siècle, l'influence de l'Orient se traduit dans les boules métalliques, jadis dorées, qui, à l'instar de celles des mosquées, surmontent clocher et clochetons. Plus pure est la nef intérieure, d'une harmonieuse élégance, avec ses arcades en anse de panier, ses sveltes bénitiers, semblables aux vasques d'un parc, les riches boiseries de son banc d'œuvre et de ses confessionnaux, et son Grand Orgue de Clicquot, aux 3 000 tuyaux, qui se pose au-dessus de la porte d'entrée, sur une arche de pierre hardie, de superbe envolée. Décor, s'il en fut, bien adéquat à l'époque, parmi lequel on croit voir se bousculer encore les boîtes à poudre, les mouches coquines, les éventails battant de l'aile, les jupes courtes et le satin bleu des femmes, les talons rouges et le taffetas blanc des hommes. D'évangéliques bergeries de Boucher et de Le Moyne complètent le charme de l'ambiance.

L'ancien *Couvent des Ursulines*, fondé par Marie Leczinska, est devenu le *Lycée Hoche*. Il avait été édifié de 1769 à 1772. L'architecte en fut Mique, qui devait, par la suite, passer au service de Marie-Antoinette. C'est déjà le pur style Louis XVI qui triomphe ici. La *Chapelle*, de style antique, est surtout typique, avec ses dômes aplatis, son portique aux sveltes colonnes ioniques, la sobriété délicate et un peu froide de ses ornements, et ses bas-reliefs intérieurs, par Deschamps, figurant l'histoire de la Vierge. C'est le temple païen, devenu le chaste asile de la Foi.

Louis XVI et la fin du Versailles royal.

Louis, Dauphin de France, fils unique de Louis XV et de Marie Leczinska, était un gentil garçon, que sa mère avait élevé dans le goût de la vertu, l'amour de la dévotion et le respect des Jésuites. Il aimait la musique, jouait du violon, composait des morceaux de plain-chant, avait horreur du jeu et semblait toujours triste. Sans doute souffrait-il du divorce moral qui séparait ses parents et de la vie scandaleuse où se complaisait son père. A seize ans, il avait épousé Marie-Thérèse-Raphaële, infante d'Espagne, seconde fille de Philippe V, âgée de dix-huit ans. Le mariage avait été célébré dans la Chapelle de Versailles, le 23 février 1745.

Un an après, la jeune femme mourait en couches, en donnant le jour à une fille qui devait vivre deux ans à peine. Quoique le Dauphin eût aimé sa femme et la pleurât, la raison d'État exigeait qu'il fût remarié. Le maréchal de Saxe, l'illustre vainqueur de Fontenoy, proposa et fit agréer sa nièce, Marie-Josèphe, fille de l'Électeur de Saxe, roi de Pologne, âgée de seize ans. Marie Leczinska éprouvait peu de sympathie pour la fille de celui qui avait détrôné son père. Mais Mme de Pompadour jeta son influence dans la balance et, comme le premier, le nouveau mariage se consomma à Versailles, le 9 février 1747.

Marie-Josèphe de Saxe tint avec noblesse et dignité son rôle de reine présomptive, sut amener à elle son mari et, plus féconde encore que sa belle-mère, mit au monde, en dix-huit ans, douze enfants. Sept moururent en bas âge. Des cinq autres, trois deviendront rois ; ils seront Louis XVI, Louis XVIII et Charles X. L'une des filles, Mme Clotilde, épousera Ferdinand IV, roi de Sardaigne ; l'autre, Mme Élisabeth, périra, comme Louis XVI, sur l'échafaud.

Le fils de Louis XV, qui occupait avec Marie-Josèphe, au rez-de-chaussée du château, sur le parc, l'ancien appartement du Régent, ne régna jamais. Il mourut à Fontainebleau, à trente-six ans, le 20 décembre 1765, d'une maladie de poitrine contractée à Compiègne, durant l'été de la même année, à la suite d'un chaud et froid. Marie-Josèphe, quinze mois après, le suivait dans la tombe.

Louis XVI avait vingt ans quand, en 1774, il monta sur le trône. Marie-Antoinette-Josèphe-Jeanne, de Lorraine-Autriche, fille de Marie-Thérèse d'Autriche et de François Ier, empereur d'Allemagne, qu'il avait épousée en 1770, en avait dix-huit. — " Mon Dieu! Qu'allons-nous devenir ? écrivait la petite reine à sa mère, en un émoi touchant. Nous sommes épouvantés de régner si jeunes ".

Nature honnête et loyale, mais un peu lourde, Louis XVI aime à forger le fer et à frapper sur une enclume. Son plaisir, étant jeune, était de se livrer, avec ses frères, à des luttes à mains plates et à d'ardents pugilats. Ses traits d'esprit ne sont pas toujours du meilleur goût. Lorsqu'en 1778 Franklin vient en France et lui est présenté à Versailles, il commande à la Manufacture de Sèvres un pot de chambre en porcelaine, avec l'image du célèbre Américain, et en fait hommage à Mme de Polignac, une des amies de la reine. Un simple loto, avec un courtisan complaisant, suffit, le soir, à l'amuser. Mais, dans une pièce voisine, sa femme joue au pharaon et perd 500 louis (soit 12 000 livres ou 24 000 francs, au rapport d'un à deux pour la valeur relative de l'argent à cette époque). Il coupe en menus morceaux le papier sur lequel il écrit, pour n'en point user d'autre, et s'inquiète d'une erreur de quinze sols dans sa cassette. Mais, durant ce temps, la danse des deniers publics continue.

Si le fonctionnement extérieur de la royauté subsiste avec tout son pompeux appareil et tous ses abus, l'étiquette est, de plus en plus, battue en brèche. Au moment du carnaval, Marie-Antoinette monte en chaise de poste, en compagnie de ses deux beaux-frères, et s'en va couramment à Paris, masquée, passer la nuit au bal de l'Opéra, pour ne rentrer au château qu'avec le jour. Louis XVI, en guise de protestation, s'amuse, une nuit, à faire verrouiller les grilles, et il faut que sa femme reste dehors, jusqu'à ce qu'un des gardes du poste ait daigné se déranger.

Tête folle, mais fidèle épouse et mère affectueuse, Marie-Antoinette eut de Louis XVI quatre enfants. Ce fut d'abord une fille, Marie-Thérèse-Charlotte, née en 1778, et connue sous le nom de Madame Royale. C'est la seule qui survivra à la Révolution. Enfermée au

Temple en 1792, elle en sortira en 1795, épousera, en 1799, son cousin le duc d'Angoulême, fils du comte d'Artois, et ne mourra qu'au cours du XIXe siècle, en 1851. Une seconde fille, née en 1786, ne vécut qu'un an. Un premier Dauphin, né en 1781, Louis-François-Joseph-Xavier de France, s'éteindra à huit ans, le 4 juin 1789. Le second Dauphin, Louis, duc de Normandie, né en 1785, sera le tragique petit Louis XVII, qui, en 1795, après une lente agonie, expirera de misère dans son cachot du Temple.

• Dès les premiers jours du règne, Louis XVI avait offert à sa femme le palais du Petit Trianon, pour en disposer et y vivre à sa fantaisie. Elle y fit exécuter quelques remaniements intérieurs, adjoindre, en 1780, une salle de comédie et, de 1774 à 1786, en agrandit les jardins d'un nouveau *Jardin Anglo-Chinois*, avec arbres exotiques, grotte, rivière et petits pavillons, auquel vint s'ajouter un *Hameau Paysan*. Gabriel ayant pris sa retraite, le 15 février 1775, avec une pension de 20 000 livres (40 000 francs), ces divers travaux furent exécutés par Richard Mique, de Nancy (1728-1794), qui lui avait succédé comme Premier Architecte.

Le parc de Versailles avait perdu ses derniers arbres contemporains de Louis XIV. Un abatage général, commencé en décembre 1774, fut suivi, en 1776, d'une replantation, faite avec des sujets neufs. D'anciens bosquets disparurent ; d'autres furent modifiés à cette occasion, dont le Bosquet des Bains d'Apollon.

A l'intérieur du château, aucun travail important ne fut entrepris. Louis XVI occupa, sur la Cour de Marbre, les élégants Appartements de Louis XV et les fit agrandir d'une Bibliothèque. Marie-Antoinette prit possession des Petits Cabinets de Marie Leczinska, en fit modifier le décor, par Mique, et c'est sous la forme exquise qu'elles reçurent alors que ces pièces sont venues jusqu'à nous. D'autres pièces qu'elle se fit aménager, au rez-de-chaussée, ont disparu.

Extérieurement, la face d'entrée du château demeurait sans symétrie. Une salle de spectacle, de proportions moins vastes que celle de l'Opéra et plus apte aux représentations de comédie, avait été établie dans l'Aile Gabriel. Mais celle-ci, seule réédifiée à droite de la Cour Royale, attendait toujours son pendant. En 1780, les services des Bâtiments, dirigés par le comte d'Angiviller, se remirent en mouvement et, reprenant l'idée d'une réfection d'ensemble, demandèrent des projets aux meilleurs architectes, dont Mique, Peyre l'aîné et Peyre le jeune.

Le style classique se dépouillait et se raidissait de plus en plus, sous l'influence grandissante de l'école de David. A l'imitation de l'antiquité grecque et romaine s'ajoutait, d'autre part, celle de l'art égyptien. Nous possédons les graphiques gravés de deux des projets, présentés par Peyre le jeune. Ils sont pour nous une stupéfaction. Le premier, tout rectiligne et nu, comme un tombeau, semble s'inspirer surtout de l'Égypte et de ses temples. Une masse rectangulaire de colonnes marque, au centre, la place de la Cour de Marbre et un mur, qui est derrière, celle des fenêtres de la Chambre de Louis XIV, du Cabinet du Conseil et de l'Œil-de-Bœuf. Dans le second projet, cette même partie demeure à peu près identique. Vers l'avant, se cintrent des colonnades en hémicycle, rappelant celles qui encadrent, à Rome, la Cour du Vatican. Des dômes bas, espèces de calottes sphériques, en émergent. Du socle de deux obélisques jaillissent des fontaines. Un plan incliné, au milieu, deux escaliers, à droite et à gauche, descendent vers la place d'Armes. Telles sont les corrections inattendues et, à tout le moins, inopportunes que le XVIIIe siècle finissant rêvait d'infliger à Versailles.

"Cet ouvrage, avait déclaré Louis XVI, occupera le reste du siècle". Le manque de fonds, heureusement, avait, une fois de plus, fait remettre à dix ans une décision ferme. Il fallait payer d'abord Rambouillet, château et domaine, que Louis XVI avait acheté, le 29 novembre 1785, pour 16 millions de livres (32 millions de francs), au duc de Penthièvre, fils du comte de Toulouse, un des bâtards légitimés de Louis XIV et de Mme de Montespan. Il y installait sa Vénerie et ses équipages de chasse ; il y offrait à sa femme une seconde Laiterie paysanne, dans le goût de celle du Petit Trianon. Il fallait régler Saint-Cloud, que Marie-Antoinette avait acquis des d'Orléans, pour 6 millions de livres (12 millions de francs), et qu'elle faisait remanier de fond en comble. C'est l'époque où le ministre de Calonne répond à la reine, qui l'assaille de ses exigences perpétuelles : "Ce qui est possible est fait. Ce qui est impossible se fera ". L'ancien pavillon de Le Vau, à gauche de la Cour Royale, fut seul abattu, mais non reconstruit.

Durant l'hiver de 1785, une nouvelle fantaisie passe dans la tête folle de Marie-Antoinette. Les salons du château l'ennuient et elle fait danser la cour dans une maison de bois, construite au-dessus de l'Orangerie, sur l'emplacement des Parterres du Midi. C'est une sorte de serre, éclairée de girandoles, avec des allées bordées de buissons de roses, avec des arbres verts, une rivière, des rocailles et des cascatelles, un raccourci, à l'abri des intempéries, des jardins de Trianon. En 1787, la bâtisse, devenue branlante, est entièrement réédifiée et agrandie d'un salon de jeu, d'une salle de billard, d'une salle à manger et de dépendances pour le service. Le seul coût de la menuiserie fut de 191 511 livres (383 022 fr.). Ce fut, à Versailles, le dernier ouvrage de la royauté.

Le 19 septembre 1783, avait eu lieu officiellement, dans l'Avant-Cour du château, une des plus importantes expériences scientifiques des temps modernes. Renouvelant un premier essai qui avait eu pour théâtre Annonay, un magnifique aérostat, construit par les frères Montgolfier, en forme de sphère légèrement allongée, de 57 pieds de hauteur et de 41 pieds de diamètre (18 m. 47 et 13 m. 28), s'élevait du sol, en présence du roi et de la reine, de toute la cour et d'une foule innombrable. Le globe triomphal, qui s'élançait ainsi vers l'infini, était fait de toile, renforcée de papier ; il était peint de bleu d'azur, décoré sur ses flancs de draperies simulées et portait en or le chiffre du roi. Il avait été gonflé d'air chaud, celui-ci produit par la combustion de paille hachée avec de la laine, et enlevait une cage, où avaient été placés un mouton, un coq et un canard. Après être monté à 280 toises (557 m. 72), il alla descendre, avec ses passagers indemnes, dans les bois de Vaucresson, à 2 kilomètres environ.

Le 21 octobre suivant, non sans peine et grâce à la protection de la duchesse de Polignac, grande amie de la reine, le jeune Pilâtre de Rozier, Messin d'origine, obtenait du roi et de ses ministres la permission de s'élever, en compagnie du marquis d'Arlandes, gentilhomme languedocien, dans une " montgolfière " du même type et de dimensions supérieures. Le départ eut lieu des jardins de la Muette, et les deux aéronautes, passant au-dessus de Paris, atterrirent à Montrouge, parmi les champs, au bout de vingt-cinq minutes. Le 23 juin 1784, Pilâtre de Rozier effectuait, à Versailles, une nouvelle ascension, devant la famille royale et le roi de Suède, Gustave III, qui voyageait incognito sous le nom de comte de Haga. Le physicien Charles avait, de son côté, et dès le début de ces essais, substitué à l'emploi de l'air chaud celui du gaz hydrogène, qui lui avait permis de se soutenir dans les airs durant un temps beaucoup plus long. L'enthousiasme public était indescriptible. Les gens pacifiques entrevoyaient dans l'aérostat un agent de fraternisation entre les peuples. Les belliqueux y voulaient trouver un puissant engin de guerre. On chanta :

> *Les Anglais, nation trop fière,*
> *S'arrogent le droit des mers.*
> *Les Français, nation légère,*
> *S'emparent de celui des airs ".*

C'étaient les débuts de la conquête de l'air, que nous avons, par d'autres moyens, réalisée aujourd'hui.

Versailles sous la Révolution.

Nous ne pouvons que rappeler brièvement les événements connus dont Versailles allait être témoin. Ce fut d'abord, le 22 février 1787 et le 10 novembre 1788, la double réunion de l'Assemblée des Notables. Des représentants du clergé, de la noblesse et de la magistrature, au nombre de 144, étaient invités par le roi à chercher, par la création d'Assemblées Provinciales, les moyens de répartir avec plus d'équité les charges publiques. Les Notables siégèrent à l'*Hôtel des Menus-Plaisirs*, construit en 1750, sur l'avenue Royale (avenue de Paris actuelle, pour servir de remise aux " *menus plaisirs* " du roi et de la cour. On y rangeait et réparait les cors et armes de chasse, les raquettes et filets des jeux de paume, les escarpolettes, jeux de bagues et jeux de boules en usage dans le parc, les décors de théâtre, les estrades volantes et les bancs dont on se servait pour les fêtes et les concerts. Sur le terrain attenant aux bâtiments, l'architecte Pâris, dessinateur du Cabinet du Roi, aménagea, pour la circonstance, une vaste salle rectangulaire, de style néo-grec, richement ornementée, avec des colonnes cannelées, et que nous ne connaissons plus que par les estampes. La lumière y tombait du plafond, par une baie ovale et vitrée, garnie de taffetas blanc. Des gradins en amphithéâtre et des tribunes étaient disposés, pour le public, en arrière des colonnes. Les Notables occupaient le milieu de la salle, et les princes du sang présidaient. Aucun résultat pratique ne fut obtenu.

Dans ce même décor, le 5 mai 1789, convoqués sur des bases plus larges, s'ouvraient, sous la présidence du roi, dont le trône avait été placé à l'une des extrémités de la salle, les États Généraux : 291 députés du Clergé, 270 de la Noblesse, 584 du Tiers État, qui se trouvait posséder ainsi vingt-trois voix de plus que les deux autres Ordres réunis. On sait comment des dissentiments ne tardèrent pas à se produire entre le roi et les États ; comment, sur la proposition de Siéyès, les députés des trois Ordres résolurent de se déclarer

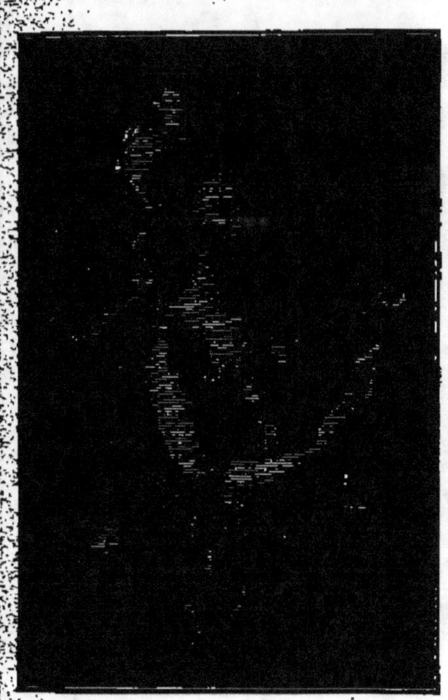

MARIE-ANTOINETTE A LA ROSE
PAR MME VIGÉE-LEBRUN.

Phot. Neurdein.

LOUIS XVI,
PAR CALLET.

PREMIÈRE ASCENSION (19 SEPTEMBRE 1783), DANS L'AVANT-COUR DU CHATEAU, D'UN AÉROSTAT CONSTRUIT PAR LES FRÈRES MONTGOLFIER.
Estampe ancienne.

Serment du Jeu de Paume, prêté par les députés du Tiers, dans la salle de ce nom. *D'après l'esquisse de David.*

« A Versailles ! A Versailles ! » Les femmes de Paris vont chercher le Roi et la Reine, le 5 octobre 1789. *Estampe ancienne.*

Assemblée Nationale (17-19 juin) ; comment, à la suite de ce vote et sous un prétexte fallacieux, Louis XVI fit, le lendemain, fermer la salle des séances. C'est alors que les députés du tiers se rendirent à la Salle du Jeu de Paume et y prêtèrent leur serment célèbre de ne point se séparer avant d'avoir donné une constitution à la France. Cette salle, qui existe encore, dans la rue du même nom, avait été construite en 1686, et agencée pour Louis XIV, qui venait souvent y jouer, par Nicolas Cretté, paumier du Roi. Elle avait conservé en 1789 sa même destination. C'est une vaste pièce rectangulaire, qui a été restaurée en 1883 et transformée en un petit *Musée de la Révolution*. On y voit les anciennes baies, à petits carreaux, que des filets protégeaient contre le heurt des balles, et la galerie couverte où se tenaient les spectateurs. Une copie en camaïeu, par L.-O. Merson, reproduit le tableau de David, figurant la scène du *Serment*, composition enthousiaste et vivante, dont le détail n'est pas strictement exact.

Puis les faits se précipitent. Le Tiers État a réintégré la Salle des Menus et signifié au roi, par la voix de Mirabeau, qu'il n'en sortira plus que par la force des baïonnettes. Le 9 juillet, l'Assemblée nationale se proclame Constituante, tandis qu'à Paris, le 14 juillet, le peuple soulevé prend la Bastille. Deux jours après, le comte d'Artois passait la frontière, donnant le signal de l'émigration et bientôt suivi par un grand nombre de nobles. L'Assemblée continue à siéger, abolit les privilèges durant la nuit du 4 août et décerne à Louis XVI, dont le faible cerveau vacille de plus en plus, le titre de Restaurateur de la liberté française.

Le 1er octobre, un banquet est offert par les Gardes du Corps aux officiers des régiments de Flandre et des Trois-Évêchés (Metz, Toul et Verdun), qui ont été appelés à Versailles, avec leurs canons, pour la protection éventuelle de la cour. Une table en fer à cheval a été dressée sur la scène de l'Opéra. Les officiers et les gardes y prennent rang. La musique des régiments s'installe à la place habituelle de l'orchestre ; les simples soldats occupent les fauteuils de parterre. La plupart des loges ont été ouvertes au public, qui vient là comme à un spectacle, et divers membres de l'Assemblée sont présents. Le repas commença vers quatre heures du soir. Les santés se suivent, portées le sabre nu, et les cerveaux s'échauffent. Après le second service, Louis XVI paraît dans la loge royale, accompagné de Marie-Antoinette, de Mme Élisabeth et du Dauphin, et les acclamations éclatent, tandis que la musique entame l'air célèbre du *Richard Cœur de Lion* de Grétry :

" *O Richard, ô mon roi, l'univers t'abandonne !* "

Le roi et la reine descendent alors sur la scène, dont ils font le tour. Le banquet terminé, ce sont des sérénades sous le balcon de la Cour de Marbre, suivies, toute la nuit, des beuveries, des chants et des danses des soldats.

Ce loyalisme exalté, ces généreuses imprudences de gens qui, du moins, sauront bientôt mourir, avaient été aussitôt colportées à Paris, où le pain est rare et cher, où, devant l'hiver qui s'approche, on craint la disette. Plus de doute. Non content d'affamer son peuple, le roi médite de le faire massacrer. Un bouillon d'émeute, où il y a de tout, hommes et femmes, hommes habillés en femmes, ouvriers des faubourgs et poissardes, bandits et pillards, monte soudain et se dégorge sur Versailles.

Louis XVI est occupé, dans les bois de Meudon, à fusiller des perdreaux. Averti de ce qui se passe, il écrit sur son calepin : " *Tiré à la Porte de Châtillon ; tué 81 pièces. — Interrompu par les événements.* " — Il rentre à Versailles et y trouve la reine, qui revient du Petit Trianon. L'émeute a envahi les cours du château ; seule, la face qui regarde le parc est encore libre. La grille intérieure, qui séparait l'Avant-Cour de la Cour Royale et passait à peu près à la hauteur de la statue actuelle de Louis XIV, a été descellée, et ses lourds barreaux transformés en piques. Des femmes en guenilles ont allumé du feu et y font rôtir un cheval, dont on s'arrache, autour d'elles, les morceaux demi-cuits. En voyant la flamme qui rougeoie, Louis XVI court vers la fenêtre de l'Œil-de-Bœuf, croyant à un incendie. Puis, s'étant rendu compte : " Les pauvres gens ! murmure-t-il. Ils ont vraiment faim ! " — " De la viande de cheval ! plaisante un courtisan. Je croyais qu'à Paris on avait meilleur goût ! " Dès qu'un Garde du Corps se risque dehors, il est accueilli par une volée de pierres et de coups de fusil. Afin de ne pas irriter la colère populaire, la majeure partie des troupes a été évacuée sur Rambouillet.

A minuit, le général de La Fayette arriva de Paris, avec 20 000 hommes de la Garde Nationale, se rendit près de Louis XVI et assura qu'il répondait de l'ordre. Vers six heures du matin cependant, une bande d'émeutiers réussissait à s'introduire dans le château, cherchant la reine, pour la massacrer. Ils débouchèrent dans la Salle des Gardes (p. 130). Deux Gardes du Corps tentent de leur barrer le passage. Le premier, Varicour, est désarmé et entraîné dehors, où on lui coupe la tête. Le second, du Repaire, parvient à se dégager et donne le temps à un troisième, Miomandre de Sainte-Marie, de prévenir les femmes de chambre de Marie-Antoinette, de leur crier : " Sauvez la reine ! " Un instant après, il était terrassé à son tour. Marie-Antoinette avait veillé dans sa chambre, jusqu'à deux heures. Elle dormait, épuisée, lorsque ses deux femmes de service, Mmes Thibault et Augué, vinrent lui dire qu'il fallait fuir en hâte. Ayant tiré les verrous, elles lui passèrent des bas et un jupon et, par une petite porte sous tenture, dissimulée auprès du lit, elle gagna un corridor intérieur qui la conduisit près du roi. Les assaillants, ne la trouvant pas, s'égarèrent à sa recherche dans la Grande Galerie, où ils brisèrent une partie des glaces à coups de crosse, où ils crevèrent les sièges avec leurs baïonnettes. Puis ils se répandirent dans l'Aile du Midi, d'où ils furent expulsés, le jour venu.

L'aube du 6 octobre s'est enfin levée. Louis XVI et Marie-Antoinette, collés contre les vitres de la Chambre du roi, où ils se sont barricadés, plongent leurs yeux hagards sur la Cour de Marbre, qu'il a été impossible de dégager. Ils ont auprès d'eux les deux enfants royaux, Mmes Tantes (les filles vieillies de Louis XV), Mme Élisabeth, le comte de Provence et sa femme. Le Dauphin joue avec les cheveux de sa sœur et, à jeun depuis la veille, il tire, de temps à autre, le bras de sa mère, en demandant à manger. Pour la première fois depuis bien longtemps, en face de la foule affamée, un fils de roi, lui aussi, avait faim ! Marie-Antoinette, les larmes aux yeux, lui explique que nul n'a le loisir de s'occuper de lui. La Fayette se présente, sur ces entrefaites, et vient dire à la reine que le peuple la réclame au balcon. Elle se montre, puis ses enfants, puis le roi, puis les ministres, que l'on est allé chercher. La foule crie : " Le roi à Paris ! " Il faut que Louis XVI promette de partir, le jour même, à midi.

A une heure seulement on se mit en route. La horde apaisée avait, dès la sortie de la ville, cueilli, en signe de joie, de longues branches de peuplier. On eût dit, comme dans *Macbeth*, une forêt en marche. Parmi les feuillages brillaient les fers des piques et crépitaient des décharges de mousqueterie. Les poissardes entouraient le carrosse royal, avec des gestes obscènes ; une partie de ces dames allaient à pied ; d'autres avaient, " au nom du Roi et de l'Assemblée ", réquisitionné à Versailles toutes les voitures disponibles, où elles étalaient leur gros ventre ; d'autres encore chevauchaient des canons, traînés depuis Paris. Une file de calèches et de véhicules divers portait les services du roi et la plupart des députés, qui s'efforçaient de légaliser par leur présence ce coup de force. Des chariots de farine, grinçants et lourds, La Fayette et la Garde Nationale, les Cent Suisses, des Gardes du Corps, désarmés et sanglants, complétaient le cortège.

Il était près de six heures du soir quand on atteignit l'Hôtel de Ville. Là, l'émeute se disloqua. Le roi fut reçu avec honneur par Bailly, maire de Paris, certifia qu'il venait " avec confiance et plaisir " parmi les habitants de sa bonne capitale, et fut conduit aux Tuileries qui, à dater de ce jour, lui étaient assignées pour demeure. Il y était, dès lors, moralement captif. Pendant l'été de 1790, il fut autorisé cependant à se rendre à Saint-Cloud, avec la reine. Tous deux y séjournèrent, et la surveillance dont ils étaient l'objet parut se relâcher. Peut-être alors auraient-ils pu fuir. Un an après, il était trop tard et l'évasion manquée de Varennes resserrait l'étau sur les infortunés. Ils étaient enfermés au Temple, en 1792, et guillotinés en 1793, Louis XVI le 21 janvier, Marie-Antoinette le 14 octobre.

La Vente à l'encan. " Stat umbra. "

Le roi et la cour une fois partis, Versailles n'avait plus été soudain qu'un grand corps sans âme. Au 6 octobre 1789, la ville comptait dans les 76 000 habitants, sur lesquels 10 000 personnes environ étaient, à des titres divers, hébergées au château ou dans ses dépendances. Tout ce qui composait la cour, ou en vivait, la suivit à Paris. Après quelque attente (les événements des 5 et 6 octobre n'avaient paru d'abord qu'une échauffourée un peu vive), les derniers services émigrèrent aux Tuileries. Dès le 12 octobre, l'Assemblée Constituante avait rallié la capitale. En 1790, la population de Versailles s'était abaissée à 50 000 habitants, dont 7 000 indigents. Elle n'était plus que de 39 000 en 1791, de 34 000 en 1792, de 25 000 après 1793.

Oubliée, la ville fut sauvée du moins des horreurs révolutionnaires. Elle ne vit qu'une scène de carnage, le 9 septembre 1792. Un convoi de royalistes, conduits d'Orléans à Paris, fut arrêté, ce jour-là, par une bande de forcenés, près du carrefour des Quatre-Bornes, au joint des rues de l'Orangerie et de Satory actuelles. Des cinquante-deux prisonniers, quarante-quatre furent égorgés, les mains et les pieds encore enchaînés, et leurs têtes furent plantées en chapelet sur la grille d'entrée du château.

Ce château, qu'allait-il devenir? Le garderait-on, ou serait-il rasé? Le 19 septembre 1792, l'Assemblée Législative décida d'abord que tous les tableaux et objets d'art placés dans les maisons royales seraient transportés au Louvre. Commencé sous Louis XVI, en 1775, le Musée du Louvre venait de recevoir son statut définitif, par deux décrets de l'Assemblée, des 26 mai et 26 août 1791. Le " Cabinet du Roi ", comme on disait, était, à Versailles, particulièrement riche en chefs-d'œuvre. Outre de nombreux antiques, il renfermait des toiles d'Andréa del Sarto, de Véronèse, du Titien, de Rubens et de Van Dyck, la *Joconde* de Léonard de Vinci. Les Versaillais, qui voyaient se consommer leur ruine, protestèrent que le château ferait lui-même un excellent musée. Se recommandant de leur civisme et de leurs vertus républicaines, ils obtinrent de la Convention, qui avait succédé à l'Assemblée Législative, que le déménagement fût suspendu. Tableaux et antiques furent mis sous séquestre et ce qu'il y avait de plus précieux ans le mobilier de " Louis Capet " transféré au garde-meuble de la ville. Le mobilier royal avait déjà été mis à contribution lorsque la cour s'était installée aux Tuileries. La Convention, de son côté, et les administrations publiques y puisèrent à pleines mains.

Ces prélèvements terminés, la Convention décréta, le 10 juin 1793, que tout ce qui restait dans le château et dans ses dépendances serait vendu à l'encan. Vente gigantesque, en 17 182 lots, et dont les procès-verbaux nous ont été conservés. Elle débuta, par ministère d'huissier, le dimanche 25 août à dix heures du matin, sous la présidence des Conventionnels Joseph-Mathurin Musset (il n'y a aucun lien de parenté entre sa famille et celle du poète) et Charles Delacroix de Gontaut, père du peintre Eugène Delacroix. Commencée au rez-de-chaussée du château, dans l'appartement de la princesse de Lamballe, elle se continua aux Petites Écuries et dura, sans interruption, jusqu'au 20 août 1794. Quant au château, un autre décret de la Convention, du 4 juin 1794, le classa parmi les anciennes résidences royales qui seraient conservées et entretenues aux frais de la République. La décision, qui ne semblait pas définitive, reçut du Directoire force de loi, le 24 décembre 1795.

Si les Versaillais eurent gain de cause sur ce dernier point, ils ne purent empêcher une seconde vente, plus désastreuse que la première, celle de la réserve constituée au garde-meuble de la ville. Le Directoire, qui avait besoin d'argent pour solder ses dettes et celles de la Révolution, ordonna une adjudication supplémentaire, les 12 mars et 27 avril 1796. Alors furent dispersées ces merveilles de l'art qui ornaient les appartements royaux et qui vaudraient aujourd'hui des sommes folles. Bon nombre de créanciers de l'État, dont un certain Abraham Alcan, fournisseur aux armées, se payèrent en nature, fort grassement. Des marchands, venus de Paris, achetèrent le reste. Ils le revendirent ensuite, à beau bénéfice, principalement aux nombreux étrangers de passage dans la capitale, et surtout, parmi ceux-ci, à des Anglais. Les tableaux et les antiques avaient pris, par bonheur, le chemin du Louvre.

Le château, vidé, abrita alors, au rez-de-chaussée central, sur le parc, un cabinet d'histoire naturelle. Dans la Galerie Basse, qui conduit à l'Opéra, une école de musique enseigna à ses élèves le chant et le solfège. Dans la Galerie Haute, qui part du premier étage de la Chapelle, une école de modèle vivant, dirigée par des professeurs, disciples de David, initia les jeunes générations à l'art héroïque et aux nobles poses des Grecs et des Romains. Dans l'Aile des Ministres furent installés un collège et une bibliothèque ; celle-ci, transférée depuis dans un autre local, est devenue la bibliothèque de la ville. Enfin, pour indemniser les gens de Versailles de la spoliation opérée par le Louvre, le château reçut cinq à six cents toiles de l'école française, allant de Philippe de Champagne et des Coypel à Fragonard et Hubert Robert. Elles furent exposées dans une partie des Grands Appartements et dans le Salon d'Hercule. Des sculptures y furent jointes, parmi lesquelles des œuvres de Coysevox et de Puget, et *l'Amour* de Bouchardon, enlevé au temple du Petit Trianon. Un arbre de la Liberté avait été planté au centre de la cour du château et un autel de la Patrie élevé à l'extrémité de la Pièce d'eau des Suisses. A ces deux endroits se déroulaient des fêtes patriotiques, où, après quelques paroles d'exécration contre la tyrannie, un sceptre et une couronne étaient brisés en morceaux.

Versailles, cependant, se mourait de langueur. Une intéressante vision de l'aspect offert par ces lieux, hier trépidants de vie et maintenant désolés, nous a été laissée par un Allemand, docteur en droit à Hambourg, un nommé Meyer, qui les vint visiter, le 2 janvier 1797. Il se rendit d'abord au Petit Trianon. Le gentil palais avait été loué (l'écriteau de location pendait encore à la façade) à un limonadier, qui y tenait cabaret, dans le Grand Salon. Dans une autre pièce étaient installées les figures de cire autrefois placées dans une des maisons du Hameau (p. 239) et que le concessionnaire avait achetées à la vente générale de 1793-1794 ; il les exhibait au public pour quelques sous. Les chambres sentaient le renfermé ; l'humidité en salpêtrait les murs. Les jardins, où rôdaient des faces patibulaires, avaient peu souffert. Les maisons du Hameau, envahies par la végétation et les plantes grimpantes, étaient toujours debout, ainsi que le Temple de l'Amour. Le Belvédère était bien entretenu, mais les huit sphinx qui l'entourent, "figures de Sirènes séductrices, symbole de la cour de la Reine", avaient eu le nez coupé et les oreilles arrachées. Le Grand Trianon, avec sa colonnade de marbre, était désert.

Meyer s'en revint ensuite par le parc. Il était, dit-il, demeuré sans changement. Les bassins, avec leurs plombs, les vases, les groupes et les statues, sauf quelques éraflures, étaient intacts. Seules, les statues royales avaient été étrangement défigurées. Le Louis XIV colossal, de Desjardins, dans l'Orangerie, avait eu sa perruque enlevée à coups de ciseau et portait, à la place, un bonnet phrygien ; au lieu du bâton de commandement, il tenait en main une pique. Sur le piédestal on lisait : *Mars français, Protecteur de la Liberté du monde.* A l'intérieur du château, le bas-relief de Coysevox, du Salon de la Guerre, qui figure Louis XIV couronné par la Victoire, avait été pareillement mutilé ; au lieu de la couronne de lauriers, un bonnet rouge était suspendu sur sa tête chauve. Le musée qui occupait les Grands Appartements était bien classé, bien éclairé, supérieur même dans son ordonnance aux salles du Louvre. Outre les tableaux et les statues, on y voyait quelques beaux meubles et bibelots, échappés aux deux ventes ou provenant d'autres châteaux royaux.

"Après avoir passé la fin de ma journée à errer dans le parc, je voulus, conte l'Allemand, rentrer une fois encore, seul, dans le château. Un gardien du musée, auquel je m'adressai, m'ouvrit, avec beaucoup de complaisance, les portes des appartements. Le cliquetis des verrous retentit au loin. J'entrai et mon conducteur resta dans l'antichambre. Le silence des tombeaux régnait ; mon pas résonnait entre les murailles solitaires. Ma pensée me retraça, malgré moi, le tableau du passé, la vie et les pompes de la cour, dont j'avais été témoin dans un premier voyage, treize ans auparavant. Puis je m'imaginai l'orage révolutionnaire, les catastrophes qui avaient bouleversé ces lieux. La soirée était obscure ; des nuages roulaient au-dessus du parc et faisaient présager une tempête. Soudain l'heure sonna. Dans l'instant j'entendis s'élever une musique, en sourdine, de flûtes et de harpes. Elle partait d'une horloge admirable, que j'avais vue jadis dans la Chambre de la Reine. C'était le tendre andante d'une sonate, précédant une adagio mélancolique, qui se termina, insensiblement, par des tons perceptibles à peine. Alors se turent les flûtes et les harpes, et le silence de la mort régna de nouveau. L'apparition d'un gardien, qui entra à ce moment, me fut un soulagement, et je sortis en sa compagnie. "

Le docteur Meyer appartenait, on le voit, au type de l'Allemand rêveur, mélomane et sentimental, nourri de Gœthe et de Werther. C'était l'Allemand romantique, pour qui la France devait s'emballer si fort au début du siècle suivant. Nous en avons, depuis, connu d'autres.

Cette profonde et puissante mélancolie qui enveloppait désormais Versailles, André Chénier l'avait déjà sentie, à l'automne de 1793, alors que, désespéré des horreurs qui se commettaient à Paris, au nom de la Liberté, il était venu habiter une petite maison de la rue de Satory (aujourd'hui rue du Maréchal Joffre ; n° 69), pour se faire oublier et pour oublier lui-même. Il y écrivit, avant de porter sa tête à l'échafaud, de belles strophes émues.

> " *O Versaille, ô Bois, ô Portiques,*
> *Marbres vivants, Berceaux antiques,*
> *Par les Dieux et les Rois Élysée embelli,*
> *A ton aspect, dans ma pensée,*
> *Comme sur l'herbe aride une fraîche rosée,*
> *Coule un peu de calme et d'oubli.*
>
> *Ah! témoin des succès du crime,*
> *Si l'homme juste et magnanime*
> *Pouvait ouvrir son cœur à la félicité,*
> *Versaille! tes routes fleuries*
> *Ton silence, fertile en belles rêveries,*
> *N'auraient que joie et volupté.*
>
> *Mais souvent tes vallons tranquilles,*
> *Tes sommets verts, tes frais asiles,*
> *Tout à coup, à mes yeux s'enveloppent de deuil.*
> *J'y vois errer l'ombre livide*
> *D'un peuple d'innocents, qu'un tribunal perfide*
> *Précipite vers le cercueil! "*

En 1791, le sinistre Robespierre avait reçu des Versaillais, qui tentaient de l'intéresser à leur sort, l'offre d'un siège de magistrat municipal. Il refusa, appelé, dit-il, par d'autres devoirs, mais en déplorant que le temps ne fût pas venu pour lui d'accepter parmi eux une tranquille retraite, bien faite pour flatter "ses goûts contemplatifs et son âme sensible ".

Versailles avait fait son entrée dans la postérité et n'était plus que du passé. "*Stat umbra*" (Son ombre seule demeure), comme l'écrivait Meyer.

Napoléon et Versailles.

La majeure partie du château demeurant toujours inutilisée (il avait été question d'y transférer le Directoire, afin de soustraire à son tour cette assemblée à la " turbulence parisienne "), Bonaparte, premier consul, fit décréter, en janvier 1800, d'y établir une annexe de l'Hôtel des Invalides. Pour la désolation des Versaillais, deux mille de ces braves vinrent loger dans une des Ailes des Ministres, dans l'Aile du Midi et dans les Appartements de Louis XV. Ils installèrent leurs lits de fer et leurs paillasses parmi les boiseries dorées de Rousseau et de Verberckt; ils cognèrent leurs pipes sur le marbre des cheminées; ils enfumèrent les plafonds avec leurs fourneaux et leur popote. Ils restèrent jusqu'en juillet 1802. Le 19 juillet 1801, pour la première fois depuis la Révolution, les Grandes Eaux avaient joué dans le parc.

Le 2 décembre 1804, Napoléon était sacré empereur et le château faisait retour à la Couronne. Divers morceaux du domaine, qui avait été aliénés, furent rachetés, dont la ferme de l'ancienne Ménagerie ; elle fut payée à Sieyès 586 220 francs, ce qui prouve que les révolutions ne ruinent pas tout le monde. Napoléon ordonna, en outre, de débarrasser le château du musée et des écoles qui s'y trouvaient établis, dans l'intention de l'occuper lui-même, et il en fit réparer les façades par l'architecte Dufour. Celui-ci profita de l'occasion pour raser, comme n'étant pas d'un style assez classique, les flammes de pierre et les trophées qui, sur le parc, ornaient les balustres des toits.

Mais Napoléon n'aimait pas Versailles. L'art des XVIIe et XVIIIe siècles était pour lui, comme pour la plupart de ses contemporains, du "rococo". On sait qu'il était en outre très frileux et le seul aspect de ces vastes appartements le congelait. Peut-être aussi le souvenir de Louis XIV lui portait-il ombrage. Ces deux grandeurs se gênaient. Il demanda, en 1807, à l'architecte Gondouin, un devis pour un remaniement intérieur complet, qui rendrait habitable, disait-il, ce vieux château mal fait, que la Révolution aurait dû démolir, " ce tort de Louis XIV, que l'on m'a laissé sur les bras ". Gondouin présenta un devis de 52 millions, qui bouleversait tout à souhait. Napoléon leva les bras au ciel et les choses en restèrent là. Il se rabattit sur le Grand Trianon, qu'il fit aménager à son goût. C'est là qu'il se retira, le 16 décembre 1809, après son divorce avec Joséphine. Il y résida, à plusieurs reprises, avec Marie-Louise.

En 1811, l'année de la naissance du Roi de Rome, Napoléon, alors à l'apogée de sa puissance et à peu près en paix avec l'Europe, revint à l'idée de s'installer dans le palais des anciens rois. Un concours fut rouvert, comme en 1780, ayant pour programme de jeter bas toute la face d'entrée du château, et quatorze projets furent déposés, entre autres par Gondouin, Dufour et Fontaine. Fontaine, un des plus célèbres architectes de l'époque, à qui nous devons des œuvres intéressantes et de beaux meubles, ne le cédait en rien à l'empereur dans son mépris pour Versailles, qu'il qualifiait sans vergogne : " un nain difforme, dont les membres gigantesques, plus difformes encore, augmentent la laideur ". Il fut question aussi de reprendre un des projets de Peyre le jeune. Mais, après la campagne de Russie, après de nouvelles coalitions, les deux invasions et Waterloo, ce furent les Alliés qui apparurent. Le 1er avril 1814, Paris ayant capitulé la veille, les Prussiens et les Russes occupèrent Versailles. Le 11 mai, après que Napoléon eut été expédié à l'île d'Elbe et le trône remis à Louis XVIII, le tsar de Russie, Alexandre Ier, avec ses deux frères, et le roi de Prusse, Frédéric-Guillaume III, avec deux de ses fils, visitèrent le parc et le château, vierges jusque-là de l'étranger. Un des fils du roi de Prusse se retrouverait, cinquante-sept ans plus tard, dans le même palais, pour y être proclamé empereur d'Allemagne. C'était le futur Guillaume Ier.

L'année suivante, après l'équipée des Cent Jours, c'est Blücher qui revient à Versailles, le 1er juillet 1815, avec 60 000 hommes, tandis que Paris capitule une seconde fois et que Napoléon, qui s'est retiré à Rochefort, s'embarque pour l'Angleterre et Sainte-Hélène.

La Restauration.

Lorsque les émigrés furent rentrés en France, ce ne fut pas sans émotion que les deux frères de Louis XVI revirent Versailles. Dès l'abord, une question se posa. Fallait-il, renouant la chaîne interrompue, réintégrer le château, y réinstaller la royauté et la cour ? Le temps avait marché et, plus que jamais, Paris était devenu le centre moral et le cerveau de la France. Puis, malgré son attirance et tout parti pris mis à part, Versailles était vraiment si mal pratique ! Le premier relent du passé qu'avaient flairé les narines de ceux qui revenaient avait été l'odeur des latrines, qui, depuis Louis XIV, empoisonnaient les couloirs. Louis XVIII décida de se fixer aux Tuileries, mais que Versailles serait remis en état et toujours entretenu.

Six millions furent dépensés, tant pour des réfections diverses que pour la construction, par l'architecte Dufour, du pavillon à colonnes qui, du côté de l'entrée, fait pendant à l'Aile Gabriel, et dont la place était restée béante depuis Louis XVI. L'Étang Puant, voisin du Lac des Suisses et le dernier de ceux qui avaient si longtemps enfiévré l'air, fut desséché.

Louis XVIII n'habita jamais le château. Parfois, seulement, et pour une journée, il y amenait la cour ; en 1818, avec mille flatteries, il y reçut Wellington, le vainqueur de Waterloo. De nombreux émigrés, dont le marquis de Dreux-Brézé, grand maître des cérémonies, le même qui avait été jadis délégué par Louis XVI vers Mirabeau, furent autorisés cependant à reprendre leurs anciens logements. Les temps étaient durs et le gîte gratuit. Nos gens emménagèrent avec leur famille et leurs laquais, mirent leur linge sécher aux fenêtres et, pour en avoir du lait, hissèrent des chèvres et des vaches sur les terrasses des toits.

Charles X, que les souvenirs anciens attristaient sans doute, se montra encore moins que son frère. En vain les Versaillais firent-ils frapper à son effigie une médaille, portant au revers une vue du château, avec cette inscription : *Au Roi, Versailles* qui *l'attend.* Inutilement, lorsque le duc de Berry, héritier du trône, eut été assassiné à Paris, au sortir de l'Opéra, par l'ouvrier sellier Louvel (13 février 1820), la ville, pour se racheter d'avoir donné le jour au meurtrier, fit-elle élever à la victime, par Pradier, en l'église Saint-Louis, un somptueux monument de marbre blanc. Le passage du roi n'est signalé à Versailles qu'une seule fois, le 6 août 1826, et cette visite fut la dernière qu'un prince de la branche aînée des Bourbons fit au palais de ses aïeux. Le 30 juillet 1830, détrôné et fuyant, Charles X couchait au Grand Trianon, d'où il reprenait, une fois de plus, sa course à l'exil.

Louis-Philippe dédie Versailles aux Gloires de la France.

Le château allait se trouver menacé plus gravement que jamais, et la décision qui serait prise à son égard avait chance, maintenant, d'être définitive. De plus en plus, il apparaissait encombrant et inutile. Théophile Gautier écrivait :

" Versailles, tu n'es plus qu'un spectre de cité.
Tu traînes lentement ton corps paralytique,
Chancelant sous le poids de ton manteau sculpté.
Tu n'es que suranné(e) et tu n'es pas antique,
Et nulle herbe pieuse, au long de ton portique,
Ne grimpe pour voiler ta pâle nudité. "

La faveur se portait alors vers l'art gothique, honni depuis plusieurs siècles, et, pour le gros de l'armée romantique, Versailles était une chose horrible entre toutes, il était " classique ". Le goût général était médiocre et l'art décoratif sombrait dans une rare laideur. C'est l'époque où l'on colle du papier peint (et quel papier !) sur les panneaux des boiseries, où l'on relègue dans les chambres de bonnes et dans les loges de concierge trumeaux, bergères et consoles, et tous les meubles exquis du siècle précédent.

Louis-Philippe ne pouvait répudier ses origines bourboniennes en abattant Versailles. Mais, devenu roi par la volonté populaire et la grâce des barricades, il ne lui était pas permis non plus, sans renier ce qu'il y avait de révolutionnaire dans sa fortune et cette simplicité bourgeoise, dont il se parait, d'y transporter ses pénates. Une bonne partie des députés trouvaient qu'avec Meudon, Saint-Cloud, Saint-Germain, Fontainebleau et Rambouillet, la famille royale avait largement de quoi se loger quand il lui plairait de prendre l'air hors de Paris.

Bref, pour conserver en l'état de palais ce château contre lequel les vieilles rancunes et les anciennes haines étaient mal éteintes, pour le faire admettre, avec son coûteux entretien, sur la liste civile, il fallait une raison valable, un motif plausible. La création d'un musée, qui serait dédié: *A toutes les gloires de la France,* semblait de nature à satisfaire l'opinion. " L'Olympe d'un monarque et le séjour d'un peuple de courtisans, écrivait Vatout, bibliothécaire du roi, deviendrait le rendez-vous de toutes les illustrations de la France ". L'idée, pour différer de notre conception moderne, qui tend à garder aux monuments leur destination première, apparente ou réelle, était ingénieuse en somme et fut bien accueillie.

Mais les idées ne sont rien, ou peu de chose. L'exécution est tout. Louis-Philippe prit lui-même en main ce grand œuvre et fut pour Versailles un ennemi pire que la Révolution. S'il respecta à peu près les Appartements Royaux, partout ailleurs il s'en donna à cœur joie de démolir et d'abattre. Pour établir ses salles de musée, il jeta bas, pêle-mêle avec le dédale des anciens logements, les morceaux d'art les plus précieux. Les Appartements des Princes, qui occupaient l'Aile du Midi, furent anéantis pour faire place à la Galerie des Batailles. La Salle de Comédie de l'Aile Gabriel fut détruite ; celle de l'Opéra défigurée par un badigeon rouge. Afin de supprimer trois marches intérieures, le pavé de la Cour de Marbre fut abaissé, déchaussant la base des pilastres. L'Escalier des Princes eut son plafond défoncé. Nous retrouverons à chaque pas, dans la visite du château, la marque de ces destructions.

Tous ces méfaits d'art ne passaient pas cependant sans avertissements au coupable. L'architecte Nepveu, chargé avec Fontaine de la conduite des travaux, n'exécutait qu'en protestant les ordres qu'il recevait. Il tentait de faire comprendre à son royal client quelles hérésies allaient être commises ; il se désolait, suppliait. Parfois il s'emportait, perdant le respect dû à un souverain. Bon homme, Louis-Philippe pardonnait, mais ne cédait point.

Afin de constituer son musée, le Roi-Citoyen puisa à des sources diverses. Il fit quérir, dans les dépôts de la Couronne, au garde-meuble de Paris et dans les résidences royales, les tableaux ayant trait, depuis le XVIe siècle, à l'histoire de la royauté bourbonienne, les portraits, notamment, des XVIIe et XVIIIe siècles représentant les personnages qui avaient vécu à Versailles ; puis aussi les toiles documentaires se rapportant aux anciens aspects du parc et du château. Ce sont ces tableaux, les Mignard, les Rigaud, les Van der Meulen, les Nocret, les Van Loo, les Nattier, dont une partie garnit encore les Grands Appartements. Le reste, trié et augmenté depuis, occupe les Attiques du Nord et du Sud et forme le vrai musée historique qui nous intéresse aujourd'hui. Quelques meubles, des bustes, des statues et des objets d'art furent remis en place. Une large part fut faite en outre à l'époque napoléonienne.

Mais ce n'était là qu'une partie du programme proposé, qui devait faire entrer à Versailles tous les grands hommes de notre histoire, depuis Clovis et Charlemagne, et retracer sur la toile tous les hauts faits de nos annales. Il eût fallu, pour évoquer ces fastes formidables, la vie et le génie de plusieurs Delacroix, la maîtrise d'un Raphaël et d'un Michel-Ange. Mais Louis-Philippe voulait faire vite, les génies n'abondaient pas et, tandis qu'à Delacroix trois tableaux étaient en tout demandés, les commandes pleuvaient, comme une manne, sur une foule de peintres, honorables ou médiocres. Ce fut de la peinture au kilomètre. Les meilleurs de ces artistes, dont quelques-uns ne doivent pas être injustement mésestimés, s'appellent Gérard, Court, Winterhalter, Dévéria, Ary Scheffer, Paul Delaroche, Couder, Léon Coignet, Tony Johannot, Siméon Fort, Philippoteaux, Horace Vernet. Celui-ci, dont le talent lisse et propre plaisait surtout à Louis-Philippe, ne toucha pas moins de 843 000 francs. Gloires militaires et gloires civiques devaient être, en principe, à égal honneur. On s'en tint, pour débuter, aux " héros-bataille ", selon l'expression spirituelle de l'époque, et jamais, sous un souverain réputé plus paisible, on ne vit figurés tant de corps trucidés et de membres épars, tant de morts, de blessés et de mourants.

Les mêmes errements se reproduisirent pour la partie sculpturale. Tandis que quelques beaux morceaux anciens étaient recueillis et réunis dans les galeries, tandis que de nombreux moulages étaient exécutés à Saint-Denis, dans les cathédrales et dans les châteaux de France, jetant les bases d'une sorte de musée de sculpture comparée, semblable à celui qui a été réalisé de nos jours au palais du Trocadéro, un foisonnement d'œuvres modernes, sans valeur artistique ni intérêt documentaire, sortit au jour. En présence de ces innombrables bustes qui s'alignent jusque dans les corridors, sur leurs socles de bois, et dont la ressemblance est loin d'être garantie, on ne peut s'empêcher de s'écrier, comme Napoléon à Waterloo : " Ils sont trop ! " Les travaux, commencés en 1833, durèrent jusqu'en 1847. Une inauguration solennelle eut lieu, dès le 10 juin 1837, en présence de tous les corps de l'État. La dépense totale s'éleva à 23 494 000 francs : 1 810 000 francs pour le mobilier ; 6 624 000 francs d'achat ou de restauration d'œuvres d'art ; 16 059 000 francs de gros travaux.

Il est équitable de reconnaître que cet argent fut presque tout payé par Louis-Philippe sur les indemnités de sa liste civile et sur sa cassette personnelle. Soyons donc indulgents et que, là comme en tout, la poutre dans l'œil du prochain ne nous rende pas aveugles envers nous-mêmes. Le temps des vandalismes est loin d'être passé en France, et la folie des destructions y sévit toujours. Il y a progrès, sans doute, dans l'esprit public. Mais quand on songe qu'il a fallu, en 1896, qu'un riche particulier intervînt pour empêcher le lotissement de ce qui subsistait encore du domaine historique de la Malmaison, pour acquérir, à 152 000 francs la seule et modeste demeure napoléonienne qui nous soit parvenue à peu près intacte et en faire l'aumône à l'État, il faut être reconnaissant à Louis-Philippe de nous avoir, même au prix de fâcheux errements, conservé Versailles.

De Louis-Philippe à nos jours. 1871-1920.

Sous le Second Empire, Versailles continua à être surtout considéré comme un musée historique et militaire. Horace Vernet et Philippoteaux y poursuivirent leurs vastes compositions, ayant trait aux guerres d'Afrique, puis à celles d'Italie, de Crimée et du Mexique. D'autres peintres leur furent adjoints, dont Yvon, Chassériau, Gustave Doré. Les plus belles statues du parc ne cessèrent pas d'émigrer au Louvre. Que ne les mettait-on à l'abri dans Versailles même? Il eût convenu du moins de les remplacer par de bonnes répliques, ce qu'on ne fit point.

De nombreux souverains étrangers visitèrent le château : en 1853, le duc de Gênes ; en 1854, le duc de Saxe-Cobourg-Gotha ; en 1858, le roi de Portugal et la reine d'Angleterre, Victoria ; en 1856, les rois de Wurtemberg et de Suède, l'archiduc Maximilien d'Autriche, le prince Frédéric-Guillaume de Prusse, ainsi que le légat du Pape ; en 1857, le grand-duc Constantin, le roi Louis de Bavière ; en 1858, les princes Christian de Danemark, les princes de Saxe et de Wurtemberg, la reine des Pays-Bas ; en 1864, le mari d'Isabelle d'Espagne. Que de mains tendues, qui devaient un jour se tourner contre nous, ou se détourner de nous !

Ces étrangers semblaient s'intéresser à Versailles et le comprendre mieux que nous-mêmes. On sait que Louis de Bavière fut à ce point enthousiasmé de sa visite qu'il entreprit d'édifier, dans ses Etats, sur une île du lac Chiemsée, un double du château, dont le corps central fut seul exécuté. Chez nous, le *Guide de Versailles*, publié en 1864, n'avait pas assez d'épithètes laudatives pour Louis-Philippe, assez de sarcasmes pour Louis XIV et le mauvais goût qui régnait de son temps. "Quoi qu'il en soit, concluait-il, rappelons-nous ce mot de Voltaire : Il est plus aisé de critiquer Versailles que de le refaire. " Un léger mouvement de retour vers l'art du XVIIIe siècle est à noter cependant. Il fut inspiré par l'impératrice Eugénie, qui, durant l'Exposition universelle de 1867, réunit, au Petit Trianon, une collection d'objets ayant appartenu à Marie-Antoinette.

Pendant l'Année Terrible, Versailles rentra dans l'histoire. Le 19 septembre 1870, après Sedan, les Allemands, qui se préparaient à investir Paris, arrivèrent au nombre de 40 000, avec le prince royal de Prusse, qui s'installa à la Préfecture. Le 5 octobre, survenait le roi de Prusse, précédé par Bismarck et par de Moltke, le 18 janvier 1871, dans la Galerie des Glaces, Guillaume Ier déclarait accepter la couronne impériale d'Allemagne, reconstituant ainsi entre ses mains l'unité germanique, "sur le terrain (c'était du moins le texte de la proclamation lue par le Chancelier de fer qui l'affirmait) de la paix du monde, de la liberté et... de la morale ". Un autel, adossé aux fenêtres du parc, avait été dressé au centre de la galerie, pour le service divin ; l'estrade où s'assit le monarque, entouré de drapeaux percés de balles, était placée du côté du Salon de la Guerre. La cérémonie fut d'ailleurs toute symbolique, et il n'y eut pas de couronnement au sens matériel du mot. Le rez-de-chaussée du château regorgeait de blessés allemands et français, soignés par une ambulance hollandaise et par les ambulances allemandes. Dehors, la nature désolée, enlinceulée par l'hiver, pliait sous le givre. Le 26 janvier, Jules Favre venait signer avec Bismarck un armistice et, le 28, Paris capitulait. Le 26 février, Thiers et Jules Favre, au nom de l'Assemblée nationale, réunie à Bordeaux, signaient à Versailles les préliminaires de la paix qui devait démembrer la France. L'acte tragique eut lieu dans une villa de la rue de Provence, n° 20, en face d'une pendule de marbre noir, surmontée d'un Satan de bronze, enveloppé dans ses grandes ailes. Maison et pendule existent encore. Le 12 mars, le dernier peloton de soldats allemands quittait Versailles.

La Salle de l'Opéra ayant été aménagée en hâte à cet effet, par l'architecte Questel, l'Assemblée nationale y siégea dès le 22 mars. Quatre jours avant, la Commune avait déployé, à Paris, le drapeau rouge. Versailles, où l'on se disputait à prix d'or le moindre galetas, était encombré de fugitifs, qui se sauvaient de la capitale, et les députés eux-mêmes ne trouvaient pas où se loger. Nombre d'entre eux s'installèrent dans la Galerie des Glaces, devenue un vaste dortoir ; les uns couchaient sur des banquettes ou des canapés, les privilégiés sur un lit ; quelques-uns s'étaient fait, à l'aide de paravents ou de rideaux, des espèces de chambres. Les Affaires Etrangères occupèrent les Grands Appartements de la Reine ; la Justice logea dans l'Œil-de-Bœuf et dans les Petits Appartements de Marie-Antoinette ; l'Intérieur, au rez-de-chaussée central, sur le parc. La Banque de France s'établit dans l'Attique de Chimay et la Direction des Postes dans la Galerie des Batailles. Thiers et, après lui, ses deux successeurs à la présidence de la République, Mac-Mahon et Grévy, résidèrent à la Préfecture.

Place d'Armes et Petite Écurie, vues de l'Avant-Cour du Chateau.

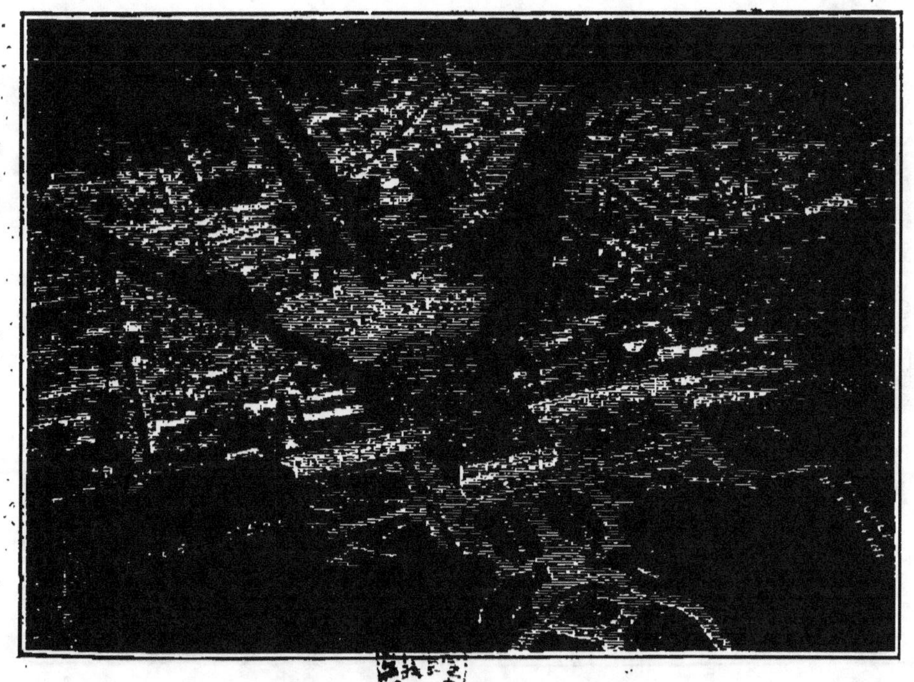

Versailles, vu a vol d'avion.

PORTE DE L'ANCIEN HÔTEL
DES AFFAIRES ÉTRANGÈRES.

PORTE DE L'ANCIEN HÔTEL
DE LA GUERRE.

PORTE CENTRALE DE LA PETITE ÉCURIE.

ÉGLISE SAINT-LOUIS.

Le 28 mai, les troupes régulières reprenaient Paris en flammes et de longues théories d'insurgés furent aussitôt dirigées sur Versailles, pour être incarcérées au camp de Satory, dans les casernes de la ville et sous les voûtes de pierre de l'Orangerie. Les conseils de guerre, institués pour juger les accusés, siégèrent aux Grandes Écuries.

En novembre 1873, le petit-fils de Charles X, l'ultime héritier direct de Louis XIV, Henri d'Artois, comte de Chambord, venait à Versailles, où il logeait, durant quelques jours, dans une maison de la rue Saint-Louis, n° 5, et demandait en vain une entrevue à Mac-Mahon, afin de lui exposer que, seule, la monarchie de droit divin, dont il était le représentant, était capable de sauver la France. Il mourra, dix ans après, à Frohsdorf, sans avoir revu sa patrie.

Le 26 février 1875, le vote de l'Assemblée nationale avait confirmé la République et établi deux Chambres, qui continueraient à siéger à Versailles. Le Sénat demeura dans la Salle de l'Opéra; pour les députés, l'architecte Edmond de Joly construisit, dans l'Aile du Midi, une nouvelle salle, inaugurée après les élections de 1876. Le 19 juin 1879, les deux Chambres, réunies en congrès, votèrent leur retour à Paris, et le château fut entièrement rendu au public. La Salle de séances des députés (p. 151) a servi depuis aux deux Assemblées, chaque fois qu'elles se sont réunies pour nommer les présidents de la République. Le Sénat a gardé l'Opéra à sa disposition.

La France s'était relevée rapidement de ses désastres, mais elle demeurait isolée en Europe. Vingt-cinq ans après l'Année Terrible, le tsar Nicolas II lui tendait la main, par-dessus l'Allemagne, et faisait de la Russie notre alliée. Une fête superbe fut offerte au puissant autocrate, le 8 octobre 1896, dans la Galerie des Glaces, non sans quelque péril pour les vieux planchers contemporains de Louis XIV, dont il fallut étayer par en dessous les solives. La paix du monde semblait désormais assurée.

Mais le vaste creuset où bouillonnent les peuples, l'alambic mystérieux où fermente l'humanité, pour des fins inconnues, ne s'endort jamais. Tout au plus il sommeille parfois, et les yeux aveugles le croient éteint. Le 4 août 1914, une étincelle partie de la péninsule balkanique et, une fois encore, avivée à Berlin, embrasait l'Europe. Une guerre effroyable éclatait qui, prévue courte, devait durer quinze cent soixante et un jours et déborder en horreur et en carnage les plus cruelles du passé. Car elle était fille de la science, le dieu Janus à deux visages qui, au gré de l'homme, tue ou vivifie, et qui, secourable ou funeste, panse et guérit nos maux, ou en procrée d'inconnus,

Arrêtée un moment par la Belgique héroïque, la ruée germanique déferlait, un mois après, vers Paris, pour venir se briser sur les rives de l'Ourcq et de la Marne. Centre militaire important, Versailles avait revu les soldats camper sur ses places, les voitures et les chariots de guerre s'aligner sur les terre-pleins de ses avenues, avec leurs chevaux hennissants ou la trépidation de leurs moteurs. Dans l'incertitude de la fortune des armes et pour parer aux périls d'un bombardement ou d'un incendie, tout ce que le château contenait de précieux fut mis à l'abri. Meubles, objets et tableaux, décloués de leurs cadres, furent expédiés en hâte vers un asile plus lointain ou terrés sur place en des caves solides, au château ou en ville. Puis, l'Allemand ayant été une première fois refoulé, Versailles, comme Paris, respira.

Le temps passe et l'Allemagne encerclée s'épuise, quand, par la trahison russe, d'abord trahison d'en haut, puis trahison d'en bas, la guerre rebondit. Le Teuton raidit son désespoir et serre les dents, en un dernier effort et pour une suprême espérance. La ruée reprend : " *Nach Paris !* " Les engins de mort et les machines à tuer se sont, durant quatre ans, perfectionnés. Les canons ennemis lancent leurs obus sur la capitale, de 80 kilomètres de distance. Versailles demeure hors de leur atteinte, mais peut craindre, comme Paris, les incursions des sinistres oiseaux de guerre, qui déversent sur nos têtes la vieille foudre de Jupiter, sous la forme de bombes et de torpilles aériennes. Des fascines, solidement reliées par des fils de fer et semblables à des huttes de nègres, et des sacs de terre entassés recouvrent de leur enveloppe protectrice les bronzes des Parterres d'Eau, les plombs des bassins et les plus beaux marbres du parc ; 40 000 francs de crédits y sont affectés. Comme les vivres se font rares et chers, les plates-bandes encadrées de buis reçoivent, comme en 1793, des plants de haricots et des salades. C'est un exemple donné à tous les bons citoyens de cultiver utilitairement leurs jardins. Entre temps, les conseils de guerre des principaux chefs d'État et généraux alliés se tiennent, boulevard de la Reine, à l'hôtel de Trianon-Palace, qui a été réquisitionné.

L'Amérique, cependant, est entrée en ligne. Elle aurait pu assister, spectatrice égoïste, à l'effondrement du " vieux monde " (comme ils disent de l'autre côté de l'Atlantique), sous la botte et le sabre allemands, à l'anéantissement de la France. Elle ne l'a pas voulu et est venue, à son tour, se jeter dans la mêlée. L'invasion, contenue une seconde fois sur la Marne, refluait et, le lundi, 11 novembre 1918, l'Allemagne épuisée capitulait. Sept mois après, le 28 juin 1919, la paix qui nous restituait nos provinces perdues et lavait la honte de 1871 était signée au palais du Grand Roi, dans la Galerie des Glaces, où tout un passé d'histoire et de gloire, frissonnant à nouveau, se soulevait pour faire cortège au présent. En face des peintures de Le Brun, chantant au plafond d'autres triomphes de la France sur l'Aigle germanique, les représentants des vingt-six États coalisés contre l'Allemagne, et ceux de l'Allemagne, mettaient leur paraphe en bas du traité. M. Georges Clemenceau, président, avait signé pour la France, M. Lloyd George pour l'Angleterre ; le président Wilson pour l'Amérique ; le baron Sonnino pour l'Italie ; le marquis Saïonji pour le Japon. Les deux députés allemands Hermann Müller et Bell, chargés de liquider le lourd héritage du kaiser détrôné, contresignèrent pour l'Allemagne.

Ce grand événement a ramené sur Versailles l'attention publique. Il en bénéficiera, espérons-le. Beaucoup a été fait, depuis ces quarante-quatre dernières années, pour le château et pour le parc. Mais il reste encore à faire. Dès 1879, époque où la rentrée des Chambres à Paris libérait Versailles, 984 700 francs étaient accordés pour la restauration de la Chapelle, qui se poursuivit jusqu'en 1878. Depuis lors, les crédits annuels d'entretien et de grosses réparations ont varié de 300 000 à 400 000 et 500 000 francs environ. Un million fut spécialement voté, en 1883, pour la réfection des bassins. Le plus magnifique de tous, celui de Neptune, dont les eaux avaient cessé de fonctionner, fut inauguré le 5 mai 1889, par le président Carnot, lors de la fête du centenaire des États Généraux. En 1895, l'architecte Marcel Lambert commençait à rétablir, sur les toits du château, les trophées de pierre, disparus depuis Napoléon, et rendait ainsi au palais, du côté du parc, son aspect réel.

En 1892, M. Pierre de Nolhac avait été nommé conservateur. Il publiait, à partir de 1898, une série d'ouvrages d'une documentation serrée, soumise aux solides méthodes de la critique moderne, et qui, consacrés aux origines, à l'histoire et au développement du château, en faisaient mieux ressortir et comprendre l'art et la beauté. Ils redressaient, en même temps, de nombreuses erreurs. M. de Nolhac, d'autre part, entreprenait hardiment d'expulser Louis-Philippe de Versailles. A la place de tableaux sans valeur, il installait et présentait avec goût de belles ou charmantes toiles des XVIIe et XVIIIe siècles, accrochées jusque-là aux étages supérieurs, le plus souvent hors de la portée de la vue, ou reléguées dans les greniers, sous une couche épaisse de poussière. Il formait ainsi ces collections qui nous captivent aujourd'hui et qui étaient, en quelque sorte, sorties du néant, pour représenter maintenant, au taux où est montée la peinture ancienne, des millions. M. André Pératé, qui était son collaborateur depuis plusieurs années, a pris sa succession, en janvier 1920, et se propose de poursuivre son œuvre.

Il reste beaucoup à faire, avons-nous dit. Le budget blocal du château (palais, parc, les deux Trianons, et dépendances) était, sous Louis XIV, de 500 000 livres en moyenne (soit, au rapport d'un à quatre, 2 millions de francs). Il oscille aujourd'hui de 600 000 à 700 000 francs. La différence est notable et le chiffre, pour important qu'il paraisse encore, est peu de chose en regard de l'énormité de Versailles. Il est notoirement insuffisant, même pour les simples dépenses d'entretien. Trop de fissures dégradent encore les façades du château. Dans le parc, trop de statues, tendent aux regards leurs plaies ouvertes dans le marbre et leurs membres mutilés. Des bosquets entiers, comme celui de la Salle des Marronniers, sont en voie de complète destruction. En maints endroits, les treillages de bois qui bordent les allées pourrissent, renversés sur le sol, et le travail grossier de ceux qui subsistent ou les remplacent n'est guère en rapport avec les délicats ouvrages de jadis.

Intérieurement, les meubles manquent dans le château. Le Louvre possède quelques-uns des plus beaux qui en proviennent et qui furent réservés, lors de la vente de 1793. Il ne serait que juste qu'il les restitue à Versailles, où ils se retrouveraient dans leur cadre naturel et à qui, d'une façon générale, on devrait rendre, non seulement en meubles, mais aussi en statues et en tableaux, tout ce qu'à des époques diverses on lui a pris.

Car, ce que Versailles doit être avant tout, désormais, c'est le grand musée d'histoire et d'art de la royauté bourbonienne. Nous l'avons repris à Louis-Philippe. Rendons-le à Louis XIV et, après lui, à Louis XV et à Louis XVI, ses deux successeurs dans le château.

La ville, chef-lieu du département de Seine-et-Oise, compte aujourd'hui 54 982 habitants.

CHAPITRE II
LE CHATEAU

Place d'Armes et Écuries du Roi.

TROIS avenues, tracées sous Louis XIV, vers 1666, et se réunissant à la PLACE D'ARMES, jadis "Place Royale", aboutissent au château : l'AVENUE DE SCEAUX, à gauche, qui se nommait "Avenue du Parc-aux-Cerfs", du nom du quartier qu'elle traversait, et qui ne sort pas de Versailles ; l'AVENUE DE PARIS, au centre, autrefois "Grande Avenue" ; l'AVENUE DE SAINT-CLOUD, à droite, qui portait le même nom qu'aujourd'hui. Toutes trois furent, dès l'origine, bordées d'ormes, que, durant leur croissance, quatre gardes, armés de pistolets, étaient chargés de protéger contre les déprédations des passants. Les arbres de l'avenue de Saint-Cloud et de l'avenue de Sceaux furent replantés en 1772 ; ceux de l'avenue de Paris en 1799. Ce sont ceux que nous voyons.

L'avenue de Paris, la plus belle, est large de 94 mètres ; elle fut aménagée par les Gardes Suisses. C'est la route directe de la capitale. Par elle s'en allait et revenait, ventre à terre, dans un vacarme infernal, le carrosse royal, aux grands ressorts moelleux, aux roues ferrées et cloutées, bondissant sur le pavé. Estampes et tableaux nous le montrent, tiré par six ou huit chevaux, accouplés deux par deux ; un postillon, sur l'un de ceux qui tiennent la tête, et le cocher sur son siège brandissent et claquent les fouets. En avant, galopent des mousquetaires, précédés eux-mêmes de musiciens, jouant du tambour ou soufflant de la trompette ; des hallebardiers ferment la marche. Tout autour courent, à toutes jambes, des valets criant à pleins poumons et accompagnés de lévriers ; munis de bâtons, ils font rentrer dans le rang les chevaux qui se cabrent et tiennent à

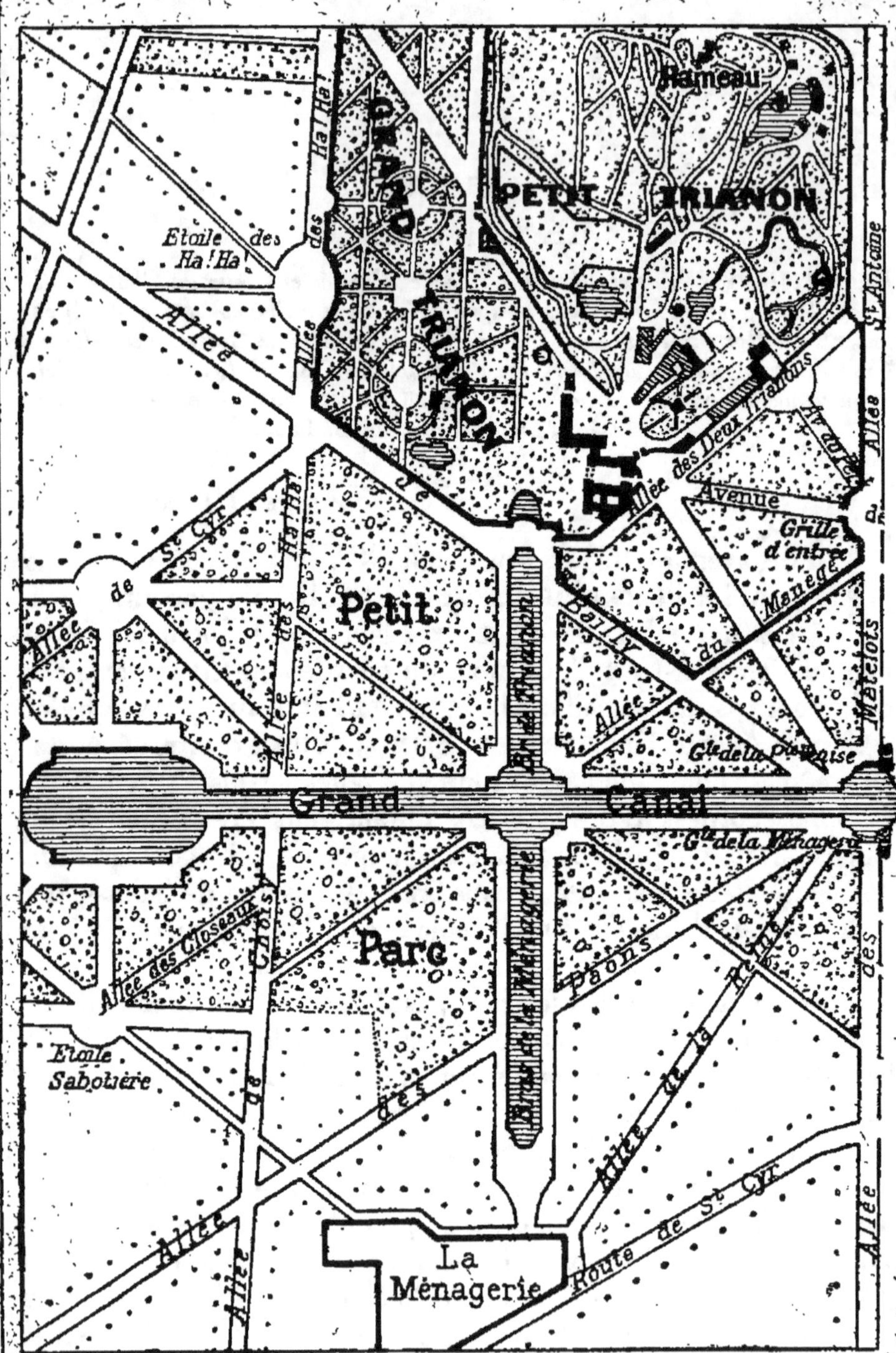

Grand Canal et Petit Parc. — Palais et Parc du Grand Trianon. — Palais, Jardins et Hameau du Petit Trianon. — *Le Grand Canal, profond de 1 m. 80 à son centre, mesure 1 670 mètres de long; sa largeur moyenne est de 62 mètres, de 190 mètres à sa partie extrême.*

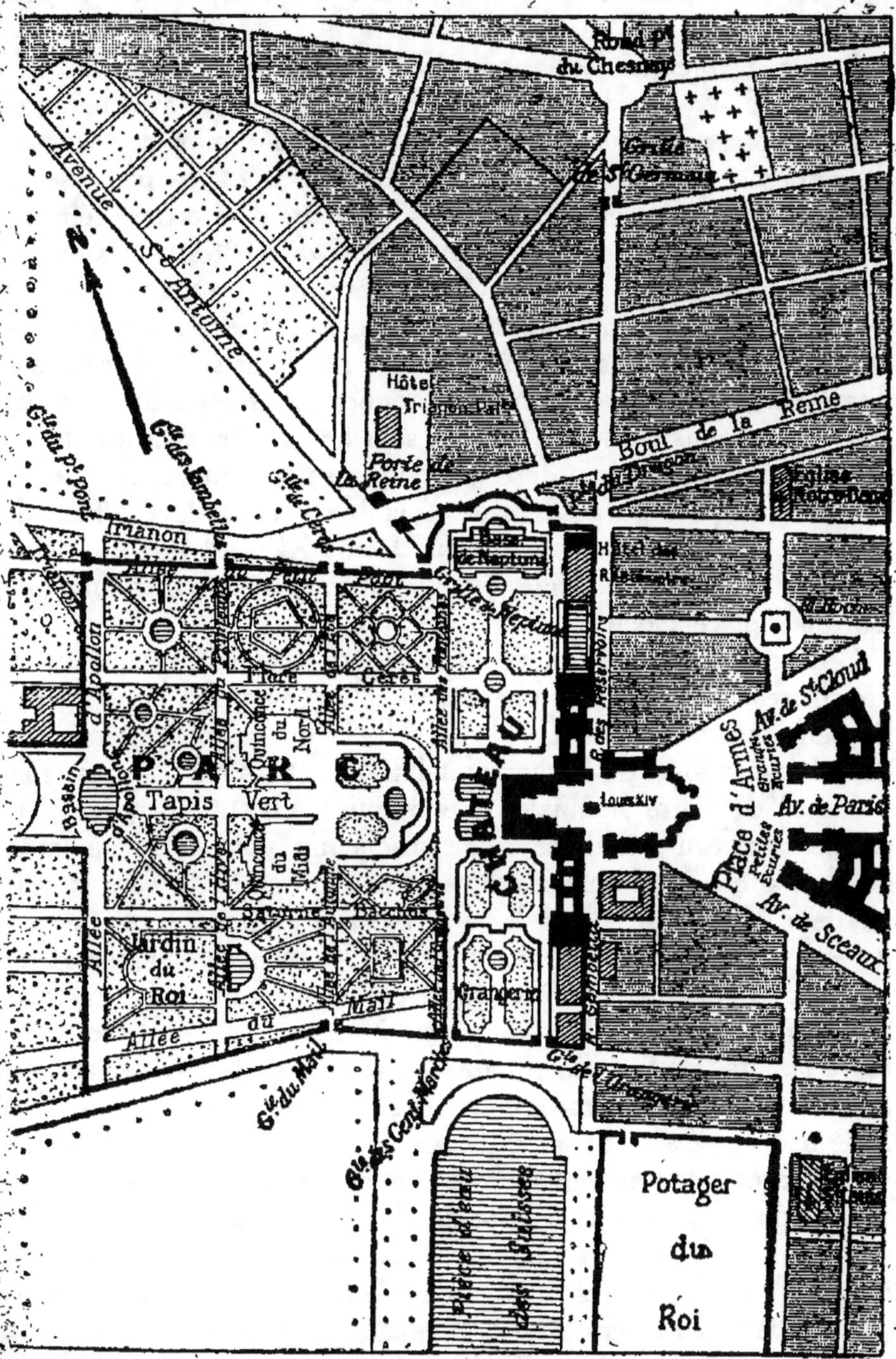

De la place d'Armes, qui est en avant du Château, rayonnent en ville les trois Avenues de Sceaux, de Paris et de Saint-Cloud. La ligne de l'Avenue de Paris se prolonge, par la Statue de Louis XIV le Château, le Tapis Vert et le Grand Canal, en un axe unique jusqu'à l'extrémité du Parc.

distance les passants. C'est une trombe qui balaye tout sur son chemin.

Les sujets de Sa Majesté venaient à Versailles de différentes sortes. Les nobles, le haut clergé et la grosse bourgeoisie avaient aussi leurs carrosses et, selon rang ou fortune, plus ou moins de chevaux, de gardes et de laquais. Seuls, les carrosses dont les possesseurs avaient droit à ce qu'on appelait "les honneurs du Louvre" étaient autorisés à pénétrer dans la seconde cour du château. Les autres s'arrêtaient dans la première cour, et ceux qu'ils amenaient, pour parvenir jusqu'aux vestibules et escaliers intérieurs, devaient se faire véhiculer en chaises et en brouettes. La "chaise" proprement dite était portée à bras par deux hommes ; munie de deux roues, elle devenait une "brouette", et un seul homme suffisait à la tirer. Ce cérémonial était imposé à quiconque se rendait au château et la "Compagnie des Chaises bleues", établie par privilège, effectuait ce transport pour 6 sous (soit, sous Louis XIV, 24 sous de notre monnaie). Elle avait en ville une station, à la place Dauphine, aujourd'hui place Hoche.

Ceux qui n'avaient pas de carrosse trouvaient à louer à Paris des chaises de poste ou des chevaux de selle. Quant aux petites gens, ils prenaient, sous Louis XIV, le "coche", qui se mettait en route deux fois par jour, de la rue Saint-Nicaise, et coûtait 25 sous (soit 5 francs de notre monnaie). Ceux qui voulaient épargner s'en venaient par eau jusqu'à Sèvres, à mi-chemin, pour 4 sous, à l'aide de la "galiote" qui partait à huit heures du matin du Pont Royal, ou, pour le même prix, par de petits bateaux partant à toute heure ; ils achevaient à pied le reste du trajet. Ces modes de transport ne s'étaient guère améliorés à la veille de la Révolution. Le Parisien qui veut aller à Versailles, nous conte Mercier, n'a à sa disposition, outre la "galiote" de Sèvres, que le carrabas et le pot-de-chambre. Le "carrabas" était une longue cage d'osier, couverte, où l'on enfermait vingt personnes ; il partait deux fois par jour, était attelé de huit chevaux et mettait six heures et demie pour faire les 19 kilomètres du parcours. Le "pot-de-chambre" était un peu plus rapide et, en dépit de son nom, d'une société moins mêlée ; mais il était ouvert à toutes les intempéries. Quatre personnes, à 12 sous par tête (soit 24 sous de notre monnaie), y prenaient place, deux sur le devant, qu'on appelait "singes", et deux en arrière, désignés sous le nom de "lapins". Ces affreuses guimbardes déposaient leurs voyageurs sur la place d'Armes. Elles jouissaient, comme les chaises,

Avant-Cour du Chateau.

Cour de Marbre.

Vue d'ensemble de la face d'entrée du Chateau, prise de la Place d'Armes.

La Chapelle
vue de la Tribune royale.

Balcon de la Chambre Louis XIV
sur la Cour de Marbre.

Les toits de la Chapelle (statues d'Apôtres et des Pères de l'Église.)

d'un privilège exclusif et il était interdit à tout autre véhicule, cabriolet ou charrette, de voiturer qui que ce fût sur la route royale.

La place d'Armes (d'anciens plans nous la montrent ornée à son milieu d'une fontaine et il fut aussi question d'y dresser une statue équestre de Louis XIV, par Girardon) est bordée, en demi-lune, par les Écuries du Roi, aujourd'hui casernes : la PETITE ÉCURIE, entre l'avenue de Sceaux et l'avenue de Paris ; la GRANDE ÉCURIE, entre l'avenue de Paris et l'avenue de Saint-Cloud. Les deux édifices, symétriques, furent construits par Mansart, de 1679 à 1682. Ils sont d'un style sobre et robuste, avec, à leur centre, un fronton et des encadrements sculptés (à la Grande Écurie, au fronton, l'ancien Écusson royal ; à la Petite, au cintre de la porte, *Trois chevaux et Cocher de cirque*, par Le Comte), et s'étendent en largeur, assez bas pour ne pas gêner, du château, la perspective et la vue. Le niveau du faîte des toits répond à celui du pavé de la Cour de Marbre. La Petite Écurie coûta 1 601 980 livres (soit, un rapport d'un à quatre, 6 407 920 francs), la Grande 1 454 440 livres. L'intérieur des deux écuries, bien conservé, a grande allure. Il est formé par de hautes et sveltes voûtes, en plein cintre, faites de pierre et briques ; les potences de fer forgé, où étaient accrochées des lanternes, existent encore sur les murs.

Les chevaux de trait, de selle et de parade, tant à l'usage du roi qu'à celui de sa famille, étaient au nombre d'un millier sous Louis XIV, sans compter ceux de la Vénerie ; de plus de deux mille, sous Louis XV. Ils étaient alignés dans de vastes stalles, tous en bridon blanc, avec garnitures et bouffants de rubans, à la tête et à la queue. Les attelages étaient composés de bêtes de même robe, robe noire, robe baie, robe gris-perle, robe tigre et robe feuille morte.

Le personnel se composait du grand écuyer, dit " Monsieur le Grand ", et du premier écuyer, dit " Monsieur le Premier " ; tous deux en rivalité perpétuelle. Ils avaient sous leurs ordres : écuyers ordinaires, hérauts d'armes, pages, valets de pied, fourriers, cochers, postillons, coureurs, maréchaux de forge, palefreniers, éperonniers, médecins, apothicaires, chirurgiens et musiciens (joueurs de haut-bois, de violon, de trompette, de fifre, de tambourin, de musette et de trompe marine). L'histoire nous a conservé le nom du cocher de Louis XIV, le " sieur Millet ", qui, aux fêtes du parc, conduisait également les chars allégoriques.

La Petite Écurie abritait, outre sa part de chevaux, toute la carrosserie royale, dont une grande calèche à trois bancs, où il y avait place pour seize personnes, les chaises à porteurs et les chaises roulantes. Dans la Grande Écurie se trouvait un vaste manège en charpente, aménagé en 1685. Il servait à des carrousels et à des tournois, et se transformait, au besoin, en salle de bal et en théâtre. De nombreux opéras et ballets y furent représentés, dont le *Persée*, le *Roland* et l'*Armide*, de Quinault et Lulli, sous Louis XIV, et la *Princesse de Navarre*, de Voltaire et Rameau, sous Louis XV. On y joua jusqu'à la construction, dans le Château de la Salle de l'Opéra, inaugurée en 1770. Le manège fut reconstruit une première fois sous la Restauration, qui le rendit à sa destination primitive ; puis en 1855, sous le Second Empire, sans rapport aucun avec son état ancien.

Les grilles qui ferment la cour d'entrée des deux écuries datent pareillement de la Restauration et ont remplacé celles, plus somptueuses, qui existaient autrefois.

Façade d'entrée et Cours du château.

La façade d'entrée du château, qui regarde la Place d'Armes, se présente à nous assez différente de l'état en laquelle nous l'avait laissée Louis XIV. Pour majestueuse qu'elle soit, elle manque d'unité, par suite des reconstructions diverses et des défigurations qu'elle a subies. Elle impose cependant par son étendue et sa masse.

La belle grille en fer forgé et doré, qui borde la place, avec ses têtes de lances, ses soleils, ses fleurs de lys, ses longues lyres et sa porte blasonnée aux Armes de France, date de 1682. Elle est l'œuvre des serruriers Delobel, Belin et Luchet. A droite et à gauche, deux groupes de pierre, de Gaspard Marsy et de Girardon, figurent la *Victoire de la France sur l'Empire germanique et sur l'Espagne*, et surmontent les anciennes logettes des sentinelles. Au delà, deux autres groupes, de Tuby et Coysevox, *la Paix* et l'*Abondance*, étaient placés plus haut vers le château, à l'entrée de la seconde cour.

L'AVANT-COUR, ou COUR DES MINISTRES, où l'on pénètre, est bordée des deux côtés par les Ailes des Ministres, terminées en 1678, et qu'occupaient les ministres et secrétaires d'État. D'aspect misérable aujourd'hui, n'ayant pour tout ornement que des tuyaux de cheminée, ces ailes étaient alors couvertes de riches toitures dorées, que l'on retrouve sur les estampes anciennes. En avant, s'alignent seize colossales statues de grands hommes (les personnages sont hauts de 4 mètres). Celles des quatre maréchaux (Mortier, Lannes, Masséna,

Jourdan) datent de Napoléon Ier; les douze autres, exécutées sous Louis-XVIII, décorèrent d'abord les piles du pont de la Concorde, à Paris, puis en furent retirées, par crainte de surcharge. Louis-Philippe envoya le tout à Versailles, qui se serait volontiers passé du cadeau. Ces grosses masses écrasent et défigurent un décor pour lequel elles n'étaient point faites. La dernière à gauche des statues, celle de *Condé*, est de David d'Angers. La cour a conservé ses anciens pavés, où quatre lignes droites, deux à droite et deux à gauche, marquent la place où se rangeaient chaque jour, pour la parade, les Gardes Françaises et les Gardes Suisses.

Lors des grandes fêtes, telles que les mariages et les accouchements royaux, l'Avant-Cour était ouverte au public. Des feux de joie s'y allumaient et, accompagnant des distributions de pains et de cervelas, des fontaines de vin abreuvaient jour et nuit, à discrétion, la cohue populaire, accourue de Paris.

Une seconde grille séparait l'Avant-Cour de la Cour Royale et passait là où se trouve aujourd'hui la *Statue équestre de Louis XIV*, en bronze, qui date de Louis-Philippe (1835). Le cheval est de Pierre Cartellier ; la statue, qui tient la main droite étendue, est de Lebon-Messidor Petitot.

La Cour Royale est encadrée de deux gros pavillons en pierre de taille, à colonnes et à fronton, de style néo-grec. Celui de droite, dit Aile Gabriel, le seul qui se raccorde complètement au château, fut élevé sous Louis XV, en 1772, par Gabriel, et faisait partie du plan général de reconstruction de cette face du palais. L'ensemble du projet fut abandonné par suite du manque d'argent, auquel il faut pareillement attribuer la pauvreté architecturale du pavillon, les dessins primitifs de Gabriel n'ayant pas été exécutés. A l'intérieur fut aménagée une salle de comédie, inaugurée en 1784, par Marie-Antoinette, et où, sous le Premier Empire, vint jouer la Comédie Française. Elle a été détruite sous Louis-Philippe. L'aile n'est plus occupée que par des logements de gardiens et par un vaste magasin, sur les murs duquel s'ébauchent des chapiteaux et des pilastres. C'est l'amorce du Grand Escalier de gala, que devait construire Gabriel, en remplacement du fameux Escalier des Ambassadeurs, jeté bas en 1752 (p. 28). Le pavillon de gauche, dit Pavillon Dufour, a été édifié sous Louis XVIII, par l'architecte Dufour, de 1814 à 1829 Il est habité par le conservateur du château.

A la place de ces deux constructions, deux ailes en pierre et briques, élevées par Le Vau, remaniées par Mansard, bordaient, sous Louis XIV, la Cour Royale. Elles étaient précédées d'un élégant péristyle à colonnade, que nous montrent les estampes anciennes, et n'avaient qu'un rez-de-chaussée, avec un toit bas d'ardoises, surmonté d'un lanternon. Elles s'harmonisaient ainsi, de hauteur, de couleur et de style, avec les façades de la Cour de Marbre, qui fait suite. On voit encore, à gauche, à la suite du Pavillon Dufour, un reste de ces bâtiments. C'est la "Vieille Aile", fort délabrée et qui doit être incessamment restaurée.

La COUR DE MARBRE succède à la Cour Royale. C'est ici l'âme même du château, l'embryon d'où est issu Versailles. Nous avons conté comment Louis XIV fit successivement parer, puis reconstruire la maison paternelle, et élever par Le Vau, puis par Mansart, les charmantes constructions qui ont subsisté et qu'à l'heure même où Versailles devenait immense il refusa toujours de laisser abattre. A travers les réfections modernes, rendues nécessaires par le temps, et quelques déformations de détail, qui ne l'étaient point, la Cour de Marbre, oasis du palais cyclopéen, nous captive encore par sa grâce intime et fine. Sur les murs, entre les fenêtres, des consoles portent quatre-vingt-quatre bustes de marbre blanc, imités de l'antique. En bordure des toits, dont les combles de plomb étaient jadis dorés, dix-huit statues sont assises sur des balustres de pierre. Exécutées par Le Gros, Massou, Regnaudin, Le Hongre, Coysevox, Girardon, Gaspard Marsy, Raon, Le Comte et Lespingola, elles figurent les quatre parties du monde (*Europe* et *Asie*, à droite ; *Amérique* et *Afrique*, à gauche) et des allégories aux vertus du roi (*Justice, Prudence Force, Sagesse*, etc.). A la façade centrale, huit colonnes accouplées, en marbre de Rance, soutiennent un balcon, en fer forgé et doré, œuvre de Delobel, qui borde les trois fenêtres cintrées de la Chambre royale. Aussi le poétereau Monicart rimera-t-il, en 1720 :

> *" De toutes les Cours du château*
> *Je suis la plus petite et la plus élevée.*
> *Je m'estime contente et j'aime mon destin,*
> *Car la Chambre où le Roi repose*
> *Est si proche de mon terrain*
> *Que son balcon y saille à plein. "*

Le fronton supérieur de cette même façade nous montre *Hercule*, avec sa massue, par Girardon, et *Mars*, en armure, par Gaspard Marsy (les deux statues ont été refaites, sous le Second Empire, par Chapu), qui s'appuient au cadran de l'horloge. Celle-ci, encadrée d'étendards, n'est plus celle qui sonnait l'heure pour le Grand Roi ; elle date de Louis XV et a remplacé l'horloge primitive en 1769. La crête qui couronne le toit, autrefois dorée, est de bronze. Le sol de la cour est dallé de marbre blanc et noir. Il était surélevé de cinq marches au-dessus du niveau de la Cour Royale et a été sottement abaissé par Louis-Philippe. A la place des trois portes-fenêtres qui se trouvent sous le balcon royal, un passage, fermé par trois grilles à jour et supprimé au XVIIIe siècle, faisait, sous Louis XIV, communiquer la cour avec le parc.

En juillet 1674, la Cour de Marbre servit de décor à une partie des fêtes données par Louis XIV en l'honneur de la seconde conquête de la Franche-Comté. L'*Alceste* de Lully y fut représentée ; on y soupa, un autre soir, aux bougies, après minuit. La cour était alors ornée, à son centre, d'une fontaine et, à ses deux angles, de deux volières, en fer forgé et doré. Le tout disparut quelques années après, dans les remaniements de Mansart.

A l'entrée de la cour, à gauche, s'ouvre un vestibule donnant accès à l'Escalier de Marbre, ou Escalier de la Reine (p. 131), qui monte directement aux Appartements Royaux, à l'Œil-de-Bœuf et à la Chambre du Roi. C'est par cet escalier, au bas duquel arrivaient et s'arrêtaient des "Chaises Bleues", que s'engouffrait, chaque jour, la foule des courtisans. Le roi en faisait, le plus souvent, usage pour lui-même, et c'est par là encore que sont introduits, aujourd'hui, les souverains étrangers qui viennent visiter Versailles. Cet itinéraire, toutefois, a l'inconvénient d'intervertir, dans le parcours des appartements, l'ordre chonologique et de compliquer la visite. Il est préférable, comme le fait d'ordinaire le public, de gagner d'abord à droite de la Cour de Marbre, et sur le revers de l'Aile Gabriel, le vestibule de la Chapelle, par où l'on accède à l'intérieur du Palais.

La Chapelle.

Le Vestibule du Rez-de-Chaussée de la Chapelle, qui communique avec le parc, a de riches portes sculptées, blanc et or, de l'époque de Louis XIV, et son plafond est porté par douze colonnes ioniques. Un bas-relief de marbre, de Guillaume et de Nicolas Coustou, figure le *Passage du Rhin par Louis XIV*. Le roi, couronné par la Victoire, foule aux pieds le Rhin, représenté par un vieillard coiffé de roseaux ; dans le fond, des cavaliers passent le fleuve. Ce bas-relief a remplacé aujourd'hui celui de Pierre Puget, *Alexandre et Diogène*, transporté au Louvre.

La CHAPELLE de Versailles, un des plus beaux joyaux de l'art français, date de la dernière période du règne de Louis XIV et a succédé, dans le château, à quatre autres chapelles, successivement disparues. Elle fut commencée par Mansart en 1699 et, après sa mort survenue en 1708, terminée par son neveu Robert de Cotte, en 1710. Elle appartient à la transition de l'art des XVIIe et XVIIIe siècles, où s'allient grandeur et délicatesse. Mais elle est surtout la splendeur heureuse. Que de temps parcouru depuis les craintives catacombes, où le chritianisme naissant se dérobait sous terre, depuis la sombre église romane, aux voûtes surbaissées, aux fenêtres en meurtrières, aux sculptures grimaçantes, qui enfermait en elle toutes les terreurs du moyen âge ! Combien lointaine, elle aussi, la cathédrale gothique, aux verrières opalescentes et mystérieuses, qui fuse tout entière vers le ciel, en un élan de foi et de prière ardente ! Maintenant la religion est à l'apogée de son triomphe. A une époque où les évêques regorgent de prébendes et de bénéfices et roulent en carrosse doré, il faut à l'Éternel une demeure somptueuse et digne de lui. C'est ici le palais de Dieu, dans le palais du Roi.

Toute image de douleur et de souffrance, toute laideur sont soigneusement écartées. Les plaies du Christ ne saignent plus et la croix se noie dans un flamboiement d'auréole. Des anges demi-nus, chastes et sensuels à la fois, avec des allures troublantes de jeunes filles, portent, d'un mouvement gracieux, les Instruments de la Passion. Une bourse pleine d'or, tenue par un chérubin exquis, suffit à symboliser Judas. Au plafond, Dieu le père, avec sa longue barbe blanche, en éventail, est semblable à un Saturne d'opéra et laisse pressentir le scepticisme du siècle qui vient. On a peine à croire qu'alors on " dragonne " encore dans les Cévennes et que les blasphémateurs ont la langue percée avec un fer rouge. Par les grandes fenêtres, aux vitres de clair cristal, encadrées de fleurs de lys, passent librement la lumière et le ciel bleu. Le soleil inonde de ses rayons les ciselures et les bronzes dorés. La pierre est blanche comme de marbre.

Au rez-de-chaussée, le sol est dallé d'une mosaïque de marbres de couleur, à grands ramages. Contre le troisième pilier de gauche s'appuyait la chaire, détruite, ainsi que les confessionnaux, en 1793. Une balustrade de bronze cercle l'arrière du chœur et a gardé le chiffre de Louis XIV; partout ailleurs, le monogramme du Grand

Roi a été arraché, à la Révolution. Le maître-autel, tout de marbre et de bronze doré, est magnifique. Avec sa nuée, où flamboie, dans un triangle, le nom de *Dieu*, en lettres hébraïques, avec son bas-relief de la *Mort du Christ* et ses *Anges adorateurs*, il est l'œuvre de Van Clève. Sur l'arcade qui le surmonte, s'enlève, comme un oiseau léger, une délicate et noble figure du même artiste, une *Gloire céleste*, adorée par des anges et des chérubins. Un peu en arrière, à la galerie du premier étage, apparaît l'orgue, blanc et or, chef-d'œuvre de sculpture sur bois. Aux bas-côtés du rez-de-chaussée, les autels n'ont reçu leur ornementation que sous Louis XV, et l'on y relève, dans leurs sculptures, les noms des frères Adam et de Bouchardon.

Les voûtes supérieures de la chapelle, portées par des colonnes cannelées, aux chapiteaux corinthiens de bronze doré, sont couvertes de peintures d'un éclatant coloris. Au-dessus du chœur, *Résurrection du Christ*, par La Fosse; à la voûte centrale, *le Père Éternel dans sa gloire*, par Antoine Coypel, et, aux pendentifs, les *Douze grands Prophètes*, par le même ; au-dessus de la tribune royale, *Descente du Saint-Esprit*, par Jean Jouvenet. Une riche *Architecture décorative*, en trompe-l'œil, peinte par Philippe Meusnier, encadre ces divers sujets.

Le roi ne descend au pavé de la chapelle que rarement, aux grandes fêtes de l'année, pour certaines cérémonies particulières, ou lorsqu'un évêque officie. On lui installe alors un fauteuil, sur un tapis de velours, avec un " carreau " ou coussin, pour s'agenouiller. En temps ordinaire, c'est de la Tribune royale, qui fait face au chœur et est située au premier étage, de plain-pied avec ses appartements, qu'il assiste à la messe et aux offices. Aussi est-ce de cette tribune que sont prises toutes les proportions architecturales de la chapelle, et il convient de nous y rendre, par un petit escalier de pierre, qui part du rez-de-chaussée. Le roi se plaçait à gauche de la tribune, presque invisible, dans une logette ronde ou " lanterne ", en bois doré, garnie de petites vitres, qui l'isolait des autres assistants et lui servait d'oratoire. Une lanterne semblable, à droite, était, sous Louis XIV, destinée à Mme de Maintenon ; elle servit ensuite à Marie Leczinska et à Marie-Antoinette. L'emplacement de l'une et de l'autre est facilement reconnaissable au double renflement de la balustrade, et il serait intéressant de les rétablir. Les courtisans occupaient le rez-de-chaussée de la chapelle. Les femmes se tenaient dans la galerie qui court au premier étage, avec des bougies pour lire dans leurs livres, quand il faisait sombre. Pas de sièges pour personne, mais un simple coussin, en guise de prie-Dieu. Tout le monde, hommes et femmes, tournait le dos à l'autel et regardait vers le roi. Lui seul regardait Dieu, et la prière de chacun repassait par lui, avant de monter vers le ciel.

En 1710, l'année même où fut bénite la chapelle, le mariage y fut célébré du duc de Berry, petit-fils de Louis XIV, avec Mademoiselle, fille du duc d'Orléans, depuis Régent. En 1713, y furent baptisés le Dauphin et les trois filles aînées de Louis XV. En 1739, Madame, première fille de Louis XV, âgée de douze ans, y épousa le fils du roi d'Espagne. Le Dauphin, fils de Louis XV, y fut uni, en 1745, à l'infante d'Espagne et, deux ans après, à Marie-Josèphe de Saxe. En 1770, Louis XVI, encore Dauphin et qui se complaisait à accompagner le service divin, en chantant d'une voix fausse et retentissante, s'y maria avec Marie-Antoinette. Chaque fois que la reine ou la Dauphine accouchaient d'un garçon, un *Te Deum* était célébré dans la chapelle, tandis qu'au dehors éclataient des bombes. Rappelons encore qu'en 1753 Mme de Pompadour avait obtenu de son royal amant l'insigne honneur d'avoir, comme lui et comme la reine, sa logette, qui fut installée dans la galerie.

Extérieurement, la chapelle, dont l'abside seule se dégage du côté de l'arrivée, se fond, du côté du parc, dans l'Aile Nord du château, que domine, comme une tiare, son toit richement ornementé, aux lignes souples et élégantes. Ce toit est, à sa base, encadré de balustres, où s'alignent des statues d'Apôtres et de Pères de l'Église, de style italien, aux draperies flottantes. Il était surmonté jadis d'un campanile, abattu en 1765, afin de soulager les charpentes, qui fléchissaient. Une véritable broderie de plomb le revêt, qui figure principalement des fleurs de lys et des têtes de chérubins. Deux groupes d'enfants, de Guillaume Coustou et de Pierre Le Pautre, à chaque extrémité du faîte, portent des palmes et le globe du Monde, surmonté de la croix. Ces plombs, semblables comme travail à ceux des bassins du parc, étaient couverts de dorures, dont la jaune rutilance se détachait sur l'ardoise bleue.

Salon d'Hercule.

La Tribune royale s'ouvre sur le VESTIBULE SUPÉRIEUR, œuvre, comme la chapelle, de Mansart et de Robert de Cotte. Deux bustes des deux architectes, par Coysevox, y ont été placés de nos jours. Haut de plafond, simple de lignes, fait de pierre blonde et dallé de marbre, il est orné, dans deux niches, de deux statues de

Salon d'Hercule.

Vestibule supérieur de la Chapelle.

Détail du plafond de la Galerie des Glaces (La Franche-Comté conquise pour la seconde fois, 1674).

Salon de Vénus et statue de Louis XIV, par Jean Warin

la Gloire, par Vassé, de *la Magnanimité*, par Bousseau. Ce sont deux belles figures de femmes, d'allure bien française, aux formes élancées, à la tête fine. Elles datent des premières années du règne de Louis XV, dont la Gloire tient en main le médaillon.

Le SALON D'HERCULE (Salle 105), où l'on accède de ce Vestibule, occupe la place de la chapelle qui précéda celle d'où nous sortons. Le plancher actuel n'existait pas alors ; le rez-de-chaussée et le premier étage étaient réunis. Cette Chapelle, carrée et fort simple, avait été aménagée par Mansart, en 1682, et servit jusqu'en 1710. Bourdaloue, Mascaron et Massillon y prêchèrent. Elle fut détruite après l'inauguration de la Chapelle Neuve ; le maître-autel à fronton, triangulaire, avec ses anges adorateurs en bois sculpté, fut envoyé, ainsi que la chaire, dans l'église paroissiale de Marly-le-Roi, où ils sont encore. Le rez-de-chaussée fut transformé en un passage conduisant au parc, et Robert de Cotte présenta à Louis XIV les plans d'un vaste salon, qui devait, au premier étage, servir d'entrée aux Appartements Royaux. Les travaux se poursuivirent lentement sous la Régence et ne furent terminés que sous Louis XV, en 1736.

La pièce se rattache, par son architecture, au style du grand siècle. Éclairée par six hautes fenêtres cintrées, qui se font vis-à-vis, plaquée, sur ses murs, de marbres blanc et vert, elle a noble allure avec ses pilastres de brèche rougeâtre, ses portes magnifiques et sa cheminée en marbre des Pyrénées, dont tout le travers est d'un seul bloc. Étains et bronzes dorés des chapiteaux des pilastres, bronzes de la cheminée (*Tête d'Hercule*, au centre, et *Têtes de lions* aux jambages), bronzes des deux grands cadres qui sont appliqués aux murs, sont d'Antoine Vassé, qui y travailla de 1729 à 1734. Les sculptures des portes sont de Verberckt, un des plus parfaits artisans du règne de Louis XV et qui apparaît ici, pour la première fois, à Versailles.

Dans celui des deux cadres qui surmonte la cheminée a été placé un portrait de *Louis XIV couronné par la Victoire*, de P. Mignard ; le roi est en armure ; dans le lointain, la ville de Maëstricht. Ce tableau orna d'abord, sous Louis XIV, le Salon de l'Abondance ; puis il fut transporté au Grand Trianon. A sa place actuelle se trouvait, jusqu'à la Révolution, un *Éliézer et Rébecca*, attribué à Paul Véronèse et aujourd'hui au Louvre. Dans le plus grand cadre, qui occupe tout le panneau en face de la cheminée et qui ne mesure pas moins de 4 m. 57 de haut, de 9 m. 85 de large, on admirait jadis le *Repas chez Simon le Pharisien*, de Paul Véronèse, offert à Louis XIV, en 1665, par la République de Venise. Le tableau a été pris, lui aussi, par le Louvre, où il orne le Salon Carré. C'est un des exemples les plus déplorables du dépouillement systématique subi par Versailles, qu'il a été facile d'accuser ensuite d'être pauvre en chefs-d'œuvre. C'est une des restitutions qui lui seraient dues, si la routine du fait acquis et des rivalités de musées ne s'y opposaient. Le beau cadre de Vassé a reçu, sous Louis-Philippe, un *Passage du Rhin par Louis XIV*, de Le Brun et Van der Meulen, ancien modèle destiné à être exécuté aux Gobelins, en tapisserie de basse lice, et qui a été repeint par Franque, en 1834. Ses tons épais et bitumineux font regretter davantage encore la claire lumière du Véronèse disparu.

Le plafond, le plus important du château après celui de la Galerie des Glaces, mesure 18m.50 sur 17 mètres. Peint sur toile marouflée, il représente l'*Apothéose d'Hercule* et contient cent quarante-deux figures. Il est l'œuvre de François Le Moyne, qui y travailla de 1729 à 1736. On conte qu'après l'avoir presque entièrement terminé le peintre s'aperçut que l'exécution, trop " finie ", manquait de largeur et que l'ensemble, vu du sol, perdait de son effet. Il recommença son ouvrage. Mais il s'était surmené dans cet effort de sept années, durant lesquelles, peignant sur place, il s'était tenu constamment renversé sur le dos. Bien que Louis XV, le jour où tombèrent les échafaudages, se fût déclaré satisfait et lui eût accordé incontinent le titre de Premier Peintre, la tête lui tourna et il se tua de neuf coups d'épée, à l'âge de quarante-neuf ans. L'infortuné s'était persuadé que jamais il ne rentrerait dans ses déboursés. Il avait, d'après le duc de Luynes, touché 10 000 écus (60 000 livres ou 180 000 francs) et sa seule dépense en bleu d'outremer s'était élevée à 24 000 livres (72 000 francs). Le bleu domine, en effet, ainsi que le rose, dans cette vaste composition, un peu grisée par le temps, où triomphe l'art gracieux du XVIIIe siècle. Hercule y symbolise la Vertu, qui élève l'homme au-dessus de lui-même et lui fait surmonter tous les obstacles. C'était un excellent exemple à offrir au jeune roi. Peut-être une allusion flatteuse au vieux cardinal de Fleury, qui gouvernait alors et se prénommait justement Hercule, ne fut-elle pas étrangère au choix du sujet. Il ne faut pas oublier, d'ailleurs, qu'Hercule était un des symboles ordinaires de la royauté, que l'on retrouvera au plafond de la Galerie des Glaces et dont on usera encore sous Louis XVI. Le fils de Jupiter (côté de la cheminée), debout sur un char traîné par des Génies, est amené au roi des dieux ; celui-ci lui présente Hébé, sa récompense, chaste vierge couronnée de fleurs et que conduit l'Hymen. On reconnaît à gauche Bacchus, assis sur un nuage et appuyé sur le dieu Pan ; Vénus, blonde et nue dans une draperie rose, est accompagnée de l'Amour et des Trois Grâces ; plus bas, Comus, dieu du Rire, porte une pique entourée de guirlandes fleuries, tandis que Mars et Vulcain regardent la chute des Monstres et des Vices, précipités du char d'Hercule. A droite, des lions traînent le char de Cybèle ; un enfant, figurant le génie de l'Éternité, montre à Saturne un serpent, pareil à un cerceau, et qui se mord la queue ; Zéphyr, Flore et les Génies de l'air se jouent avec une guirlande ; la Rosée penche son urne sur les nuages et Morphée sommeille. Du côté opposé à la cheminée, apparaît dans les nuages le Temple de Mémoire, devant lequel Apollon, jeune et bel éphèbe, est assis. On reconnaît, en bas, à gauche, Iris sur son arc-en-ciel, à droite les Neuf Muses. Une balustrade de marbre blanc, où sont posées des statues peintes, règne à la corniche et sert de repoussoir au fond. C'est un Olympe où l'on se plairait à vivre et qui offre à la vertu, avec ses allures de boudoir, un séjour vraiment aimable.

Le Salon d'Hercule fut utilisé, plusieurs fois, comme salle de danse. Le 26 février 1739, Louis XV y donna, dans l'après-midi, un bal paré, sur invitation, où, vers cinq heures du soir, la cohue était telle, chacun ayant amené avec lui ses amis, accompagnés de leurs femmes, qu'il fallut faire intervenir la garde pour expulser une partie du public. Les deux Véronèse avaient été recouverts, pour les protéger contre la fumée des bougies, de rideaux de damas cramoisi. Cinquante musiciens, sur des gradins adossés à la Cheminée, étaient vêtus de dominos bleus. Le roi portait un costume de velours bleu ciselé, doublé de satin blanc, à boutons de diamants ; Marie Leczinska, en robe de soie blanche et or, avait au cou le diamant *le Sancy* et dans les cheveux *le Régent*. Le Dauphin, âgé de dix ans, ouvrit le bal par deux menuets, dansés avec ses sœurs, Madame Élisabeth Infante et Madame Henriette, qui avaient l'une et l'autre douze ans. A neuf heures, il y eut collation, passée sur des plateaux et dans des corbeilles, par les officiers de la Bouche. Puis, à onze heures, les portes des Grands Appartements furent ouvertes, le bal paré devint bal masqué, des "loups" couvrirent les visages, les "travestis" firent leur entrée et la danse se répandit jusqu'à la Galerie des Glaces, pour ne cesser qu'à huit heures du matin. Dehors, des milliers de terrines de suif illuminaient les façades et les cours du château.

En 1749, Louis XV reçut dans le Salon d'Hercule deux jeunes

autruches, amenées d'Égypte et destinées à la Ménagerie. C'est ici également qu'étaient remis au roi les faucons que l'Ordre de Malte lui envoyait chaque année.

Le 2 mai 1789, trois jours avant la séance d'ouverture des États Généraux, les députés des Trois Ordres y furent présentés à Louis XVI. Dans le défilé, où chacun s'inclinait de la tête en passant devant le monarque, on pouvait voir, parmi les représentants du Tiers État, tous graves et vêtus de noir, Mirabeau, Bailly, Barnave, Sieyès, Robespierre et le bon docteur Guillotin, qui devaient, à des titres divers, devenir bientôt célèbres.

Consigne intérieure du Château.

Au Salon d'Hercule se trouvait un poste de Gardes Suisses, chargés de la *Consigne intérieure du Château*. Ils ne devaient, aux termes de leur règlement, laisser passer outre " ni gens mal vêtus, ni porteurs de placets, ni chiens, ni moines mendiants, ni quiconque fût marqué de la petite vérole ". Aucune chaise à porteur, ni chaise roulante, sauf celles de la famille royale, ne devait pénétrer dans les Grands Appartements. Dans ceux-ci était également défendu d'entrer botté et, aux dames, d'y faire porter la queue de leur robe. Elles devaient se " détrousser " et cacher leurs parasols. On ne devait pas, non plus, leur y donner la main ou le bras, sauf le cas d'infirmité. Il était interdit d'égratigner les vitres ou les glaces, et d'y inscrire son nom, ce qui prouve que ce vandalisme stupide et qui sévit encore n'est pas nouveau. Interdit aussi de détériorer les meubles et de soustraire des bougies. Les Suisses ne devaient pas, quant à eux, " lire, dormir, jouer et polissonner ", mais empêcher les laquais d'éteindre leurs flambeaux sur les murs, prendre soin des feux et les empêcher de fumer, et veiller aux incendies. Puis tenir l'œil aux voleurs, " qui ouvriraient ou enfonceraient les portes, se disant serruriers ou gens de la maison ayant perdu leurs clefs ". La nuit, ils avaient à entretenir les lanternes qui demeuraient allumées, et ils couchaient par terre, sur des paillasses, dans les diverses pièces des Grands Appartements, dans les vestibules, corridors et escaliers. D'où le terme qui avait cours : " être de paillasse ", pour " être de garde ". L'hiver, il leur était permis d'allumer du feu, à leur usage, dans la cheminée du salon.

D'autres paragraphes de la consigne des Suisses leur enjoignaient de faire la chasse " aux femmes de mauvaise vie ", qui, le soir et même en plein jour, racolaient dans les corridors les visiteurs et les laquais, et de veiller à la circulation des porteurs d'eau et des bestiaux. Les porteurs d'eau (il en existait encore à Paris, il y a seulement une quarantaine d'années) étaient innombrables dans le château et leurs allées et venues perpétuelles, car le précieux liquide avait un long chemin à parcourir, des fontaines qui se trouvaient dans les cours ou en ville, pour aller ravitailler chez eux tous les hôtes de Versailles. Aussi son emploi était-il strictement mesuré surtout pour les soins de la toilette, où l'esprit de vin, les parfums et la poudre de riz en tenaient lieu, le plus souvent. Aux porteurs d'eau s'ajoutaient les porteurs de bois, qui, à l'aide de leurs crochets, transportaient sans trêve bûches et fagots aux appartements et aux cuisines. Quant aux bestiaux, les princes et princesses étaient les seuls, en principe, qui avaient le droit de faire venir jusqu'à leur appartement, à l'aide de plans inclinés disposés sur les escaliers, des vaches, chèvres ou ânesses, installées ensuite dans quelque soupente, afin d'en avoir du lait frais, matin et soir. Mais cette tolérance était laissée souvent à d'autres personnes, principalement au cas de maladie.

Des montreurs d'animaux savants circulaient aussi dans l'immense caravansérail, où ils étaient admis à distraire les enfants royaux et les petits nobles de leurs inventions saugrenues et barbares. Tel cet "Orgue des Chats" qui fut présenté à la cour, sous Louis XIV, et qui se composait d'une caisse d'orgue dans laquelle étaient attachés à la file un certain nombre de chats, dont les queues sortaient par des trous pratiqués dans le bois. Un singe était dressé à courir sur le clavier, en tirant les queues alternativement, ce qui provoquait toute une gamme de miaulements effroyables. Mme de Montespan, raconte le père Quesnel, qui entretenait chez elle toute une ménagerie, avait pour bêtes favorites deux ours, qui se promenaient dans le château, comme bon leur semblait. Un soir, les ouvriers qui travaillaient à décorer l'appartement destiné par le roi à Mlle de Fontanges négligèrent, en se retirant, de fermer les portes derrière eux. Les ours, étant entrés, se livrèrent, durant la nuit, à mille extravagances et causèrent maint dégât. Toute la cour, le lendemain, s'esclaffa de l'aventure et chacun de prétendre que les bêtes s'étaient chargées de venger leur maîtresse des affronts que lui faisait subir sa rivale. Racine et Boileau s'en allèrent, comme les autres, inspecter le dommage et s'attardèrent à causer dans l'appartement, tant et si bien que, la nuit étant venue, les portes furent, cette fois, soigneusement refermées sur eux. Ils demeurèrent là jusqu'au lendemain matin et furent, une fois délivrés, l'objet de maints quolibets. Les Suisses, on le voit, avaient fort à faire.

Grands Appartements du Roi.

Les GRANDS APPARTEMENTS DU ROI ou APPARTEMENTS DE PARADE, qui s'étendent en bordure du parc, sont les plus anciens du château. Ils datent de l'époque des grands travaux de Le Vau, qui furent commencés en 1668 et durant lesquels s'éleva le corps central du palais. Ce sont eux qui portent le plus fortement l'empreinte italienne et ils furent d'abord dallés de marbre. Ces dallages, dont la froidure était extrême pendant l'hiver, furent supprimés quelques années après ; il n'en reste plus que des bandes étroites, encastrées dans le parquet, et les ébrasements des fenêtres. De même, les portes de bronze, ajourées, primitivement établies, furent remplacées par les portes de bois sculpté que nous voyons.

Toute la partie décorative fut exécutée sous les ordres de Le Brun, qui dirigeait les ateliers de tapisserie et d'ameublement des Gobelins. Philippe Caffiéri travailla aux ornements de stuc des plafonds et aux panneaux des portes ; Coysevox aux ouvrages de sculpture générale ; Dominique Cucci, aux serrures et boutons de portes, aux crochets et espagnolettes des fenêtres. L'habillage des murs variait selon la saison ; ils étaient tendus, en hiver, de velours vert ou feu, à crépines et à galons d'or ; en été, de brocart de soie, à fleurs d'or ou d'argent, avec des plissés en forme de cloches. Des tableaux de maîtres y étaient accrochés. Les meubles (tables, bahuts et " cabinets "), en ébène, à incrustations d'écaille et de cuivre, étaient de Boulle ; d'autres étaient en argent filigrané, ou de bois doré, avec mosaïque de marbre.

Ces appartements furent d'abord habités par Louis XIV, qui put s'en servir durant l'hiver de 1673, pendant un séjour qu'il fit à Versailles, où il n'était pas encore fixé. Ils étaient alors en voie d'achèvement, sous la conduite de d'Orbay, Le Vau étant mort en 1670. Mais bientôt Louis XIV les abandonnait, pour s'installer sur la Cour de Marbre. Ils ne servirent plus que pour l'apparat, les fêtes et les réceptions du roi, qui, disait-on, " y tenait appartement ".

" Le roi, lisons-nous dans le *Mercure* de décembre 1682, permet l'entrée de son Grand Appartement le lundi, le mercredi et le jeudi de chaque semaine, pour y jouer à toutes sortes de jeux, depuis six heures du soir jusqu'à dix, et ces jours sont nommés *jours d'ap-*

partement. Chacun se présente à l'heure marquée et seulement s'il a su auparavant que l'entrée lui serait permise. Les uns choisissent un jeu, les autres s'arrêtent à un autre. D'autres ne veulent que regarder jouer, et d'autres que se promener, pour admirer l'assemblée ou la richesse des lieux. La liberté de parler y est entière. Cependant le respect fait que personne ne hausse trop la voix. Le roi, la reine et toute la maison royale descendent de leur grandeur pour jouer avec plusieurs de l'assemblée, qui n'ont jamais eu un pareil honneur. Le monarque va tantôt à un jeu et tantôt à un autre ; il ne veut ni qu'on se lève, ni qu'on interrompe le jeu quand il approche. La manière dont on est servi a des agréments qu'on ne saurait concevoir. Les servants, vêtus de juste-au-corps bleus, sont derrière toutes les tables de joueurs et ont soin de donner les cartes, les jetons et autres choses dont on peut avoir besoin ; même, selon les jeux où l'on joue, ils épargnent aux joueurs la peine de compter, comme au trou-madame, où ils calculent les points qu'on fait et les écrivent. On entend ensuite la symphonie, ou l'on voit danser. On fait conversation. On passe à la Chambre des Liqueurs et à celle de la Collation." N'est-elle pas toute charmante et bien vivante, la description de la vieille gazette, dont le style semble avoir pris, comme une gravure ancienne, la patine brunie du temps ?

Le Salon de l'Abondance (Salle 106), qui est la première pièce où l'on entre, servait de Chambre des Liqueurs et trois buffets y étaient installés. Les invités du roi trouvaient là des boissons chaudes, café et chocolat, des sorbets, des eaux-de-vie de fruits et du vin. Les lambris et les chambranles sont revêtus de marbre ; l'entablement est orné de consoles, entre lesquelles s'intercalent de petits bas-reliefs dorés, et que surmontent des têtes ailées. Sur les murs, des tableaux de Van der Meulen (*Sièges et Prises de villes*) ont remplacé un Carrache, un Guido Reni et un Véronèse. Les sièges en X, que l'on trouve dans cette salle et dans plusieurs autres du château, proviennent du sacre de Charles X. Le plafond, comme ceux des pièces qui suivent, a subi de fâcheuses restaurations ; dégradés, enfumés pendant plus d'un siècle par les torches et les bougies, ils ont tous été plusieurs fois retouchés, souvent par des barbouilleurs barbares, qui en ont aigri les couleurs, durci le dessin ; des détails, que nous font connaître les descriptions anciennes, ont disparu. Les motifs principaux, qui sont au centre, ont surtout souffert ; certaines parties, dans les voussures, où se trouvent les sujets secondaires, ont été mieux conservées. Tels qu'ils sont, ces plafonds nous intéressent par leurs symbolismes ingénieux, pour lesquels un peu d'explication est nécessaire, et par leur bel agencement décoratif. La plupart des personnages y portent, à l'instar de ceux du Tasse et de l'Arioste, le costume néo-romain, dit " héroïque "

Le plafond du Salon de l'Abondance, peint par Houasse, l'un des plus repeints et le seul qui soit exécuté sur plâtre, représente *l'Abondance* ou *la Magnificence royale*. On y voit Pluton et Neptune, avec Téthys, qui est en draperie verte, et deux figures symboliques de l'Europe et de l'Asie ; celle-ci est coiffée d'un turban et tient un brûle-parfums. Au centre, une femme demi-nue, la Magnificence, a dans sa main droite un sceptre d'or et s'appuie sur une corne d'abondance, d'où se répandent quantité de médailles, de perles et de joyaux ; de sa main gauche, elle montre la porte qui est au fond de la pièce et qui est celle de l'ancien Cabinet des Médailles. Au-dessus de la porte, un médaillon ovale, peint en camaïeu vieil or, se rapporte au même sujet.

Le " Cabinet des Médailles " ou " des Raretés ", qui faisait partie des appartements privés du roi, renfermait ses médailles et ses pierres gravées, précieuse collection commencée par François Ier, mais développée surtout par Louis XIV, qui l'avait d'abord installée au Louvre. Transportée à Versailles par les soins de Louvois, en 1684, elle retourna à Paris, en 1741, à la Bibliothèque Royale, aujourd'hui Nationale, où l'on peut toujours l'admirer. Médailles antiques, camées et pierres gravées, jades, agates, jaspes, cornalines, calcédoines, onyx, héliotropes et améthystes étaient rangés ici dans douze armoires ou cabinets, à rayons et à tiroirs; le sceau d'Auguste avait été enchâssé sur or, par l'orfèvre Besle. La pièce, de forme octogonale, allongée en ellipse, était garnie de miroirs, qui se reflétaient et se multipliaient les uns dans les autres ; elle était décorée de vases en filigrane d'or, de têtes de porphyre antiques, dont les bustes, selon l'usage de l'époque, avaient été drapés de bronze. La marqueterie du parquet était de Poitou ; le plafond, en forme de dôme, avait été peint par Bon Boulogne ; vingt-quatre tableaux, notamment de Raphaël, de Léonard de Vinci, d'Andréa del Sarto, de Mantégna de Van Dyck, d'Holbein, de Véronèse, de Carrache et de Claude le Lorrain, surmontaient les armoires. Louis XIV aimait à venir, dans l'après-dînée (c'est-à-dire après déjeuner), regarder ses pierres et ses médailles, qu'il examinait étendu sur un lit de repos, et l'on conte que le père de La Chaise, son confesseur, assurant qu'il était, lui aussi, fort amateur de ce genre de collections, profitait du prétexte pour ne point le quitter, durant tout ce temps. Le classement avait été fait par le savant numismate et médecin Rainssant, qui tomba accidentellement dans la Pièce d'eau des Suisses, en 1689, et s'y noya.

Le Cabinet des Médailles se complétait du "Cabinet des Agates", situé quelques pièces au delà, sur la Cour de Marbre. Louis XIV y avait réuni des pierres taillées, des bibelots rares, des gemmes précieuses, de petits bronzes et des statuettes, anciennes et modernes, qu'il faisait acheter un peu partout, en Europe et dans les pays du Levant. Nombre de ces objets se retrouvent au Louvre, dans les vitrines de la Galerie d'Apollon.

Les deux cabinets furent désaffectés sous Louis XV. Celui des Agates reçut une décoration nouvelle; il devint le Cabinet de la Pendule et le Cabinet d'Angle actuels (p. 140 et 141). Celui des Médailles fut détruit et transformé en antichambre. Ce n'est plus aujourd'hui, qu'une salle de musée (Salle 137), qui a reçu, en 1830, ainsi qu'une salle à la suite, d'intéressantes gouaches de Van Blaren-berghe, exécutées sous Louis XVI, remarquables par leur exacti-tude et leur minutie. Elles représentent les *Campagnes du règne de Louis XV* et d'anciens *Costumes militaires français*. La belle porte qui ouvre sur le Salon de l'Abondance, condamnée sous Louis XV, a été habilement refaite sous Louis-Philippe, avec quel-ques morceaux anciens. — On trouve, au delà, une salle moderne (Salle 139), dite *Salle des États-Généraux*, où une frise peinte, de Louis Boulanger (1830), figure la *Procession des Trois Ordres*, à Versailles, le 4 mai 1789.

Le SALON DE VÉNUS (Salle 107) fait suite au Salon de l'Abondance et continue les Grands Appartements. Il a conservé sa superbe déco-ration de marbres polychromes, blancs, rouges et verts (placages des murs, encadrements des portes, pilastres et colonnes), aux joints d'une si étonnante perfection qu'ils n'ont point bougé depuis deux siècles. Ce mode de décoration venait d'Italie, où il était usité déjà chez les Romains. Dans la niche centrale, qui fait face aux fenêtres, a été replacée la statue en marbre blanc de *Louis XIV en empereur romain*, de Jean Warin, qui s'y trouvait autrefois. Le roi est en armure antique et en perruque, et chaussé de cothurnes à têtes de lions ; sa main s'appuie sur un bouclier, où grimace une Méduse. C'est une œuvre expressive et nerveuse, noble et robuste. De chaque côté de la niche, deux gros vases torses, en albâtre. De fines pein-tures en trompe-l'œil, de Jacques Rousseau, de style italien, représentent, sur les murs de droite et de gauche, deux *Perspectives de palais et de jardins* ; entre les fenêtres, deux autres peintures du même genre simulent deux statues de *Méléagre* et d'*Atalante*. Les portes, en bois sculpté, par Philippe Caffieri, sont surmontées de bas-reliefs de cuivre doré.

Le plafond, par Houasse, est consacré à *Vénus assujettissant à son empire les Divinités et les Puissances*. La déesse est sur son char, appuyée sur un cygne et couronnée par les Grâces ; elle tient en main des guirlandes de fleurs, que soutiennent des Amours et qui retombent vers Mars, Vulcain, Bacchus, Neptune et Jupiter. Ces guirlandes se prolongent dans les quatre angles du plafond et entourent des figures d'hommes et de femmes, assises de chaque côté de trépieds d'or. Ce sont : *Titus et Bérénice, Antoine et Cléopâtre, Jason et Médée, Thésée et Ariane*, dont les groupes, tous vêtus avec une même fantaisie, se différencient peu les uns des autres. Aux voussures du plafond principal, quatre peintures plus petites représentent : en face des fenêtres, *Nabuchodonosor et Sémiramis faisant élever les jardins de Babylone*, allusion aux travaux de Versailles et de Clagny ; à gauche, *Auguste présidant aux jeux du cirque* (on reconnaît le décor du Colisée), allusion au carrousel de 1662, donné par Louis XIV ; à droite, *Alexandre épousant Roxane*, allusion au mariage de Louis XIV avec Marie-Thérèse d'Autriche ; du côté des fenêtres, *Cyrus fait passer ses troupes en revue devant une princesse qu'il veut secourir*, allusion à la guerre de Flandre, de 1667, que Louis XIV entreprit au nom des droits de sa femme sur cette province.

Les jours " d'appartement ", ce salon servait de " Chambre de la Collation ". Des corbeilles en filigrane d'argent, rondes, longues ou carrées, et des coupes, étaient garnies de fruits crus, de citrons, d'oranges, de pâtes de groseilles vertes, de pêches au caramel, de cerises sèches, de fruits et de marrons confits, de massepains ; chacun pouvait manger ou emporter ce qui lui plaisait. Deux lustres d'argent pendaient au plafond. Les portières, les rideaux et les tabourets étaient de velours vert, galonné d'or.

C'est au Salon de Vénus et à son voisin, le Salon de Diane, qu'aboutissait l'Escalier du Roi (Escalier des Ambassadeurs ou Grand Escalier de Versailles), construit par d'Orbay, sur les plans de Le Vau, de 1672 à 1679, détruit en 1752, et dont nous avons déjà parlé (p. 28). Le revers des anciennes portes sculptées, qui ouvraient sur l'escalier, a subsisté.

Le Salon de Diane (Salle 108) était la " Chambre du Billard ".

Un billard était alors ce qu'il est, à peu près, aujourd'hui ; mais les joueurs se servaient, pour pousser la bille, de queues recourbées à leur extrémité comme de petites spatules et qui glissaient sur le drap. Deux estrades en bois, couvertes de tapis de Perse et garnies de bancs, tendus de velours cramoisi, permettaient aux dames d'assister au jeu.

La pièce a gardé, comme la précédente, sa riche décoration de marbres, de bois sculptés et de cuivres ciselés. "Vis-à-vis des fenêtres, lisons-nous dans Félibien des Avaux, il y a un petit piédestal, avec des trophées de bronze en bas-relief. C'est là que le buste du roi, fait par le chevalier Bernin, est placé sous une couronne, portée par des enfants ailés. Ils sont de bronze doré. " La description est toujours exacte. Le *Buste de Louis XIV* fut exécuté par Le Bernin, lorsque celui-ci vint en France, en 1665, à l'âge de soixante-sept ans. Le sculpteur travailla, dès l'abord, sur le marbre même et ne fit point de modèle de terre. Il se contenta de dessiner au pastel deux ou trois profils du visage, afin, dit-il, de se rafraîchir la mémoire, pendant que sa main opérait. L'œuvre en a gardé un aspect primesautier, qui n'est pas sans agrément, et elle ne manque ni d'une certaine envolée, ni de jeunesse (Louis XIV avait alors vingt-sept ans). C'est de l'art superficiel et brillant. Les enfants ailés qui surmontent le buste sont, ainsi que l'ensemble du petit monument, de Mazeline et Noël Jouvenet, 1685.

Le plafond, par Blanchard, montre *Diane et ses Attributs*. Dans un jour gris-perle, la déesse se détache sur une lune énorme. Elle est sur son char, accompagnée de ses filles symboliques, les Heures de la Nuit, aux ailes de papillons. Un petit guide artistique de Versailles, par Combes, publié en 1681, nous explique : " Celles qui devancent le char représentent les Heures fraîches du Matin, qui répandent sur la terre la rosée et les fleurs ; celle qui tient une horloge marque l'Heure qui nous appelle à notre Travail. Derrière le char, est l'Heure du Repos, qui dort dans le temps qu'un petit Amour lui pousse les vapeurs du sommeil et l'odeur des pavots. " Diane a dans ses attributs *la Navigation* (une femme, sur un vaisseau, en tient le gouvernail) et *la Chasse* (une femme tient un filet à prendre les oiseaux), que l'on voit figurées en dessous d'elle. A ces deux sujets se rapportent les quatre sujets des voussures : en face des fenêtres, *Jules César envoie une colonie romaine à Carthage*, par Audran ; à gauche, *Cyrus à la chasse au sanglier*, par le même ; à droite, *Jason et les Argonautes abordent à Colchos, pour conquérir* la Toison d'Or, par La Fosse ; du côté des fenêtres, *Alexandre à la chasse au lion*, par le même. César, Cyrus, Jason et Alexandre ne sauraient être autres que Louis XIV, dont le peintre a voulu rappeler le goût pour la chasse et qui, dit Félibien, " envoie des colonies françaises dans les contrées les plus éloignées, à Madagascar et en divers autres lieux ". Au-dessus des portes qui communiquent avec les Salons de Vénus et de Mars, les camaïeux dorés se rapportent encore à Diane : *Diane et Actéon* ; *Diane protégeant Aréthuse contre le fleuve Alphée*, *Offrande de fleurs* et *Sacrifice à Diane*.

Dans le marbre de la cheminée est encastré un petit bas-relief de marbre blanc, une *Fuite en Égypte*, par Van Opstal, où Joseph et Marie cheminent, précédés de chérubins et suivis d'une chèvre. Au-dessus de la cheminée, un portrait de *Marie-Thérèse*, assise en robe et en manteau fleurdelysés, par Beaubrun, fait face à un *Louis XIV*, debout et tenant le sceptre, par Rigaud, 1701. Deux beaux bustes de Coysevox nous montrent *Colbert*, figure douce et grave, et *Louis de France*, fils de Louis XIV, dit le Grand Dauphin ; celui-ci, visage encore enfantin, nez bourbonien, joues rebondies, porte une armure ornée de fleurs de lys et de dauphins. Une table, en bois sculpté et doré, avec dessus de mosaïque florentine, provient des ateliers des Gobelins. Un cadre y est posé, renfermant un *autographe* de Mansart, relatif aux travaux de Versailles et annoté par Louis XIV ; le roi, entre autres observations, écrit qu'il veut voir " de l'enfance respendue partout ".

Le SALON DE MARS (Salle 109), " Chambre de Jeu, de Bal et de Concert ", a son grand mur tendu de deux tapisseries des Gobelins : *Prise de Dôle* et *Entrée de Louis XIV à Dunkerque*. Elles sont magnifiques. Sur la cheminée, un petit *Louis XIV*, de Simon Vouet ou de son école, âgé d'une dizaine d'années, est monté sur un cheval blanc, richement harnaché ; on aperçoit le Pont-Neuf. Quatre dessus de portes, de Simon Vouet, d'une finesse charmante et d'un chaud coloris doré, représentent *la Justice*, *la Tempérance*, *la Force* et *la Prudence*. Elles ont remplacé, après la Révolution, quatre portraits du Titien. Deux autres portraits du Titien, une *Sainte Famille* et les *Pèlerins d'Emmaüs*, de Paul Véronèse, ainsi qu'un tableau de Le Brun, *Darius aux pieds d'Alexandre*, dont on voit aujourd'hui une copie au plafond de la Chambre de la Reine, complétaient l'ornementation picturale de la pièce. On y a placé, à contrejour, *le roi David jouant de la lyre*, du Dominiquin, qui provient de la Chambre de Louis XIV ; le cadre, fatigué, a été refait en 1759.

Le plafond, d'où pendaient cinq lustres de cristal de roche, figure en son centre : *Mars sur un char tiré par des loups*, par Audran ; la Renommée vole devant le char. A gauche, Jean Jouvenet a peint : *Hercule soutenant la Victoire*, qu'accompagnent *l'Abondance* et *la Félicité*, et Houasse, à droite : *la Terreur s'emparant des puissances de la terre*. — Six camaïeux, simulant des bas-reliefs en métal doré, nous montrent : en face des fenêtres, *Cyrus haranguant ses troupes*, par Jean Jouvenet, et *Démétrius Poliorcète prenant une ville d'assaut*, par Audran ; à gauche, *César passe en revue ses légions*, par Audran ; à droite, *Triomphe de Constantin*, par Houasse ; du côté des fenêtres, *Alexandre Sévère dégradant un officier devant l'armée*, par Houasse, et *Marc Antoine faisant consul Albinus*, par Jean Jouvenet. — En dessous du plafond s'alignent, en stuc doré, par les frères Marsy, des casques, formant consoles, et des trophées d'armes. D'autres motifs en relief occupent les quatre angles qui sont à la base de la voûte.

Dans la pièce, une curieuse horloge automatique, portée par des pieds de chèvres et dont la boîte, en marqueterie, se termine par une fleur de lys, a été faite pour Louis XIV, en 1706, par Antoine Morand de Pontdevaux. "Toutes les fois que l'horloge sonne, écrit d'Argenville, dans son *Voyage pittoresque des environs de Paris* (1779), deux coqs chantent chacun trois fois, en battant des ailes. En même temps, des portes s'ouvrent de chaque côté et des figures en sortent, portant chacune un timbre en manière de bouclier, sur lequel deux amours frappent alternativement les quarts, avec des massues. Un buste de Louis XIV sort du milieu de la décoration. Il s'élève au-dessus un nuage, d'où la Victoire descend, portant une couronne qu'elle tient sur la tête du roi, tandis qu'on entend un carillon fort agréable, à la fin duquel tout disparaît, et l'heure sonne." Ce délicat mécanisme est aujourd'hui arrêté, malgré les réparations tentées, et les charmantes figurines demeurent derrière les portes et dans le nuage qui les abritent.

De chaque côté de la cheminée, soutenues par des colonnes ioniques, s'élevaient deux petites tribunes de marbre, où prenaient place les musiciens, les jours de bal ou de concert. Ces deux tribunes, qui communiquaient ensemble, par derrière le mur, furent supprimées vers 1750. C'était Lulli, surintendant de la Musique de la Chambre, qui dirigeait les concerts. Il ne faisait guère exécuter que de ses œuvres. Quant aux danses, les principales étaient la pavane, la chaconne, le menuet, la courante, le passe-pied, le branle et la gigue.

Mais c'était le jeu qui avait surtout les faveurs de la cour. Les jeux étaient multiples. Il y avait la bassette, le réversi, le cul-bas, le trou-madame, le trente-et-quarante, le tourniquet, le portique, le piquet, la bête, le cadran et l'anneau tournant, qui était de l'invention de Louis XIV, le hoca, le brelan, l'hombre, le lansquenet, les échecs, la guerre, le papillon, le tric-trac et les simples dés. Que d'honnêtes façons de tenter le sort! On n'avait que l'embarras du choix pour dilapider son bien et s'approprier celui des autres. Mme de Sévigné vint au Jeu du Roi, une après-dînée de 1676. "Je fus samedi à Versailles, écrit-elle, avec les Villars. Voici comme cela va. A trois heures (l'heure de l'appartement fut reculée en 1681), le Roi, la Reine, Monsieur, Madame, Mademoiselle, Mme de Montespan, toute sa suite, tous les courtisans, toutes les dames, enfin ce qui s'appelle la Cour de France, se trouve dans ce bel appartement que vous connaissez.... Le roi est auprès de Mme de Montespan, qui tient la carte.... Mille louis sont répandus sur le tapis ; il n'y a point d'autres jetons. Je voyais jouer Dangeau, et j'admirais combien nous sommes sots au jeu auprès de lui! Il ne songe qu'à son affaire et gagne où les autres perdent ; il ne néglige rien, il profite de tout ; il n'est point distrait ; en un mot, sa bonne conduite défie la fortune. Aussi les cent mille francs en dix jours [francs ou livres; les deux mots étaient alors synonymes, pour une valeur équivalente], les cent mille écus en un mois, tout cela se met sur le livre de sa recette.... Je saluai le roi ; il me rendit mon salut comme si j'avais été jeune et belle. "

On ne jouait pas seulement chez le roi, mais aussi chez la reine, chez les princes et partout dans le château. La fureur du jeu qui, en dehors de la présence du roi, n'allait pas toujours sans quelque tricherie, fut, jusqu'à la fin de la monarchie, une des hontes de la cour.

Le SALON DE MERCURE (Salle 110) était la "Chambre du Lit". On y voyait un lit de parade, à colonnes, empanaché de grandes aigrettes blanches, qui ne servit qu'exceptionnellement à Louis XIV. Son petit-fils Philippe, duc d'Anjou, y coucha du 16 novembre au 4 décembre 1700, après qu'il eut été déclaré roi d'Espagne et en attendant son départ pour son nouveau royaume. Le Grand Roi y fut exposé publiquement après sa mort, en 1715, durant huit jours, et le salon transformé en chapelle ardente. L'ameublement de la pièce était de velours cramoisi; au plafond, un lustre d'argent à six branches, chacune de trois bougies ; entre les fenêtres, un miroir de neuf pieds de haut (2 m. 91), encadré de figures sculptées. Le lit, placé sur une estrade de marqueterie, recouverte d'un tapis de Perse, était enclos d'une balustrade d'argent ciselé, haute de deux pieds et demi (81 centimètres), qui portait huit chandeliers de même métal et avait été exécutée aux Gobelins, par les orfèvres Alexis Loir et François de Villers. Elle avait coûté 127 504 livres (510 016 francs) 17 sous et 6 deniers, et pesait 4 076 marcs et 2 onces (997 kg. 539 gr. 90). Nous dirons tout à l'heure ce qu'il en advint, ainsi que de toute cette précieuse parure d'argent des Grands Appartements, qui n'existait déjà plus à la fin du règne de Louis XIV.

Les marbres ont été détruits, sauf aux fenêtres, ainsi que la cheminée. Trois tapisseries des Gobelins, *Siège de Tournai* et *de Douai*, *Défaite des Espagnols à Bruges*, tendent aujourd'hui les murs. En temps ordinaire, la pièce était utilisée, comme le salon précédent et le suivant, pour le jeu et la danse.

Le plafond est de Jean-Baptiste de Champagne, neveu de l'illustre peintre du même nom, mais de moindre talent. Il représente *Mercure sur un char tiré par deux coqs*. A côté du char, on voit la Vigilance, avec des ailerons à la tête, et la main posée sur une grue, qui lui sert de symbole. " On sait, explique Combes, que lorsque ces oiseaux reposent en troupes, en quelque endroit, l'un d'eux fait toujours sentinelle, avec une patte levée, dans laquelle il tient une pierre, afin que si le sommeil le prend, la pierre l'éveille en tombant. " —Aux voussures, peints par le même, ce sont : en face des fenêtres, *Ptolémée dans sa bibliothèque* (allusion à la Bibliothèque Royale); à droite et à gauche, *Alexandre et Auguste recevant une ambassade d'Indiens* (allusion aux ambassades des peuples exotiques reçues par Louis XIV) ; du côté des fenêtres, *Aristote reçoit d'Alexandre divers animaux étrangers, afin d'en écrire l'histoire* (allusion à la Ménagerie de Versailles).

Sur la porte sculptée qui communique avec le Salon d'Apollon, et où se voient figurés une bourse, une plume et un livre de comptes, on lit, à hauteur des yeux (battant qui est du côté des fenêtres), le chiffre à demi effacé de 1681, qui indique qu'à cette date s'achevait la décoration des appartements. Sur la porte opposée, qui ouvre sur le Salon de Diane, le chiffre ancien a été remplacé (battant qui est vers la pièce) par celui de 1814, époque des travaux de restauration exécutés par ordre de Louis XVIII.

Le SALON D'APOLLON (Salle 111) termine les Grands Appartements du Roi. Ce fut d'abord la chambre à coucher de Louis XIV, qui s'en servit jusqu'en 1676, époque à laquelle Mansart commença les derniers remaniements du château et où le Grand Roi passa sur la Cour de Marbre. La pièce devint alors "Chambre du Trône" ou, comme on l'appelait, "Chambre du Dais".

Le plafond, par La Fosse, figure *Apollon sur un char attelé de quatre chevaux de front.* Il est accompagné du Printemps, qui porte une corbeille de fleurs, de l'Été (Cérès, vue de dos, tenant une faucille), de l'Automne (Bacchus, avec une coupe dans laquelle un génie verse du vin), de l'Hiver (un vieillard assis près d'un brasier). — On voit aux voussures, qui sont du même artiste : en face des fenêtres, *Vespasien faisant construire le Colisée* ; à gauche, *Coriolan levant le siège de Rome à la prière de sa mère* (ce motif, bien conservé, est tout à fait charmant ; Véturie, à genoux, porte une grande robe à collerette) ; à droite, *Auguste faisant bâtir le port de Mysène* (allusion aux travaux exécutés au port de Rochefort) ; du côté des fenêtres, *Porus devant Alexandre.* — Aux quatre angles, les quatre parties du monde (*Europe, Asie, Afrique* et *Amérique*), inlassable motif, partout répété, sont assises sur des globes. Des femmes en stuc doré, des frères Marsy, soutiennent de leurs bras le centre de la voûte.

Aux murs, trois tapisseries des Gobelins : *Entrevue de Louis XIV et de Philippe IV d'Espagne* ; *Mariage de Louis XIV et de Marie-Thérèse, Infante d'Espagne* (Marie-Thérèse, encore vêtue à l'espagnole, porte une vaste crinoline ; une lourde coiffure retombante lui enserre la figure); *Audience de l'Ambassadeur d'Espagne.* De toutes les portes des Grands Appartements, celles du Salon d'Apollon sont les seules qui aient gardé leurs serrures anciennes, en bronze ciselé et doré, dont la décoration de sphinx et de chimères fait songer curieusement à une œuvre du style Empire. Les tableaux (*Thomyris trempant dans le sang la tête de Cyrus*, de Rubens, et quatre toiles de Guido Reni, les *Travaux d'Hercule*) sont partis au Louvre.

Le trône, symbole de la majesté royale, était d'argent, haut de 8 pieds (2 m. 59); quatre enfants, portant des corbeilles de fleurs, soutenaient le siège, qui était couvert, ainsi que le dossier, de velours cramoisi ; sur le faîte du dossier, un Apollon, couronné de lauriers, tenait une lyre. Trois pitons dorés, encore en place, servaient à suspendre le dais ; on retrouve dans le parquet les trous des clous qui fixaient l'estrade. Le roi recevait dans cette pièce les ambassadeurs en audience ordinaire ; lors des grandes réceptions, le trône

HUIT JOURS A VERSAILLES.
PL. 22, PAGE 112.
GALERIE DES GLACES.

L'Œil-de-Bœuf ou Antichambre du Roi.

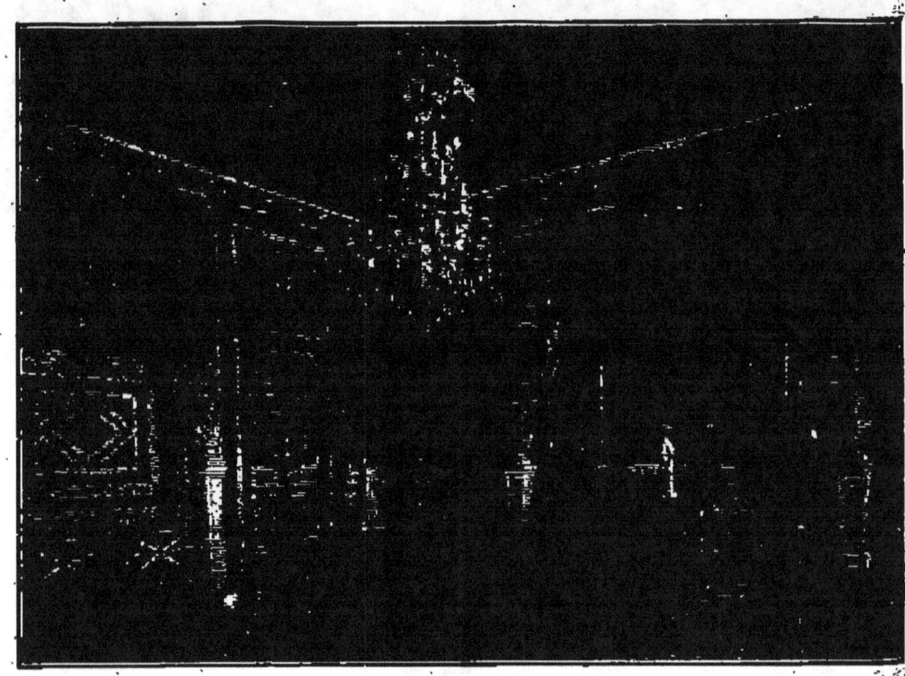

Salle des Gardes de la Reine.

était transporté dans la Galerie des Glaces ou, par la suite, dans le Salon d'Hercule.

Galerie des Glaces.

Nous avons dit que Le Vau, en élevant le corps central du château, avait ménagé en son milieu une terrasse en retrait, qui coupait en deux les Grands Appartements du Roi et ceux de la Reine. Ces appartements étaient eux-mêmes plus longs de trois pièces, en retour d'angle sur la façade et encadrant, à droite et à gauche, cette terrasse.

En 1676, Mansart, remplaçant d'Orbay, qui avait succédé lui-même à Le Vau, était nommé Premier Architecte et entreprenait de donner à Versailles son aspect définitif. Il construisait successivement les deux Ailes du Sud et du Nord et unifiait la façade centrale, ramenée tout entière sur un même plan. Une grande galerie prenait la place de l'ancienne terrasse, englobant en outre, à droite et à gauche, les trois dernières pièces des Grands Appartements.

La GRANDE GALERIE, ou GALERIE DES GLACES, fut commencée en 1678; elle fut terminée en 1684. Elle mesure 73 mètres de long; elle est large de 10 mètres 40 et haute de 13 mètres à son faîte. Elle est éclairée par dix-sept hautes fenêtres cintrées, qui ouvrent sur le parc, sur ses Parterres d'Eau, sur ses masses d'arbres et sur l'admirable perspective du Grand Canal. En face des fenêtres, leur correspondant et doublant leur lumière, dix-sept arcades sont revêtues de " miroirs de glaces " à biseau, réunis entre eux (on ignorait alors l'art de couler de grandes surfaces) par des cuivres ciselés et dorés. Chacune compte dix-huit miroirs, soit au total trois cent six. Ces miroirs furent, ainsi que les glaces translucides des fenêtres, exécutés à Paris, à la Manufacture royale de la rue Saint-Antoine. Entre les arcades et entre les fenêtres s'allongent des pilastres de marbre rouge, portant des chapiteaux en métal doré, dits de l'" Ordre français ", composé par Le Brun, à la prière de Colbert. Cet ordre, fâcheusement abandonné par la suite et qui, en regard des ordres antiques, devait devenir, dans la pensée du ministre, notre ordre national, se composait d'un fond de palmes, avec une fleur de lys au centre, symbole de la royauté, un soleil au faîte, devise personnelle de Louis XIV, et, aux deux angles supérieurs, deux coqs battant des ailes, symbole de la France. Quatre niches de marbre, ménagées dans les murs de la galerie et surmontées de trophées d'armes, abritaient des statues antiques, disparues à la Révolution. Elles ont été remplacées, sous la Restauration, par : *Vénus devant Pâris*, de Dupaty ; *Minerve frappant la terre pour faire naître l'olivier*, de Cartellier ; *Pâris*, de Jacquot ; *Mercure séparant deux serpents avec sa baguette*, par le même. Les quatre de marbre blanc et imitations amollies de l'antique. Les cintres des fenêtres et des arcades portent alternativement à leur sommet des têtes de Soleils et des mufles et pattes de lions. Au-dessus court une corniche en stuc doré, ornée de couronnes de France, de colliers de l'ordre du Saint-Esprit et de Saint-Michel, et qui sert de base à la voûte du plafond. A toute cette magnifique décoration, dirigée par Le Brun, ont travaillé Coysevox, Massou, Le Gros et Tubi, pour les trophées d'armes ; Dominique Cucci a ciselé les encadrements des glaces et les menus ouvrages de cuivre ; les chapiteaux des pilastres ont été fondus par Philippe Caffiéri. D'autres artistes, parmi lesquels Le Comte, Lespagnandel, Clérion et l'orfèvre Ladoireau, ont apporté leur pierre à l'œuvre commune, où l'éclat des ors se mêle à la pâleur des marbres.

Le plafond forme l'ensemble pictural le plus important que nous possédions en France. Le Brun donna la composition générale, jusqu'en ses moindres détails ; il exécuta les esquisses et les dessins, d'après lesquels ses élèves ou lui peignirent ensuite, sur toile marouflée. C'est une œuvre énorme, qui fut menée à sa fin en moins de cinq ans. Elle nous conte l'histoire de Louis XIV, de 1661 à 1678. L'allégorie purement mythologique, qui inspire tous les autres plafonds de Versailles, disparaît ici pour faire place à un mélange habile de la fiction et de la réalité. Quoique brunie par le temps, sous l'action duquel un certain nombre de figures se sont embrumées ou effacées, la peinture, dans son ensemble, est bien conservée. L'éclairage, produit par la lumière combinée des fenêtres et des arcades de glaces, est parfait.

Sept grands panneaux occupent la voûte et deux autres, sur champ, sont placés aux extrémités de la galerie. Ils forment un total de douze sujets, dont des cartouches donnent les titres ; l'ordre chronologique n'est pas rigoureux. Ce sont, en venant des Grands Appartements du Roi : I. *Alliance de l'Allemagne et de l'Espagne avec la Hollande* (1672), en panneau droit, à l'entrée de la galerie. Les trois nations, figurées par trois femmes superbement drapées, se prennent la main et se jurent amitié. A gauche, rougeoie l'antre des Cyclopes, emblème des levées tumultueuses qui se font contre la France ; à droite, des hommes d'armes, cuirassés et casqués. — II. *Passage* du Rhin *en présence des ennemis* (1672). Louis XIV, sur un char de Victoire qui semble voler dans les airs, tient la foudre en main. Il est, comme sur les autres tableaux de la galerie, figuré en César romain, bras et mollets nus, le corps svelte et jeune, le visage toujours impavide sous les flots bouclés de son immense perruque. La Gloire et Minerve précèdent le char, qu'Hercule semble pousser, en menaçant de sa massue le Rhin épouvanté. L'Espagne, un masque en main, tente en vain d'arrêter l'attelage, par un des traits qu'elle a saisi. Le panneau, qui occupe le centre de la voûte, offre, en pendant du précédent, un second sujet : — III. *Le Roi prend Maëstricht en treize jours* (1673). A gauche, une femme qui symbolise Maëstricht tombe avec son épée et Mars lui enlève son bouclier ; l'Europe, en robe bleue, regarde étonnée et retient à peine son noir cheval, effaré. Le bruit de ces merveilles se répand jusque chez les peuples du Nouveau Monde, que l'on voit à droite, dans l'éloignement. — IV. *Le Roi donne ses ordres pour attaquer en même temps quatre des plus fortes places de la Hollande* (1672). Louis XIV expose son dessein à son frère, Philippe d'Orléans, qui est à sa gauche, en manteau rouge, au vicomte de Turenne et au prince de Condé, qui sont à sa droite. Turenne porte un manteau bleu et Condé se reconnaît à son nez d'aigle ; ce sont les deux seuls sujets du roi qui, dans les divers motifs du plafond, aient eu l'honneur de figurer à son côté. Le dieu du Secret, derrière Louis XIV, est désigné par un jeune homme qui pose un doigt sur sa bouche ; il a un casque en main, un sphinx sur la tête, un bandeau d'or sur le front. Dans le fond, un camp. — V. *Le Roi arme sur terre et sur mer* (1672), en pendant avec le motif précédent. Toutes les divinités s'empressent autour de Louis XIV. Neptune lui amène des vaisseaux, Mars des soldats, Vulcain et Mercure lui apportent des armes ; Minerve pose sur sa tête un casque ; Cérès, une faucille à la main, lui offre des vivres ; Apollon, à droite, surveille la construction d'une forteresse. La Vigilance tient dans ses mains un sablier ou " horloge du sable ", un coq et un éperon. Près du roi, la Prévoyance porte un livre et un compas, symbole de la justesse des mesures qu'il sait prendre. — VI. *Le Roi gouverne par lui-même* (1672). Ce motif occupe le centre de la galerie, son intérêt moral, dans la pensée du peintre, primant celui de tous les autres. Louis XIV est assis sur un trône couvert d'un pavillon, la main droite posée sur un timon de navire. Les Grâces, dont l'une, au beau torse nu, est accoudée près de lui, lui tressent des guirlandes et des couronnes. A gauche, la France est assise, en robe fleurdelysée ; elle porte un rameau d'olivier et son bouclier écrase la Discorde ; la Seine est couchée sur son urne. A droite, Mars montre au nouveau roi la couronne cerclée d'étoiles, que dans les airs fait briller la Gloire. Le Temps lève un des coins du pavillon, au-dessus duquel sont assis dans les nuées les dieux de l'Olympe ; on voit, au faîte, les Chevaux du Soleil. Sur l'autre versant de la voûte, on voit figuré : — VII. *Faste des Puissances voisines de la France.* L'Allemagne est assise sur un nuage, avec son aigle et sa couronne impériale. L'Espagne repose sur un lion, qui est en train de dévorer un roi des Indes (les Indes d'Amérique), étendu sur ses trésors ; elle en écrase un autre sous son pied ; l'Ambition qui l'anime incendie des palais. La Hollande est armée d'un trident et tient Téthys enchaînée ; son lion enserre dans ses griffes sept flèches, qui sont le symbole des sept provinces unies. Mais le temps de triompher est fini pour ces trois pays ; la puissance de Louis XIV s'élève en face de la leur et Mercure les en avertit, à cheval sur les deux versants du panneau. — VIII. *La Franche-Comté conquise pour la seconde fois* (1674). Louis XIV, après avoir conquis la Franche-Comté, en 1668, l'avait rendue aux Espagnols par le traité d'Aix-la-Chapelle ; ceux-ci lui ayant déclaré la guerre, il en recommença la conquête, qui fut terminée en moins de trois mois. A gauche, le fleuve du Doubs, effrayé à la vue des trophées que la Victoire attache à un palmier, lâche ses deux urnes et s'accroche au manteau du roi, en implorant sa clémence. A droite, Mars amène à Louis XIV la Franche-Comté et ses villes, figurées par des femmes en pleurs, étendues ou se roulant à ses pieds ; au-dessus, un Hercule nu et nerveux, la chevelure au vent, brandit une énorme massue et, suivi de Minerve, qui combat avec lui, attaque le rocher de la citadelle de Besançon. La foudre embrase les nuées ; le lion espagnol grince vainement des dents, tapi derrière son rocher (on le distingue difficilement, cette partie du tableau ayant noirci) ; l'Aigle allemand, spectateur impuissant, perché sur un arbre desséché, crie et bat désespérément des ailes. — IX. *Résolution prise de faire la guerre aux Hollandais* (1671), en pendant avec le motif précédent. Louis XIV assis sur son trône, a devant lui, dans la gauche du tableau, Minerve, qui lui montre, figurés sur une grande tapisserie, les maux et les horreurs de la guerre : soldats mourant de faim et de misère, hommes noyés, air embrasé, arbres dépouillés, l'hiver serrant dans ses bras un soldat gelé (le triste décor, hélas ! n'a pas changé). Mais la Justice, qui préside au conseil, derrière le trône, tient à la enfin une épée nue, indiquant ainsi qu'elle opine pour la guerre ; Mars y détermine le roi, en lui montrant le char de triomphe qu'il lui a préparé. — X. *Prise de la ville et de la citadelle de Gand en six jours* (1678 ; ce motif, qui était endommagé, a été pitoyablement repeint au début du XIXe siècle). Louis XIV, porté par un aigle, sur un nuage entrecoupé de sillons de feu, est suivi par la Terreur, qui sonne de la trompette. Des femmes abattues et en pleurs représentent les villes d'Ypres, de Gand, de Valenciennes et de Cambrai. Le panneau, qui occupe le centre de la voûte, offre, en pendant du précédent, un second sujet : — XI. *Mesures des Espagnols rompues par la prise de Gand.* La Renommée, tenant deux trompettes, annonce la prise de Gand. L'Espagne, en robe jaune, est renversée sur son lion, qui baisse la tête ; derrière elle, un léopard ; à ses pieds, le livre de Machiavel. On aperçoit à droite un château foudroyé ; à gauche, on voit chanceler les deux colonnes d'Hercule, que Charles-Quint prit autrefois pour sa devise, avec l'inscription : " Plus Outre ". — XII. *La Hollande accepte la paix et se détache de l'Allemagne et de l'Espagne* (1678). Ce motif, en panneau droit, fait pendant à celui qui se trouve à l'autre extrémité de la galerie et en est la contre-partie. Les trois nations, hier alliées, se désunissent. La Hollande, à droite, se détache de ses compagnes et lève les bras au ciel ; devant elle, la Vanité, tenant un sceptre, est accompagnée d'un paon. L'Allemagne, au centre, surprise et consternée, s'efforce de retenir la Hollande ; l'Espagne, à gauche, est non moins émue, et son lion se roule sur le dos, en rugissant. La foudre tombe sur l'antre des Cyclopes, où se forgeaient les armes des confédérés. Mercure descend du ciel, avec un rameau d'olivier ; la Paix est entourée des Jeux et des Ris, qui répandent des fleurs.

Entre ces douze grandes compositions s'intercalent six camaïeux et douze médaillons ovales. Les camaïeux, placés au faîte de la voûte, sont peints sur fond d'or, en couleur bleu-lapis, qui a beaucoup grisé. Ils simulent des bas-reliefs. Les médaillons ovales (plusieurs ont été repeints) occupent le versant de la voûte. Ils sont de dimensions différentes et encadrés d'une architecture feinte, où des termes en bronze vert, d'allure magistrale, au corps nu et musclé, rappellent l'art de la Renaissance. Les sujets des camaïeux et des médaillons se rapportent soit, comme les grandes compositions, aux guerres extérieures, soit à l'administration intérieure du royaume (*Répression des duels ; Réforme de la Police de Paris ; Réformation de la Justice ; Protection des Beaux-Arts ; Fondation de l'Hôtel royal des Invalides; L'ordre rétabli dans les Finances*).

Grands tableaux, camaïeux et médaillons sont reliés par des peintures décoratives couvrant les intervalles qu'ils laissent entre eux sur la voûte. Cette partie ornementale, dans laquelle Le Brun et ses élèves excellaient, est des plus remarquables. L'ordonnance est merveilleuse de tous ces paniers, de toutes ces guirlandes de fleurs, où s'entremêlent de grosses têtes joyeuses de nymphes et de faunes, qui semblent regarder dans la galerie, de tous ces jeunes et gracieux corps de femmes, demi-nues, légèrement posées çà et là, à la base et sur les versants du plafond ; les unes soulèvent, en riant, de lourdes et somptueuses draperies, les autres font claquer gaîment des étendards, où s'inscrivent les noms de nos victoires.

De faciles déclamations ont été écrites sur le plafond de la Grande Galerie, au sujet de cet hymne colossal, peint en l'honneur d'un homme dont Bossuet n'a pas craint de déclarer que son trône était le trône de Dieu même, et Saint-Simon affirme que cette apothéose ne contribua pas peu à soulever à nouveau l'Europe contre Louis XIV et la France. Il est évident que les nations vaincues étaient là cruellement humiliées. Il ne faut pas oublier cependant que, à côté de vaines et éphémères conquêtes, Louis XIV fut le dernier artisan de l'unité de la France et que, brisant après François Ier l'étreinte du vieil empire teutonique de Charles-Quint, il achevait de nous tracer nos frontières. Le sentiment national était avec lui et il symbolisait pour tous ce qu'on commençait à appeler déjà la Patrie. Corneille, qui avait ses deux fils à l'armée et s'en faisait gloire, écrivait en 1667, après la campagne de Flandre, qui nous donnait Lille :

" Tu reviens, ô mon Roi, tout couvert de lauriers ;
Les palmes à la main, tu nous rends nos guerriers.

. . . .

Le Français court et vole, une mâle assurance
Le fait, à chaque pas, triompher par avance.
Le désordre est partout et l'approche du Roi
Remplit l'air de clameurs et la terre d'effroi.

Ainsi, quand le courroux du maître de la terre,
Pour en punir l'orgueil prépare son tonnerre,
Qu'un orage imprévu, qui roule dans les airs,
Se fait connaître au bruit et voir par les éclairs,

Ces foudres, dont la route est pour nous inconnue,
Paraissent quelque temps se jouer dans la nue,
Et ce feu qui s'échappe et brille à tous moments
Semble prêter au ciel de nouveaux ornements.
Mais enfin le coup tombe, et ce moment horrible,
A force de tarder devenu plus terrible,
Étale aux yeux surpris des hommes écrasés
Une plaine fumante et des rochers brisés.
Tel on voit le Flamand présumer ta venue;
Grand Roi, pour fuir ta foudre il cherche à fuir ta vue
Et, de tes justes lois ignorant la douceur,
Il abandonne aux tiens des murs sans défenseur. "

L'identité de sentiment n'est-elle pas complète entre les vers de Corneille et la peinture de Le Brun?

La Grande Galerie avait reçu, sous Louis XIV, deux mobiliers différents. Le premier et le plus magnifique avait été exécuté aux Gobelins, sous la direction de l'orfèvre Ballin. Comme celui des Grands Appartements, il était d'argent filigrané et ciselé, naturel ou doré: tables, guéridons, bahuts, fauteuils, bancs et tabourets; piédestaux de vases ou de bustes; buires à liqueurs et aiguières au gros ventre et au long col; corbeilles à fleurs et à gâteaux; cassolettes pour faire brûler des parfums, boîtes et coffrets; cache-pots ronds, qui étaient garnis d'orangers en fleurs, obtenus par forçage, en toute saison. Il y avait aussi des tables d'albâtre, venues d'Italie, et des vases décoratifs en porphyre rouge. Pour l'éclairage, de grands chandeliers, des torchères, des girandoles et de gros candélabres, décorés de Cupidons et de Satyres, le tout disposé devant les arcades de glaces, où se reflétaient les lumières; au plafond, douze lustres de cristal de roche et, aux extrémités de la galerie, deux d'argent; le total des bougies était 2 000 environ. Sur le parquet, deux vastes tapis de la Savonnerie, à rinceaux et à soleils d'or, sur fond blanc. Aux fenêtres, complétant un ensemble de claire harmonie, des rideaux de damas de soie blanc, marqués en or au chiffre du roi. Le chauffage laissait à désirer et se composait uniquement de braseros d'argent, où brûlait de la braise de bois, pour se dégourdir en hiver les mains ou les pieds; on en attisait la flamme à coups d'écran ou d'éventail, ou en soufflant dessus. Quelques tableaux et estampes, les vases de bronze de Ballin qui sont encore sur la Terrasse du château, une belle tapisserie accrochée dans l'Antichambre de la Reine et figurant les ateliers des Gobelins, peuvent nous donner une idée de l'aspect et du style de ce mobilier, qui fut mis en place dès que la galerie fut achevée.

Il n'y devait pas demeurer plus de cinq ans. En 1686, la Ligue d'Augsbourg avait une fois de plus allié contre nous Guillaume d'Orange, l'Empire et l'Espagne, auxquels était venue se joindre la Suède. En 1688, l'Angleterre, chassant Jacques II, s'était réunie à nos ennemis, et les hostilités commençaient. Il fallait à la France 450000 hommes sous les armes, pour résister sur terre aux armées de la coalition ; il lui fallait des navires, pour lutter sur mer contre les flottes anglaises et hollandaises ; la guerre s'étendait jusqu'en Amérique. Cette lutte, mêlée de succès et de revers, allait durer neuf ans, pour ne se terminer qu'en 1697, à la paix de Ryswick. Dès 1689, le trésor en était réduit aux expédients et Louis XIV décidait d'envoyer à la Monnaie, pour le fondre, le mobilier d'argent qui garnissait et la Grande Galerie, et, depuis un peu plus longtemps, les Grands Appartements. Tout y passa, du 12 décembre 1689 au 19 mai 1690 ; depuis les menus objets et les plus minces filigranes jusqu'aux gros meubles ; depuis les chenets des cheminées, les cages à oiseaux, les boîtes à gants, les encriers et les crachoirs, jusqu'à la balustrade du lit royal et jusqu'au trône. La vaisselle d'or et d'argent suivit le même chemin, ainsi que les bijoux, breloques et boutons des dames de la cour, sans en excepter ceux des princesses du sang et ceux de la Dauphine.

Ce geste symbolique, qui avait sa grandeur, se ternissait, malheureusement, d'un acte effroyable de vandalisme. Le travail de tous ces objets était bien plus précieux que la matière, tant au point de vue de l'art que des sommes payées et de celles qui en pouvaient revenir. Les quelques millions qui en sortirent étaient en complète disproportion avec la valeur réelle des choses détruites. Quel dut être aussi le chagrin de tant de bons artistes, dont les chefs-d'œuvre se trouvaient ainsi anéantis ! Peut-être leur révolte fut-elle moindre que la nôtre. L'art, qu'il fût représenté par Molière et ses comédiens qui logeaient au château côte à côte avec les cuisiniers, ou par les nobles ouvriers des Gobelins, n'était alors que l'humble serviteur du roi, auquel il devait tout son zèle et qui ne lui redevait aucun compte. Son but unique était d'avoir pu contribuer, ne fût-ce qu'une heure, au plaisir de Sa Majesté. Les contemporains ne laissèrent pas pourtant d'être choqués de cette destruction. Lors du grand hiver de 1709, au milieu des désastres de la fin du règne, lorsque

Louis XIV voulut recommencer à faire fondre les pièces d'orfèvrerie de sa vaisselle, renouvelée durant la paix, chacun lui représenta combien cette opération avait été, une première fois, déplorable; mais il n'en persista pas moins dans son idée. Il est pénible de songer que pas une des pierreries de la Couronne, dont la valeur absolue était bien autre, ne fut par contre sacrifiée, pas un des diamants incrustés dans les souliers et dans les jarretières royales.

La partie du mobilier disparue avait été aussitôt remplacée, dans la galerie et dans les Grands Appartements, par d'autres meubles de bois sculpté et doré, par des vases et objets ornementaux en marbre, jaspe et porphyre, pris dans les réserves du Garde-Meuble ou exécutés exprès. Ainsi furent refaits, en bois doré, la balustrade du lit de parade et le trône. Sous Louis XV, en 1770, les meubles de la Grande Galerie étant fatigués, ou paraissant démodés, furent tous enlevés à l'occasion du mariage du Dauphin avec Marie-Antoinette ; on se contenta d'installer à leur place de riches candélabres en bois doré, qui demeurèrent jusqu'à la Révolution.

Dans la Grande Galerie avaient lieu les réceptions extraordinaires d'ambassadeurs étrangers ; le trône était alors disposé à l'extrémité de la galerie qui est du côté des Appartements de la Reine. Louis XIV revêtait un justaucorps noir et or, brodé de diamants, et se coiffait d'un chapeau paré de pareille façon, qui représentaient, avec les diverses garnitures de l'habillement, une valeur de plus de 16 millions de livres (64 millions de francs). Lorsque la lumière des bougies se réfléchissait sur ces innombrables facettes ou lorsqu'un rayon de l'astre du jour venait à s'y jouer, à travers les fenêtres, le Grand Roi semblait flamboyer et, au moindre de ses mouvements, il apparaissait réellement comme le soleil en marche.

Ainsi fut reçu, le 15 mai 1685, le doge de Gênes, qui venait apporter à Louis XIV les excuses de sa République, coupable d'avoir vendu des munitions aux corsaires algériens et construit des galères pour l'Espagne. Du 10 au 15 mai de l'année précédente, Duquesne avait bombardé et à demi détruit Gênes ; la paix ayant été signée, Louis XIV avait voulu, pour plus d'humiliation, que la date de l'ambassade coïncidât avec celle de ce néfaste anniversaire. Le doge Lascaro, accompagné de quatre sénateurs, arriva par l'Escalier des Ambassadeurs et les Grands Appartements. Il retira son bonnet de velours rouge et fit deux profondes révérences, dès qu'il fut en vue du roi, qui se leva alors et répondit en soulevant légèrement son chapeau. S'étant ensuite avancé près du trône, il discourut longuement, exprimant " la douleur de la République d'avoir pu déplaire en quoi que ce soit à Sa Majesté ". Toutes les fois que le nom du roi était prononcé, le doge se découvrait, puis le roi lui-même, puis tous les princes du sang qui étaient présents. On sait que, la réception terminée, comme le marquis de Seignelay demandait à Lascaro ce qu'il trouvait de plus étonnant à Versailles, celui-ci lui répondit : " C'est de m'y voir ". Louis XIV avait su cependant séduire son hôte par sa civilité et sa bonne grâce ; mais Louvois et d'autres moindres personnages étaient demeurés rogues et insolents. Aussi le doge, qui était homme d'esprit en même temps que fervent patriote, concluait-il, en se retirant : " Le roi ôte à nos cœurs la liberté, mais ses ministres nous la rendent. " La galerie, qui venait d'être inaugurée, avait alors son splendide mobilier d'argent. Elle le possédait encore, l'année suivante, lorsque furent reçus, le 1er septembre 1686, les ambassadeurs de Siam. Ceux-ci, au nombre de trois, étaient escortés de " quatre gentilshommes ", de deux sécrétaires, d'une suite nombreuse et de deux missionnaires jésuites, qui leur servaient d'interprètes. Ils venaient spontanément, de la part de leur " Grand Vizir ", qui était un Grec d'origine, apporter des présents à Louis XIV, lui offrir un traité de commerce exclusif et lui assurer que leur maître n'était pas loin de vouloir, pour l'amour de lui, se faire chrétien. Peu de résultats pratiques devaient résulter de ces belles paroles, mais le succès de curiosité de ces Extrême-Orientaux, au teint jaune et aux yeux bridés, aux costumes bizarres, fut vif à Versailles. Ils montèrent jusqu'à la dernière marche du trône, pour remettre à Louis XIV, avec un profond respect, la lettre dont ils étaient porteurs : un des deux missionnaires traduisit ensuite leurs discours. Après quoi ils s'en retournèrent, toujours à reculons, jusqu'à l'extrémité opposée de la galerie, afin de ne point tourner le dos au roi.

La même cérémonie se déroula une dernière fois, le 19 février 1715, l'année de la mort de Louis XIV, en l'honneur des ambassadeurs persans. Le vieux roi, dont la santé commençait à baisser, avait voulu revêtir encore son habit de parade ; mais, écrasé sous son poids, il dut en changer avant la fin de la journée. Autour de lui étaient rangés son neveu, Philippe d'Orléans, le futur Régent, en habit de velours bleu, brodé de perles et de diamants, et ses deux bâtards, le duc du Maine et le comte de Toulouse, portant l'un une garniture de perles, l'autre une parure de pierreries de couleur, qu'il leur avait prêtées. Sur l'estrade du trône, à sa droite, la duchesse de

Ventadour tenait en lisière monseigneur le Dauphin, le petit Louis XV, âgé de cinq ans, dont les vêtements et le bonnet étaient non moins chamarrés de pierres précieuses. Les Persans étaient en turban et en robe, le yatagan à la ceinture ; Saint-Simon assure méchamment que c'étaient de piètres personnages et que les familiers du roi avaient organisé entre eux cette ambassade, afin qu'il crût que sa gloire occupait toujours l'univers. Le peintre Antoine Coypel avait été placé au pied du trône, pour prendre des croquis de la cérémonie et en faire un tableau, qui est revenu à Versailles, où on le voit dans l'appartement de Mme de Maintenon.

Outre ces réceptions diplomatiques, la Grande Galerie trouvait tout naturellement son emploi pour les bals et les fêtes de la cour. Des gradins, à l'usage des dames, y étaient alors dressés, dans le sens de la longueur, adossés aux fenêtres du parc. Parmi les plus belles de ces fêtes on peut citer, sous Louis XIV, celles qui se donnèrent les soirs du 11 et 14 décembre 1697, pour le mariage du Dauphin, petit-fils de Louis XIV, et de Marie-Adélaïde de Savoie, union où les deux époux avaient vingt-sept ans à eux deux.

Sous Louis XV (il s'était, quant à lui, marié à Fontainebleau), lors du premier mariage de son fils avec l'infante d'Espagne, Marie-Thérèse, en 1745, il y eut, le 25 février, bal masqué dans la Grande Galerie. La réception commença à six heures et il y eut jeu tout d'abord. Une musique assourdissante, trompettes, timbales et tambours, se faisait entendre. A neuf heures, on alla souper et les tables de jeu furent enlevées. Le bal de masques s'ouvrit à minuit. La chaleur des bougies et la cohue étaient effroyables ; les portes avaient été forcées par les masques qui se présentaient, et qui avait voulu était entré. Avec une familiarité qui était de règle absolue dans tous les bals masqués, officiels ou privés, avec un manque d'appréhension qui nous stupéfie, la majesté royale côtoyait ce flot d'inconnus. Les mariés étaient costumés en berger et en bergère, habit qui était celui de la majorité des masques. Louis XV, en compagnie de sept de ses familiers, était travesti en if, qui, taillé en éteignoir, se terminait, à hauteur de la tête, en forme de vase ; trois trous étaient ménagés dans le feuillage, pour les yeux et pour la bouche. Les huit arbres ambulants ne se démasquèrent point. Ces bizarres et encombrants déguisements étaient fort à la mode sous Louis XIV; on voyait paraître alors, dans les bals masqués, des garnitures de cheminée, simulant des pièces de porcelaine, des urnes, des potiches et des magots chinois. Le bal dura jusqu'à huit heures du matin.

Comme on était en carême, les buffets étaient servis en maigre. Poissons, vins, fruits, sorbets et gâteaux étaient à discrétion. Si la tenue des masques avait fait des progrès depuis le siècle précédent et si le temps n'était plus où Mlle de Montpensier, la propre cousine du Grand Roi, pouvait se permettre, à la faveur de son incognito, de faire danser en l'air, d'un élégant coup de pied, le plateau chargé de sirops, qu'un laquais lui présentait, le pillage de la collation était resté de règle. Ce qui ne pouvait se manger sur place s'emportait dans sa poche et, le lendemain, on vit revendre au marché de Versailles des oranges provenant des buffets du château.

Deux grands événements modernes, dont nous avons déjà parlé (p. 80-82), ont eu pour théâtre la Galerie des Glaces : la Proclamation de l'unité allemande, à la suite de nos défaites, le 18 janvier 1871 ; la Signature de la paix victorieuse qui, le 28 juillet 1919, agenouilla l'Allemagne devant nous et nos alliés. La table sur laquelle les délégués allemands apposèrent leur signature en bas du traité que nous leur présentions était placée au milieu de la galerie, du côté des fenêtres ; elle faisait face aux ministres des Puissances Alliées, dont les sièges étaient adossés aux arcades de glaces. Après deux siècles, dans l'impassible survivance des choses, l'Aigle germanique, qui avait à nouveau rêvé de couvrir le monde, se retrouvait devant le plafond de Le Brun, impuissant et battant des ailes, sur son arbre foudroyé.

Aux deux extrémités de la Grande Galerie et communiquant avec elle par une haute arcade en plein cintre, sont les deux petits Salons de la Guerre et de la Paix.

Salons de la Guerre et de la Paix.

Le SALON DE LA GUERRE, qui sert de lien avec les Grands Appartements du Roi, fut, comme celui de la Paix, terminé en 1686, deux ans après la Grande Galerie, dans le même décor somptueux de marbres, de glaces et de bronzes ciselés et dorés. Sur la cheminée, qui est feinte, repose un vaste bas-relief ovale, en stuc, par Coysevox, que soutiennent deux captifs, liés par des festons fleuris, et que surmontent deux Renommées ailées. Il représente *Louis XIV à cheval*, foulant sous les pieds de sa monture ses ennemis vaincus. Nous avons conté qu'en 1793 cette image du Grand Roi fut dépouillée de sa perruque et qu'à la couronne tenue au-dessus de sa tête par la Victoire fut ironiquement attaché un bonnet rouge. Captifs et Renommées devaient être fondus en bronze, et le bas-relief exécuté en marbre. Le temps manqua et on laissa le tout en l'état. — Aux murs du salon sont adossés des socles portant six bustes d'*Empereurs romains*, de travail italien et à tête de porphyre rouge, qui avaient été légués à Louis XIV, par Mazarin ; le plafond, en coupole, peint par Le Brun et très repeint depuis, figure *la France victorieuse*, cuirassée et casquée, qui tient d'une main la foudre et de l'autre un portrait lauré de Louis XIV. On retrouve, aux voussures, l'Allemagne, la Hollande et l'Espagne, ainsi que *Bellone en fureur* (en face de la cheminée). La déesse farouche de la Guerre embrase temples et palais, tandis que Thémis est jetée à terre, avec la balance de la Justice, et que la Charité s'enfuit.

Le SALON DE LA PAIX est semblable dans son ordonnance au Salon de la Guerre ; les six bustes d'empereurs romains sont de même provenance. La cheminée est surmontée d'un *Louis XV donnant la Paix à l'Europe*, par François Le Moyne, fine et gracieuse peinture qui fut mise en place en 1729. Une paix générale avait été signée, deux ans avant, entre la France, l'Espagne, l'Angleterre, la Hollande, l'Empire Germanique, la Prusse et la Russie. Louis XV, qui a dix-sept ans, tend à l'Europe un rameau d'olivier ; la Piété présente à celle-ci deux enfants, que la *Fécondité* tient dans ses bras ; aux pieds du roi, se voit le Luxe terrassé, prédiction un peu hasardeuse et qui ne fut pas précisément la réalité. — Le plafond, de Le Brun, termine la décoration symbolique du Salon de la Guerre et de la Grande Galerie. Le motif central, *la France et la Paix*, représente la France sur un char tiré par quatre tourterelles. Aux voussures, *l'Espagne* (côté de la galerie) est à genoux, comme en extase ; son lion s'est calmé et ne rugit plus ; des villageois dansent au son de la musique, des enfants jouent avec des armes et des drapeaux. *L'Allemagne* (en face) est, elle aussi, comblée de joie ; la France, non seulement lui a accordé la paix, mais lui a prêté secours contre les Infidèles ; on voit en trophée les dépouilles des Turcs et l'étendard de Mahomet. *L'Europe chrétienne* (côté de la cheminée) est assise sur un monceau d'armes turques ; elle tient d'une main la tiare pontificale, de l'autre une corne d'abondance ; des enfants lisent ou prient au pied d'un autel. *La Hollande* (en face), heureuse et tranquille, est à genoux sur son bouclier ; les flèches qu'un génie lui rapporte, mêlées à des branches d'olivier, signifient ses provinces perdues que la paix vient de lui rendre ; des enfants jouent avec son lion, devenu aussi calme que celui de l'Espagne. Aux quatre angles de la corniche sont des lyres couronnées.

Grands Appartements de la Reine.

Le Salon de la Paix, qui marque le tournant du Château vers l'Aile du Midi, l'Orangerie et la Pièce d'eau des Suisses, donne accès aux Grands Appartements de la Reine. Il s'y rattachait lui-même en temps ordinaire et servait à la reine de salon de Jeu ou de Concert. La grande arcade qui le relie à la Galerie des Glaces était alors fermée par un châssis de toile peinte, percé d'une simple porte et qui se démontait facilement.

Ces pièces, qui font pendant aux Grands Appartements du Roi, étaient, à leur différence, réellement habitées par la reine, qui ne possédait en dehors d'elles que quelques petits cabinets, incommodes et resserrés.

La CHAMBRE DE LA REINE (Salle 115) date de Louis XIV, mais a été remaniée sous Louis XV et sous Louis XVI. Comme dans la Chambre du Roi, une balustrade d'argent, fondue à la Monnaie en 1689 et remplacée alors par une autre en bois doré, séparait le lit du reste de la pièce; les pitons du dais existent encore. Les anciens lambris de marbre furent enlevés, pour Marie-Leczinska, en 1734; on y substitua des tentures et trois Glaces, dont les superbes cadres de bois sculpté et doré furent, semble-t-il, l'œuvre de Verberckt. L'une de ces glaces existe encore, entre les fenêtres, avec son encadrement de tiges de palmiers, où s'enroulent des festons de fleurs. Les portes ont des boiseries de 1748. Les dessus de portes sont de 1734 et offrent deux peintures d'un charmant sentiment, d'un coloris à la fois chaud et délicat. Ce sont, du côté du Salon de la Paix : *la Jeunesse et la Vertu présentent deux princesses à la France*, par Natoire ; les deux princesses sont Mesdames Élisabeth et Henriette, filles de Louis XV, nées jumelles et âgées de sept ans. Du côté opposé : *la Gloire s'empare des Enfants de France*, par de Troy ; les trois enfants sont les deux mêmes petites princesses, qui ont auprès d'elles la France assise et leur frère, le Dauphin, plus jeune de deux ans, que la Gloire tient par la main. Les deux tableaux furent payés chacun 1 800 livres (5 400 francs, au rapport d'un à trois).

Le plafond, peint sous Louis XIV par Gilbert de Sève, disparut sous Louis XV, lors du remaniement de la chambre. Il fit place à une simple décoration ornementale et Boucher peignit aux voussures quatre délicieux camaïeux, de couleur gris-perle : *la Charité* (côté du Salon de la Paix), entourée d'enfants; *la Fidélité* (côté opposé), assise près d'un autel et tenant un cœur enflammé ; *la Prudence* (du côté des fenêtres), tenant un miroir entouré d'un serpent ; l'*Abondance* (côté opposé), répandant à ses pieds des fleurs, des fruits et des bijoux. Le peintre toucha pour les quatre, en bloc, la modeste somme de 1 000 livres (3 000 francs). Presque toute la sculpture décorative date de 1770, époque à laquelle Marie-Antoinette Dauphine prit possession de la chambre, deux ans après la mort de Marie Leczinska. Couronnes, trépieds, sphinx ailés, lions, aigles de la maison d'Autriche, sont l'œuvre d'Antoine Rousseau et exécutés en carton-pâte doré ; leur large facture rappelle celle des ouvrages de l'époque de Louis XIV. On voit aujourd'hui, sur les murs de la pièce, de belles tapisseries de 1745, exécutées d'après de Troy et se rapportant à l'*Histoire d'Esther* (Évanouissement, Repas, Couronnement d'Esther).

La chambre, où mourut Marie-Thérèse, le 30 juillet 1683, à l'âge de quarante-cinq ans, fut alors donnée à Marie-Christine de Bavière, femme du Grand Dauphin. Celle-ci y mit au monde deux fils, dont Philippe d'Anjou, qui devint roi d'Espagne ; elle y mourut le 20 avril 1690. La chambre passa ensuite, le 7 décembre 1697, à Marie-Adélaïde de Savoie, qui épousait le Dauphin, petit-fils de Louis XIV. La jeune duchesse comptait douze ans, l'élève de Fénelon en comptait quinze. Le marié reçut sa chemise du roi détrôné d'Angleterre, Jacques II ; la mariée reçut la sienne de la reine d'Angleterre. Quand ils furent au lit, Louis XIV, étant entré avec l'ambassadeur de Savoie, montra le couple à celui-ci par les rideaux entr'ouverts. Ce cérémonial était de rigueur pour tous les mariages royaux ; pas une reine ou princesse n'en fut dispensée jusqu'à la Révolution ; il fallait que l'union fût en quelque sorte publique et que des témoins qualifiés, des deux sexes, pussent en faire foi. Dans le cas présent, l'époux fut prié ensuite de se relever et de s'en aller dormir seul. Le mariage ne devint effectif que deux ans après, le 22 octobre 1699. De cette union précoce devaient naître, le 25 juin 1704, un premier fils, qui mourut l'année suivante, puis un second, le 8 janvier 1707, qui vécut cinq ans et mourut en 1712, la même année que son père ; un troisième, né le 15 février 1710, fut Louis XV.

Puis ce fut au tour de Marie Leczinska de mettre au jour, dans la chambre, de 1727 à 1737, ses dix enfants, dont huit filles. Après la dernière, elle fut délaissée par Louis XV, qui n'eut plus avec elle aucun rapport marital. Elle mourut, le 27 juin 1768, dans cette même chambre, qui passa, une dernière fois, à Marie-Antoinette. Les quatre enfants de celle-ci y naquirent : le 19 décembre 1778, Marie-Thérèse-Charlotte, dite Madame Royale, qui devint duchesse d'Angoulême et, passant à travers la Révolution, vécut jusqu'en 1851, assez pour voir Napoléon Iᵉʳ, la Restauration, Louis-Philippe et le Second Empire ; le 22 octobre 1781, un premier Dauphin, mort en 1783 ; le 27 mars 1785, le second Dauphin, mort au Temple ; le 9 juillet 1786, une fille, Madame Sophie, morte l'année suivante.

Plus encore que les mariages, les accouchements royaux devaient être publics, afin que nulle supercherie ne pût être imputée à la mise au monde des héritiers du trône. Quiconque des gens du château pouvait entrer : Gardes du Corps, Gardes Suisses, valets, cuisiniers, porteurs de chaises et porteurs d'eau. Ces témoins consciencieux grimpaient sur les meubles, afin de mieux suivre les détails de l'opération, par-dessus la tête des femmes et du chirurgien qui entouraient l'accouchée. Admirons la patience et l'abnégation de ces malheureuses reines, à qui leur grandeur même faisait un devoir de sacrifier, en de tels moments, et leur dignité sociale et leur pudeur de femme.

Deux petites portes s'ouvrent dans la boiserie, au fond de la pièce. Celle de droite donne accès aux Cabinets de la Reine (p. 144). Celle de gauche servait d'entrée, sous Marie-Antoinette, au Passage du roi (p. 146) ; c'est par elle que la femme de Louis XVI se sauva, durant la nuit tragique du 6-7 octobre 1789, quand les émeutiers envahirent le château.

Le SALON DE LA REINE (Salle 116), où l'on passe, était dit aussi SALON DES NOBLES. Il servait aux réceptions et présentations : le siège de la reine était adossé au mur du fond, sur une estrade couverte d'un dais, dont on voit les pitons dorés. Ici, également, les reines étaient exposées après leur mort. La décoration générale, portes, corniches, boiseries, sculptures du plafond, qui datait de Louis XIV, a été remaniée ou renouvelée sous Louis XVI, en 1785. La glace conservée, est aussi de cette époque.

Le plafond, de Michel Corneille, date de Louis XIV ; il a été, au début du XIXᵉ siècle, repeint et massacré par un barbouilleur de l'école de David, qui a donné le type néo-grec à un certain nombre de personnages et transposé le ton des couleurs. Il a pour sujet *Mercure protégeant les Arts et les Sciences*, qu'expriment diverses figures de femmes. Les motifs des voussures sont mieux conservés. Ils représentent : en face des fenêtres, *Pénélope à sa tapisserie* ; à gauche, *Sapho chantant et jouant de la lyre* ; à droite, *Aspasie parmi*

ESCALIER DE MARBRE OU ESCALIER DE LA REINE.

LA LOGGIA DU 1er ÉTAGE DE L'ESCALIER DE MARBRE.

Le Roi institue l'ordre dé Saint-Louis (état ancien de la Chambre de Louis XIV). *Tableau de Nocret.*

Chambre et lit de Louis XIV (état actuel).

les philosophes de la Grèce ; du côté des fenêtres, *Césicène cultivant la Peinture*. Quatre figures allégoriques occupent les angles du plafond : *la Vigilance* (Mercure, ayant près de lui un coq) ; *l'Académie* (un homme assis tient une mince bandelette où on lit : A l'Immortalité) ; *le Commerce* (un homme assis près d'un ballot) ; *la Diligence* (un jeune homme tenant une flèche et un éperon). — Les deux dessus de portes, où sont figurés des *Armures et instruments de musique militaire*, d'une chaude coloration, sont de Madeleine de Boulogne, 1673 ; ce sont, avec deux autres panneaux dans la pièce suivante, les seuls ouvrages décoratifs de Versailles exécutés par une femme.

Les murs sont tendus de tapisseries du XVIIe siècle : à gauche, *Traité d'alliance de Louis XIV avec les Suisses* ; à droite, *Sacre de Louis XIV à Reims* ; au centre, *Audience de l'ambassadeur d'Espagne*. Sur cette tapisserie, on voit figurée à droite une de ces caisses à orangers, en argent ciselé, qui ornaient primitivement la Galerie des Glaces et les Grands Appartements.

Une admirable Armoire à bijoux, en acajou rouge, avec applications ciselées et dorées, incrustations de nacre et d'ivoire, et médaillons en porcelaine tendre, blanche et bleue, a appartenu à Marie-Antoinette. Elle provient du château de Saint-Cloud et a été exécutée en 1787, sous la direction de Bonnefoy du Plan. C'est un des plus purs chefs-d'œuvre de l'art du meuble.

L'Antichambre (Salle 118), ou Salle du Grand Couvert de la Reine, est la plus grande des pièces de l'appartement. Le plafond, de forme ovale, avait été peint par Vignon le fils. Il a disparu et l'on voit à sa place une copie ancienne de la *Famille de Darius aux pieds d'Alexandre*, de Le Brun, dont l'original est au Louvre. Aux deux extrémités de l'ovale, des camaïeux dorés montrent des *Captifs enchaînés* au pied de trophées d'armes et de globes fleurdelysés. Dans la voussure, six autres camaïeux, de Vignon et Paillet, figurent une fois de plus des reines illustres, prenant part aux travaux de Mars : Rodogune, Artémise, Zénobie, Ipsicrate (femme de Mithridate), Clélie, Arpélie ; deux autres tableaux ronds (*la Fureur et la Guerre ; Bellone brûlant avec un flambeau le visage de Cybèle et faisant fuir l'Amour dans les cieux*) sont pareillement l'un de Paillet, le second de Vignon. Les dessus de portes, *Armures et instruments de musique militaire*, sont, comme ceux du salon précédent, de Madeleine de Boulogne. La pièce avait d'abord servi, sous Marie-Thérèse, de Salle des Gardes ; ce qui explique toute cette décoration guerrière.

Sur les murs, cinq tapisseries, dont l'une, *Louis XIV visitant les Gobelins*, nous montre ces meubles et ces vases d'argent qui furent fabriqués pour Versailles et fondus ensuite à la Monnaie ; le carton est de Le Brun. Louis XIV, qui a une plume rouge à son chapeau, est accompagné de son frère, le duc d'Orléans, et de Condé ; Colbert les conduit. — Une *table* élégante, de style Louis XV, aux pieds cintrés, ornés à leur faîte de têtes de femmes, est la table historique où fut signée en 1919, dans la Galerie des Glaces, la paix de Versailles.

Dans cette pièce, les reines mangeaient au " Grand Couvert ", qui était encore un des cas d'admission du public dans le château. Le roi, la reine, tous les princes et toutes les princesses du sang étaient astreints à cet usage. La reine l'observait, chaque jour, pour son dîner (c'est-à-dire son déjeuner), et ce spectacle faisait le bonheur des provinciaux qui visitaient Versailles. Quand le roi se réunissait au Grand Couvert de la reine, avec ses enfants, on disait que " Sa Majesté mangeait en famille ". Louis XV était fort habile à faire sauter le haut de la coque d'un œuf, d'un seul coup du revers de sa fourchette. Aussi en mangeait-il toujours, quand il dînait en public, pour le grand ébahissement des badauds.

La SALLE DES GARDES DE LA REINE (Salle 118), qui servait d'entrée à l'appartement, a conservé sa précieuse décoration de l'époque de Louis XIV, ses murs lambrissés de marbres de couleur, les boiseries et les dessus de ses portes, ses cadres sculptés, d'un style large et magnifique, et sa corniche où des coquilles alternent avec des LL enlacés. Seul le sol a perdu son ancien dallage de marbre.

Le plafond est de Noël Coypel. Le motif central, vilainement repeint, représente *Jupiter accompagné de la Justice et de la Piété*. Au-dessous du char d'argent qui porte le dieu, une femme vêtue d'une draperie jaune (elle est la mieux conservée) et encore fort belle symbolise la planète Jupiter ; vers la droite, est le Sagittaire. A droite et à gauche du char, quatre femmes représentent en double la Piété et la Justice. Aux voussures, quatre autres compositions, moins retouchées, nous montrent : du côté des fenêtres, *Solon expliquant ses lois* à des vieillards assemblés ; en face, *Alexandre Sévère fait distribuer du blé au peuple*, pendant une disette ; du côté de la cheminée, *Ptolémée Philadelphe rend la liberté aux Juifs* (la scène est en Égypte, à Alexandrie) ; en face, *Trajan rend la justice*. Debout au seuil de son palais, Trajan, en tunique d'or et manteau d'écarlate, reçoit les placets que lui apportent ses sujets ; une dame romaine, gracieuse et aristocratique, lui en remet un, en s'inclinant légèrement ;

le personnage de Trajan est fin et élégant, et son allure rappelle visiblement celle de Louis XIV. C'est le plus charmant des quatre motifs.

Les angles de la voussure sont en outre occupés par d'intéressantes peintures du même artiste, figurant une Balustrade d'or, qui repose sur la corniche et où s'appuient des personnages en costume de l'époque de Louis XIV ; vus à mi-corps, ils semblent regarder dans la salle. Ces peintures, pleines de vie et de charme, évoquent devant nous la société même qui défilait dans cette salle, nobles seigneurs emperruqués, tenant gravement leur canne à la main, grandes dames rieuses, aux cheveux frisés, décolletées et fardées, et jouant de l'éventail. Et l'on ne songe pas sans regret à l'abus des allégories mythologiques, des personnages à l'italienne, qui couvrent les plafonds et les murs des Grands Appartements. Combien une décoration générale, conçue dans cet esprit, nous apparaîtrait plus précieuse et plus pittoresque !

Des vases de porphyre rouge, une belle table du XVIIᵉ siècle, en bois sculpté et doré, exécutée sans doute aux Gobelins, des tableaux et des bustes, figurant divers personnages royaux, ornent aujourd'hui la pièce. Parmi ces bustes, *Marie Leczinska*, par Guillaume Coustou, est d'un cruel réalisme. En face d'autres flatteurs portraits qui nous sont restés d'elle, la femme de Louis XV nous apparaît ici avec un nez en piton, de grosses joues rondes et une absence de menton, qui fait peine à voir. Seuls, les yeux, chastes et doux, éclairent le visage. Quelle est la bourgeoise moderne qui permettrait à un sculpteur d'exécuter d'elle une pareille image ? Mais le droit à la ressemblance laissé à l'artiste était autrefois complet, quel que fût le rang de la personne représentée. Force est bien d'avouer que la bonne épouse qu'était Marie Leczinska devait singulièrement pâlir en face de la resplendissante beauté d'une Pompadour ou d'une du Barry.

Un peloton de Gardes du Corps, appelés aussi les "Bleus", de la couleur de leur habit, assurait, sous Marie-Antoinette, la garde personnelle de la reine, et ce furent trois d'entre eux qui tombèrent dans cette salle, pendant la nuit du 6-7 octobre 1789.

L'Escalier de Marbre ou Escalier de la Reine, qui est voisin, monte de la Cour de Marbre. C'était le plus fréquenté du château, l'entrée habituelle du roi et de la reine. Commencé par Le Vau, achevé par Mansart, en 1681, il est demeuré intact. Ses murs sont revêtus de marbres blancs, rouges et verts ; la rampe est de marbre noir, veiné de blanc. Au palier, une niche abrite un *Groupe d'Amours* soutenant le chiffre de Louis XIV, en alliage doré de plomb et d'étain, par Massou. Les dessus de portes (enfants tenant des guirlandes et sphinx ailés, aux seins durs), par Massou et Le Gros, en même métal, sont d'une large et puissante facture. Encadrée dans une arcade, une peinture en trompe-l'œil, à la mode italienne, représente une *Galerie de palais* en perspective; elle est de Meusnier pour l'architecture, de Poerson pour les personnages, de Blain de Fontenay pour les fleurs. Cette peinture date de 1701, ainsi que la LOGGIA de marbre à laquelle elle fait face et qui termine l'escalier, en bordure de la Cour de Marbre.

A droite de cette loggia, s'ouvre l'ancien APPARTEMENT DE MME DE MAINTENON (Salles 141, 142, 143), qui fut donné à Mme de Maintenon par Louis XIV, en 1682, un an avant la mort de Marie-Thérèse. La veuve Scarron et le Grand Roi s'étaient "acoquinés" l'un à l'autre, tandis qu'elle était gouvernante des enfants naturels issus de Sa Majesté et de Mme de Montespan. Quoique épousée en 1684, Mme de Maintenon n'occupa jamais la Chambre de la Reine, le mariage, officiellement, ayant toujours été tenu secret. Ces pièces, où elle vécut jusqu'à la mort de Louis XIV et dont les murs enclosent tant de souvenirs, ont été totalement défigurées par Louis-Philippe. Elles renferment aujourd'hui une intéressante collection de tableaux et portraits du XVIIᵉ siècle, dont Fouquet, Colbert, Mme de Sévigné, Turenne, Mlle de La Vallière, Mme de Montespan, Mme de Maintenon, Dangeau, le comte de Toulouse et la duchesse du Maine enfants, le Grand Dauphin. Les peintres principaux sont Sébastien Bourdon, Claude Lefebvre, Le Brun, Mignard, Nocret, H. Rigaud, Antoine Coypel et Ferdinand Elle. — La *Salle 144*, qui fait suite et qui ramène sur le parc, est consacrée à d'autres portraits, devant lesquels il sied de nous découvrir. Ce sont ceux d'une partie des excellents artistes qui travaillèrent à Versailles : Coysevox, les fondeurs J.-Jacques Keller et J.-Balthasar Keller, Mignard, Mansart, le sculpteur Martin Desjardins, l'orfèvre Claude Ballin, Girardon, Le Nôtre, peints par Carlo Maratta, Ant. Coypel, H. Rigaud, F. de Troy et Gilles Allou.

De cette salle, on laisse à gauche l'ancien SALON DES MARCHANDS (Salle 145), où des petits marchands, qui en avaient le privilège, venaient du dehors vendre aux habitants du château des livres, du papier, de l'encre, des articles de toilette et de parfumerie, de l'horlogerie. — On tourne à droite, par la GRANDE SALLE DES GARDES (Salle 140), qui marquait, de ce côté, l'entrée des Grands Appartements, comme à leur autre extrémité le Salon d'Hercule. Les rois y lavaient les pieds, le Jeudi Saint, à treize enfants pauvres. La pièce, qui est une des plus vastes du château, a été défigurée sous Louis-Philippe. Elle ramène à la Salle des Gardes de la Reine, à l'Escalier de Marbre et à la Loggia, d'où l'on gagne, vers la gauche, l'Appartement du Roi.

Appartement particulier du Roi.

La première pièce de l'appartement était la SALLE DES GARDES DU ROI (Salle 122), qui n'a conservé que les sculptures dorées de sa corniche et sa grande cheminée.

La PREMIÈRE ANTICHAMBRE (Salle 121), qui fait suite, n'a gardé, elle aussi, que sa cheminée et la corniche de son plafond. C'est dans cette pièce que, tous les lundis, assis devant une table couverte d'un tapis de velours vert, Louis XIV recevait les placets que lui présentaient ses sujets. Les placets, déposés sur la table, étaient recueillis par un commis du secrétaire d'État, et un résumé de leur teneur était remis ensuite au Grand Roi, qui l'annotait de sa main. Tout placet recevait une réponse.

Dans cette pièce encore, le roi mangeait au " Grand Couvert ". Louis XIV, qui prenait presque tous les jours dans sa chambre, seul, le repas du matin, soupait tous les soirs, à dix heures, au Grand Couvert, avec les fils, filles, petits-fils et petites-filles de France. Quatorze gardes du corps, la carabine sur l'épaule, encadraient la table. Les plats étaient apportés du *Grand Commun*, qui avoisinait le château (p. 152). Les " officiers de la Bouche ", avec force révérences, " essayaient ", en présence du roi, le pain, le vin et tous les mets. Les menus, qui nous ont été en partie conservés, étaient formidables. Le moindre hors-d'œuvre était de cent écrevisses et de cent huîtres ; une petite entrée se composait hardiment de trois perdrix, de deux dindons, de trois poulets gras aux truffes et de six tourtes. Les jours maigres, outre une quarantaine de poissons d'eau douce et d'eau de mer, dont un grand brochet et un demi-grand saumon, on servait au Grand Roi un bouillon fait d'un vieux chapon, de quatre livres de bœuf, quatre livres de veau et quatre livres de mouton. Quelle que fût la puissance d'absorption de Louis XIV, les reliefs de sa table nourrissaient une partie du personnel de la Bouche et alimentaient une sorte de marché, où les bourgeois de Versailles venaient s'approvisionner. Le Grand Couvert du roi était public, comme celui de la reine ; mais, sous Louis XIV, l'entrée était restreinte aux personnes de la cour et aux familiers du château.

Le SALON DE L'ŒIL-DE-BŒUF (Salle 123), où l'on arrive, s'appelait, sous Louis XIV, la " Seconde Antichambre " ou " Antichambre du Roi ". Il a pris son nom, sous Louis XV, de la petite fenêtre ovale, en œil-de-bœuf, pratiquée dans une des parois de la pièce. Un autre faux œil-de-bœuf se trouve au-dessus de la cheminée, en pendant avec le précédent. La pièce, qui donne accès à la Chambre du Roi et communique avec la Grande Galerie, par trois portes de glaces, date des derniers remaniements du château, exécutés par Mansart en 1701. L'ensemble de la décoration n'a pas été modifié. Les ciselures dorées sont de Julien Lochon ; les sculptures sur bois, de Taupin, Bellan, Le Goupil et du Goulon ; la corniche de stuc, de Lespingola. A la naissance du plafond court une superbe frise de stuc doré, due aux sculpteurs Van Clève, Hurtrelle, Flamen, Lespingola, Poultier, Poirier et Hardy. Elle représente, sur un réseau d'or, des *Jeux d'enfants*. Des enfants nus, de grandeur naturelle, courent après des oiseaux ; d'autres jouent avec des lions et divers animaux sauvages ; d'autres sautent, dansent, jouent avec des armes. La belle cheminée porte un buste de *Louis XIV*, ample et magnifique, par Coysevox, 1681. Un curieux tableau, provenant de Saint-Cloud et peint par Nocret, en 1670, nous montre *Louis XIV et sa Famille*, sous la figure de dieux et de déesses mythologiques.

A l'Œil-de-Bœuf aboutissait et palpitait toute la vie intérieure du château. Ici se pressait, chaque jour, la foule inquiète et bourdonnante des courtisans. Ils attendaient, le matin, le réveil du roi, et chacun escomptait la faveur insigne d'être admis à son lever. L'après-midi, lorsqu'il sortait, il fallait se trouver sur sa route et attirer ses regards. Le soir, la cérémonie du coucher renouvelait celle du lever, de l'autre côté de cette porte fatidique, qu'il était nécessaire de franchir à tout prix. La pittoresque physionomie de l'Œil-de-Bœuf n'avait point changé à la veille de la Révolution. "Ici, nous conte Sébastien Mercier, vit un Suisse carré et colossal. Il boit, il mange, il dort dans cette antichambre, et n'en sort point. Un simple paravent sépare son lit et sa table des puissances de ce monde. Douze mots sonores ornent sa mémoire et composent son service : *Passez, Messieurs, passez ! — Messieurs, le Roi ! — Retirez-vous ! — On n'entre pas, Monseigneur !* — Et Monseigneur file sans mot dire. Tout le monde le salue, personne ne le contredit : sa voix chasse dans la Galerie une nuée de comtes, de marquis et de ducs, qui fuient devant sa parole ; il renvoie les princes et les princesses et ne leur parle que par monosyllabes. Aucune dignité ne lui en impose. Il ouvre pour le maître, le reste de la terre est égal à ses yeux... Quand on a vu les courtisans si petits devant le Soleil, il n'est plus possible de les voir grands ailleurs. Que de bouches qui sucent et rongent le corps politique ! C'est le catalogue des vampires. " Et l'on songe à ce que Bussy-Rabutin écrivait à Mme de Sévigné, en parlant du roi : " Je lui embrasserai encore les genoux, et si souvent, que j'irai peut-être enfin jusqu'à sa bourse. " Les vampires qui " sucent le corps politique de l'État " ont depuis, changé de plumage. Il serait peut-être téméraire d'affirmer qu'ils ont tous disparu.

La CHAMBRE DU ROI, ou CHAMBRE DE LOUIS XIV, ouvre ses trois fenêtres cintrées sur un petit balcon, au fond de la Cour de Marbre, dans l'axe de la grille d'entrée du château et de l'avenue de Paris. Outre une première chambre, disparue, dans le premier château de Le Vau, Louis XIV habita d'abord, dans le château actuel, de 1673 à 1676, le Salon d'Apollon, qui fait partie des Grands Appartements. Puis Mansart transporta la chambre royale à la Cour de Marbre, sur une partie de l'emplacement occupé ensuite par l'Œil-de-Bœuf. En 1701, eut lieu un dernier transfert du roi dans la chambre actuelle, et Louis XIV se trouva occuper désormais le centre géométrique de ce palais, dont lui-même était le cœur et l'âme.

L'ancienne décoration de la chambre, en boiseries sculptées, blanc et or, d'une grande richesse, panneaux des portes, encadrements des glaces, corniches, pilastres cannelés à chapiteaux corinthiens, a été conservée. Au-dessus de la corniche, quatre tableaux rectangulaires, figurant les *Quatre Évangélistes* et peints par Valentin, furent posés sous Louis XIV. Le centre du plafond, où pendait un lustre de cristal de roche, est dans son état primitif, sans ornementation ni peinture. A sa base, au-dessus de l'alcôve royale, un groupe en stuc doré, de Nicolas Coustou, montre la *France veillant sur le Roi*, avec la couronne et le sceptre, parmi des trophées.

Une balustrade de bois sculpté et doré sépare le lit du reste de la chambre ; elle est authentique. Le lit, avec son dais, a été reconstitué par les soins de Louis-Philippe, d'après de prétendus souvenirs de jeunesse. Ces souvenirs ne valaient pas grand'chose. Un premier point est certain : le lit de Louis XIV différait complètement de celui que nous voyons. C'était, comme tous ceux de cette époque, un lit à baldaquin et à colonnes, enclos tout entier par des rideaux.

Les documents contemporains, descriptifs ou graphiques, en font foi. Le couvre-lit, les rideaux et la tenture du mur étaient, dit Félibien, " de velours cramoisi, couvert de broderie si tissue d'or qu'à peine en peut-on reconnaître le fond ". Pendant l'été, un brocart de soie de Lyon, fond violet et cramoisi, remplaçait le velours. Les angles du baldaquin portaient quatre panaches blancs, de plumes d'autruche, avec une aigrette à leur centre. Sous Louis XV, le lit avait conservé sa même disposition. Elle fut modifiée sous Louis XVI. L'*État du Mobilier* de 1787 nous parle d'un lit dont la corniche était ornementée de casques, de têtes et dépouilles de lion, et qui avait une voussure en dôme, terminée par une couronne royale. Rien de tout cela ne se retrouve dans le lit actuel, qui est inexact, à quelque époque que l'on se reporte. Il serait désirable, semble-t-il, de reconstituer, à l'aide des documents existants, dont quelques-uns fort précis, un autre meuble, approximatif sans doute, mais qui donnerait une idée plus vraisemblable de celui qui eut l'honneur d'abriter le sommeil du Grand Roi.

De ce lit il y a lieu de remarquer, toutefois, l'étoffe de tapisserie de la housse et du dais. Formée de morceaux assortis au mieux, elle passe pour provenir du lit de parade du Salon de Mercure, et ses compositions mythologiques à petits personnages, d'un curieux détail, seraient l'œuvre de Simon Delobel, premier tapissier de Louis XIV. La merveilleuse courte-pointe en dentelle, aux chiffres enlacés de Louis XIV et de Marie-Thérèse, fut exécutée vers 1682, pour le lit même de la reine.

Le reste de l'ameublement, mis en place sous Louis-Philippe, est intéressant : fauteuils anciens, en bois doré ; deux meubles de Boulle (une petite commode cintrée et un cabinet droit), avec incrustations de cuivre et d'écaille et applications d'acier. Sur le mur, tendu de brocart : deux tableaux de l'école de Carrache, figurant l'un et l'autre une *Sainte Famille*, un riche bénitier, sauvé à l'époque de la Révolution, et une " cire " de Louis XIV, par Antoine Benoist, une des survivances les plus impressionnantes qui nous soient restées du Grand Roi. L'art des ciriers, venu d'Italie, avait atteint, sous Louis XIV, une grande perfection. Dans les bals masqués, les danseurs se divertissaient à s'appliquer, sous leur masque de carton, une figure de cire, qui, lorsqu'ils se démasquaient, faisait apparaître un faux visage et dissimulait leur véritable identité. Antoine Benoist, qui fut nommé membre de l'Académie royale de peinture et de sculpture, en 1681, et mourut en 1717, avait

SALLE A MANGER DE L'APPARTEMENT DE LOUIS XV.

CABINET DU CONSEIL OU CABINET DU ROI.

Salon ou Grand Cabinet du Petit
appartement de Marie-Antoinette.

La Niche de Glaces du Salon
de Marie-Antoinette.

Armoire a Bijoux de Marie-Antoinette.

formé à Paris, rue des Saints-Pères, un cabinet de figures de cire, représentant le " Cercle de la cour ". De 1660 à 1706, il exécuta de Louis XIV huit médaillons ; celui-ci est le dernier. Le roi, âgé de soixante-huit ans, est vu de profil ; la cire du visage a des reflets glauques, de chair momifiée, et l'on y reconnaît les marques de la petite vérole, que Louis XIV avait eue, à neuf ans, ainsi que des trous de barbe rasée ; les rides se dessinent profondément ; la lèvre inférieure, fardée de rouge, est proéminente ; l'œil, de couleur brune, est en émail, encadré de cils et de sourcils, en vrai poil. La perruque, grisâtre et bouclée, qui coiffe le vieux monarque, a peut-être été portée par lui, et l'on peut dire qu'il demeure ici toujours présent.

Les portes étaient, sous Louis XIV, garnies, selon la saison, de portières de tapisserie, sur fond d'or, ou de velours. Les grands candélabres de bois sculpté et doré sont de l'époque de Louis XVI. Les deux cheminées, avec appliques de bronze de Jacques Caffieri, datent de Louis XV. Sur l'une d'elles, le buste de la *Duchesse de Bourgogne*, par Coysevox, 1710, est un marbre frémissant de vie, où la mère de Louis XV nous apparaît avec ses lèvres épaisses et sensuelles, ses yeux à fleurs de tête, mais tout parlants, et cette sorte de beauté, faite de laideur, qui était son charme. On sait qu'elle fut la joie et le réconfort des dernières années du grand roi, avant que la mort la fauchât, à vingt-sept ans, en 1712.

Chaque jour avait lieu, dans cette chambre, la cérémonie du "lever", à laquelle assistaient ceux qui avaient l'honneur de l' " entrée " dite " petite " ou " grande ", selon le moment où l'on était admis. Entre huit heures et huit heures et demie, le valet de chambre écartait les rideaux du lit, où Louis XIV, en bonnet de nuit, s'essuyait d'abord le visage, puis se lavait les mains dans de l'esprit-de-vin, au-dessus d'une assiette de vermeil. Le roi faisait ensuite sa prière, pendant un quart d'heure environ. Après s'être choisi une perruque, il sortait du lit, chaussait ses mules et, passant sa robe de chambre, s'asseyait dans son fauteuil. Le Grand Chambellan lui enlevait son bonnet de nuit, lui passait une perruque provisoire et, tout en donnant audience à ceux qui étaient présents, Louis XIV mettait successivement son haut-de-chausses, ses bas, ses jarretières et ses souliers. Laissant tomber ensuite sa robe de chambre, que deux valets étendaient alors devant lui, comme un paravent, il recevait sa chemise de jour des mains de celui, prince du sang, noble ou grand dignitaire de la Chambre, qui avait été désigné et qui la lui enfilait. Le "coucher" reproduisait, le soir, à rebours, la même cérémonie.

Là porte qui s'ouvre à l'opposé de celle de l'Œil-de-Bœuf donne accès au Cabinet du Conseil ou, plus exactement, Cabinet du Roi (Salle 125). Sous Louis XIV, il y avait là deux pièces : un " Cabinet du Roi ", plus petit que celui qui existe aujourd'hui ; un " Cabinet des Perruques ', éclairé par une courette intérieure, et où, dans une armoire tapissée de glaces, aux rayons superposés, étaient rangées et classées, sur des pieds de bois tourné, les innombrables et floconneuses perruques de Sa Majesté. Louis XIV en changeait, d'ordinaire, maintes fois dans la journée, et la longueur en variait selon l'importance et la dignité de ses occupations.

La disposition ancienne subsista jusqu'en 1755, époque où fut constituée la belle pièce actuelle. Les murs en sont couverts de boiseries sculptées, rehaussées d'or, œuvre d'Antoine Rousseau, qui toucha pour son travail 21 000 livres (63 000 francs). La ligne courbe y joue partout avec la ligne droite, qu'elle assouplit ; au milieu de chaque panneau, des motifs dorés descendent en pendentif. C'est un des spécimens les plus achevés de l'art Louis XV, où la largeur de l'ensemble s'allie à la finesse du détail. L'élégante cheminée, de marbre sanguin, date de quelques années auparavant. Les portes, différentes de style, semblent être celles de la pièce primitive ; les panneaux qui les surmontent, peints par Houasse (*Histoire de Minerve*), proviennent du Grand Trianon.

Dans le Cabinet du Roi se concentrait la vie politique. C'est ici que le souverain tenait conseil avec ses ministres et recevait en audience privée les ambassadeurs étrangers. Ici, Louis XIV travaillait aux affaires d'État, plusieurs heures par jour, en compagnie de quatre secrétaires ; ici, il s'occupait du service intérieur du château et conférait avec Mansart, tout en essayant ses perruques. Sous le monarque falot que fut Louis XV, fait d'un perpétuel abandon moral, qui souvent n'excluait pas la clairvoyance politique, le Cabinet du Conseil perdit quelque peu de sa dignité. Un des grands plaisirs du roi était de se faire apporter de la Poste le courrier privé, de le décacheter, puis recacheter, après s'être diverti des mille intrigues amoureuses que lui révélaient les lettres, après s'être renseigné aussi sur ce que pensaient et écrivaient de lui ses sujets. C'est dans cette pièce que, le 23 juin 1789, M. de Brézé vint annoncer à Louis XVI éperdu la résistance des députés du Tiers État, sommés de se disperser.

et la réponse fameuse de Mirabeau qu'ils n'obéiraient qu'à la force des baïonnettes.

Une porte de glaces fait communiquer le Cabinet du Roi avec la Grande Galerie. C'est à cette porte que se présentaient Mesdames de la Halle, quand, selon un usage séculaire, elles venaient haranguer le Souverain. Celui-ci les recevait, debout, sur le seuil de la pièce, dans laquelle elles n'entraient point. Ces importantes personnes, qu'il ne faut point confondre avec les vulgaires poissardes de la rue, arrivaient vêtues de soie noire, presque toutes avec des diamants. Le discours que prononçait l'une d'elles était rédigé d'avance et, souvent, écrit sur un éventail où l'oratrice improvisée le lisait en minaudant.

Petits Appartements du Roi ou de Louis XV.

Le Cabinet du Conseil se poursuit, en retour d'angle de la Cour de Marbre, par une série de pièces, dites PETITS APPARTEMENTS DU ROI, qui constituaient déjà sous Louis XIV l'appartement privé du souverain, où il se détendait de la parade officielle et, pour quelques instants, redevenait un homme. Il y avait là un *Cabinet de Billard*, une *Salle de Bains*, un *Salon Ovale*, un *Cabinet des Médailles* (p. 104). Là se trouvait également l'*Appartement de Mme Montespan*, que la favorite occupa jusqu'en 1685 et qui fut remplacé ensuite par une *Petite Galerie*, décorée par Mignard.

De ces diverses pièces et de leur ancien aspect rien n'a subsisté. Louis XV les fit transformer pour son usage, à partir de 1738, et c'est dans cet état qu'elles nous sont parvenues, d'où le nom qu'elles portent d'APPARTEMENT DE LOUIS XV. Dans leur décoration, à la nouvelle mode du jour, plus de marbres ni de bronzes frigides ; mais, comme dans le Cabinet du Conseil, des panneaux de bois sculpté, aux fins réseaux d'or, sur de clairs fonds blancs. De la commodité et du charme intimes. C'est l'appartement d'un riche particulier de l'époque ; c'est déjà presque le logis moderne.

La CHAMBRE A COUCHER (Salle 126) est la première pièce que l'on rencontre. Louis XIV s'était contenté, toute sa vie, de la chambre officielle, que Louis XV cessa d'habiter lorsqu'il se fut fait aménager celle-ci, mais où il continua cependant à se rendre, matin et soir, pour la cérémonie du lever et du coucher, qu'il simplifia d'ailleurs de plus en plus. La pièce, décorée par Verberckt, fut terminée pendant l'été de 1738. Le renfoncement de l'alcôve était encadré de deux pilastres, figurant des troncs de palmiers, dont les feuillages d'or recourbaient en forme de cintre leurs somptueuses volutes ;

une balustrade, qui précédait le lit, est pareillement disparue. Le reste de la décoration, blanche et or, panneaux des murs, vantaux des portes, encadrements des glaces, est intact. Les fers forgés des fenêtres datent de Louis XIV et portent son chiffre, avec la couronne.

C'est dans cette chambre, où défilèrent d'innombrables maîtresses de passage, qu'introduisait le valet de chambre Le Bel, que Louis XV, âgé de soixante-quatre ans, fut ramené du Petit Trianon, le 17 avril 1774. Il avait été subitement atteint de la petite vérole infectieuse, mal redoutable, qui alors ne pardonnait guère. Celui qui, plus qu'un autre, avait joui de l'existence et bien au delà des bornes permises, ne sut point " dételer " en beauté. Hanté des terreurs de l'Infini, il fut lâche devant la mort. Mort immonde, il faut l'avouer, s'il en fut jamais. Sauf trois de ses filles, qui se dévouèrent héroïquement pour le soigner, tout le monde avait fui le royal pestiféré, couché sur un lit de camp, près d'une des fenêtres. Déjà méconnaissable, il expira, le 10 mai, vers quatre heures de l'après-midi.

Après que la chambre eût été grattée à vif, Louis XVI en prit à son tour possession. Plusieurs années après, en 1788, la décoration du *Cabinet de Garde-Robe*, qui ouvre sur l'alcôve, fut complètement refaite, dans un art calme et délicat, et cette petite pièce est un des plus charmants bijoux du château.

Le CABINET DE LA PENDULE (Salle 127), qui fait suite, servait de Salon de Jeu. Louis XV y jouait à la comète, avec Mme de Pompadour. Comme celle de la chambre, sa magnifique décoration de bois sculpté et doré est de Verberckt. Le nom de la pièce lui vient de la pendule astronomique, dite *Pendule de Passemant*, exceptée de la vente générale du château, en 1789, et revenue aujourd'hui à son ancienne place. C'est un objet merveilleux, exécuté en 1753. La monture, en bronze ciselé, est de Jacques Caffiéri ; le mécanisme, conçu par Passemant, ingénieur du roi, fut exécuté par l'horloger Dauthiau. La pendule indique l'année, le jour de la semaine, le mois et son quantième, ainsi que les phases de la lune. Dans un globe de cristal, le soleil et les planètes se meuvent selon le système de Copernic.

On passe ensuite dans le CABINET DES CHIENS (Salle 128), petite antichambre où se tenaient les laquais du service intérieur et où étaient logés, dans des niches et sur des banquettes, les petits chiens favoris du roi, griffons et king-Charles. — Dans cette pièce aboutit l'*Escalier intérieur du Roi*, petit escalier que fit établir Louis XV pour avoir une issue directe à la Cour Royale, et qui porte encore son chiffre sur sa belle rampe en fer forgé. C'est en bas de cet escalier que Louis XV, le 5 janvier 1757, à six heures du soir, fut frappé par Damiens d'un " couteau à canif ". Arme ridicule et inoffensive, dont la légère blessure valut à son auteur d'effroyables tortures, le fit passer pour un suppôt des Jésuites et ramena à la pseudo-victime une popularité qui vacillait.

La SALLE À MANGER (Salle 129), où amène le Cabinet des Chiens, a une fine et gracile décoration de baguettes dorées, très simple, et qui semble dater de 1754. On y pressent déjà le style Louis XVI. La pièce s'éclaire sur une petite cour intérieure, dite *Cour des Cerfs*, en partie défigurée, et où l'on faisait curée sous Louis XIV. Son nom lui vient de têtes de cerfs, sculptées et coloriées, dont les bois seuls étaient naturels, et qui ornaient autrefois ses murs.

Revenant au Cabinet de la Pendule, on trouve à la suite :

Le CABINET D'ANGLE (Salle 130), qui occupe, lumineux et gai, l'angle de la Cour de Marbre et de la Cour Royale. On y travailla de 1752 à 1755, et le décor, qui peut être presque entièrement attribué à Verberckt, y est plus somptueux encore que dans les pièces précédentes. Le vêtement des boiseries sculptées se découpe et se fouille à l'infini ; une véritable broderie d'or encadre les glaces, s'épand sur les murs. Les portes, postérieures, datent de 1760 et sont d'Antoine Rousseau.

L'ARRIÈRE-CABINET (Salle 131), sur une courette silencieuse, est une petite pièce où Louis XV avait un bureau, où il rangeait ses papiers personnels, écrivait et classait ses dépêches. Les rayons, destinés à recevoir des cartons, sont encore en place. Un *Réduit de chaise percée* en dépend. Il fut baptisé, sous Louis-Philippe, " Oratoire de Louis XIV " et avait reçu comme tel un prie-Dieu.

Le SALON DE MUSIQUE, ou SALON DE MME ADÉLAÏDE (Salle 132), sur la Cour Royale, servit de salon de réception à la fille préférée de Louis XV, lorsqu'elle habita cette partie de l'appartement, de 1752 à 1769. Verberckt y travailla, à plusieurs reprises. Cette pièce étroite dépasse en beauté le Cabinet d'Angle lui-même. Ses murs ont revêtu un jabot de dentelle, qui déborde sur la corniche et enserre jusqu'au plafond. On dirait la trame dorée de quelque araignée fantastique. Sur les panneaux des murs, des bas-reliefs figurent des instruments de musique, de pêche et de jardinage, entremêlés de médaillons où se jouent de minuscules Amours. Autour des glaces, des guirlandes de fleurs s'enroulent en volutes. Et, dans toute cette richesse décorative, qui enveloppe jusqu'à l'atmosphère, nulle sur charge inutile, mais une sveltesse et une distinction suprêmes.

Les BAINS DE LOUIS XV (Salle 132), que Louis XV se fit aménager en 1770-1771, quand il reprit l'appartement de sa fille, prennent accès sur le Salon de Musique. La décoration en fut demandée à Antoine Rousseau, avec qui ses deux fils commençaient à collaborer. C'est une œuvre de transition, très intéressante, où l'art Louis XV évolue vers une moindre complexité de lignes, vers plus de froideur voulue. Des ors divers, or mat, or brillant, or pâle, or brun, or bronzé et or vert, se repoussent les uns les autres et donnent à la sculpture des boiseries un aspect métallique. L'inspiration de la nature devient en outre plus directe. Neuf grands panneaux présentent chacun, à hauteur des yeux, un bas-relief ovale, cintré de roseaux et de narcisses, et figurant des scènes de bain, de pêche et de chasse aquatique. Dix-sept autres petits bas-reliefs sont de moindre importance. Le panneau qui est au-dessus de la fenêtre nous montre un ciel nocturne, parsemé d'étoiles et de nuages, et que traverse un vol de chouettes et de chauves-souris. Il y avait dans la pièce deux baignoires, avec deux paires de robinets ciselés. Dans une soupente voisine, la *Chaufferie* des bains existe encore, avec sa chaudière, son réservoir d'eau et son fourneau.

La BIBLIOTHÈQUE DE LOUIS XVI (Salle 133), qui suit le Salon de Musique, sur la Cour de Marbre, était la chambre à coucher de Mme Adélaïde, dont rien n'a subsisté. Louis XV, en reprenant la pièce pour s'en faire un autre Salon de Jeu, lui fit subir une première transformation, où l'évolution du style est complète et où l'art rigide néo-grec triomphe désormais. Des figures coiffées et drapées à l'antique, aux gestes nobles, occupent les trumeaux des glaces. La sculpture en semble hâtive et trahit la détresse d'argent de la fin du règne. Louis XVI ordonna à son tour de remanier la pièce, transformée en Bibliothèque, et d'y placer les armoires pour les livres, que l'on y voit. Les cadres des glaces furent refaits, d'une simple et fine moulure dorée, que surmonte une discrète couronne de lauriers, et la cheminée fut renouvelée. C'est, avec ses cariatides de marbre blanc, une œuvre charmante.

L'appartement se terminait au SALON DES PORCELAINES (Salle 134), ancienne salle à manger de Mme Adélaïde, reprise par Louis XV, puis par Louis XVI. La pièce servait, tous les ans, à la Noël, à une exposition des produits de la Manufacture de Sèvres, d'où son nom. Sa belle décoration a été dévastée par Louis-Philippe. Une *Antichambre* rejoignait, au delà, les Appartements de Parade, au Salon de Vénus.

Cabinets du Roi et de la Reine.

Au-dessus des Petits Appartements s'étageaient, éclairés par des courettes intérieures, une multitude de réduits, de " nids à rats ", selon l'expression contemporaine, que Louis XV se fit richement aménager, pour son usage intime, et qui prirent le nom de CABINETS DU ROI. En quinze années, de 1722 à 1737, 580 000 livres (1 740 000 francs) y furent dépensés.

Louis XV avait là notamment : une *Petite Bibliothèque*, dont on retrouve les restes ; une *Petite Galerie de Peinture* ; une *Petite Salle à manger*, destinée à des soupers galants, dont les témoins étaient rares et où la morale était fort malmenée ; une *Pâtisserie*, qui a conservé la tablette de marbre sur laquelle le roi se divertissait à rouler la pâte et à confectionner des gâteaux ; un *Tour*, où il fabriquait des étuis et des tabatières, dont il faisait ensuite des cadeaux. D'autres pièces offraient au beau sexe un asile discret. Mme de Mailly, qui, pour dormir, se constellait la tête de diamants, eut là un logis ; puis sa sœur, Mme de La Tournelle ; puis Mme de Pompadour, aux premiers temps de sa faveur. Une foule de " petites maîtresses ", grisettes ou filles du peuple, menu fretin de la galanterie royale, fuent¹ également hébergées dans les Petits Cabinets. L'infatigable Le Bel dénichait les oiselets, les baignait et décrassait, s'il y avait lieu, leur visitait les dents, puis les habillait décemment, avant de les présenter au roi.

Mais le plus somptueux de ces " nids à rats " était celui qui porte le nom d'APPARTEMENT DU BARRY. Cet appartement, qui existe encore, se compose de neuf pièces, situées sous les combles de la Cour de Marbre. Il fut tout d'abord aménagé, en juin 1766, pour Marie-Josèphe de Saxe, qui était devenue veuve du Dauphin, fils de Louis XV, et qui y mourut, le 13 mars 1767. Il passa, en 1770, à Jeanne Bécu, belle créature aux cheveux blonds, ancienne femme de chambre et servante de tripot, maîtresse de Jean du Barry, gentilhomme toulousain peu recommandable, qui ne demanda pas mieux que de la céder au roi, contre espèces sonnantes. Le troc eut lieu en 1768. La jeune femme, qui avait vingt-cinq ans, sut s'attacher Louis XV, qui approchait de la soixantaine, et, se haussant à sa nouvelle position, prendre près de lui la place laissée vide par Mme de Pompadour. La décoration de l'appartement fut alors en partie refaite et ses boiseries dorées ont subsisté. Les araignées tissent aujourd'hui leurs toiles dans les pièces abandonnées.

Toute cette partie du château est fermée au public.

Les CABINETS DE LA REINE (Salle 122) ouvrent sur la Chambre de la Reine (p. 128); ils s'éclairent sur une cour intérieure, profonde et froide, où descend rarement le soleil. Ils servaient à la souveraine de Petit Appartement.

Marie-Thérèse, la première, eut à cette place deux ou trois cabinets, dont un oratoire. C'était, dans l'énorme palais, tout l'espace qui avait pu être attribué à la femme de Louis XIV, pour qu'elle en disposât à son gré. La cour, nous dit Saint-Simon, était " des plus puantes ". Ces cabinets, agrandis de quelques autres pièces, passèrent, en 1699, au duc de Bourgogne, petit-fils de Louis XIV, et à sa toute jeune épouse, Marie-Adélaïde de Savoie. En 1725, Marie Leczinska prit possession de ces boîtes minuscules, qui, toutes réunies et superposées, ne rempliraient pas un des salons des Grands Appartements. Elle s'y baignait, y lisait, priait, ou se livrait au plaisir de la peinture. Son professeur, durant cette occupation, se tenait toujours à côté d'elle, malaxait les couleurs et lui tendait des pinceaux. Il traçait l'esquisse, peignait le paysage et les personnages ; puis, sur les draperies et les accessoires, la bonne reine mettait çà et là quelques touches et signait bravement : " *Marie, Reine de France, fecit* ". Un de ces tableaux, copie d'un paysage d'Oudry, se voit aujourd'hui dans une des pièces. La décoration des cabinets, qui avait été refaite une première fois de 1728 à 1730, fut à nouveau remaniée, en 1746, et les boiseries sculptées confiées à Verberckt et à Rousseau. Celles-ci furent jetées bas pour Marie-Antoinette et une dernière transformation eut lieu, qui ne se termina qu'en 1783.

C'est sous cet aspect, celui d'un écrin infiniment précieux et délicat, que les Cabinets de la Reine, couramment appelés PETIT APPARTEMENT DE MARIE-ANTOINETTE, nous sont parvenus. Félicitons-nous qu'à travers tant de vandalismes ces pièces fragiles aient survécu. On en compte six :

La *Petite Méridienne de la Reine*, cabinet pour le sommeil, après le dîner de midi. C'est une pièce à plafond bas, à pans coupés, avec une " niche de glaces " où s'abrite un sofa, ou lit de repos, et où l'image gracieuse de l'endormie se multiplie autour d'elle. L'ordonnance générale est de Gabriel et remonte à Marie Leczinska, mais la décoration a été refaite sous la conduite de Mique, en 1781. Les glaces translucides des portes sont encadrées d'admirables ciselures de cuivre (de Gouthière ou de Forestier, semble-t-il), qui, par leur ténuité, sont presque de la bijouterie ; elles figurent

Salon de Musique ou Cabinet de Mme Adélaide, fille de Louis XV.

Mme de Pompadour,
par Nattier.

Mme du Barry,
par Gauthier-Dagoty.

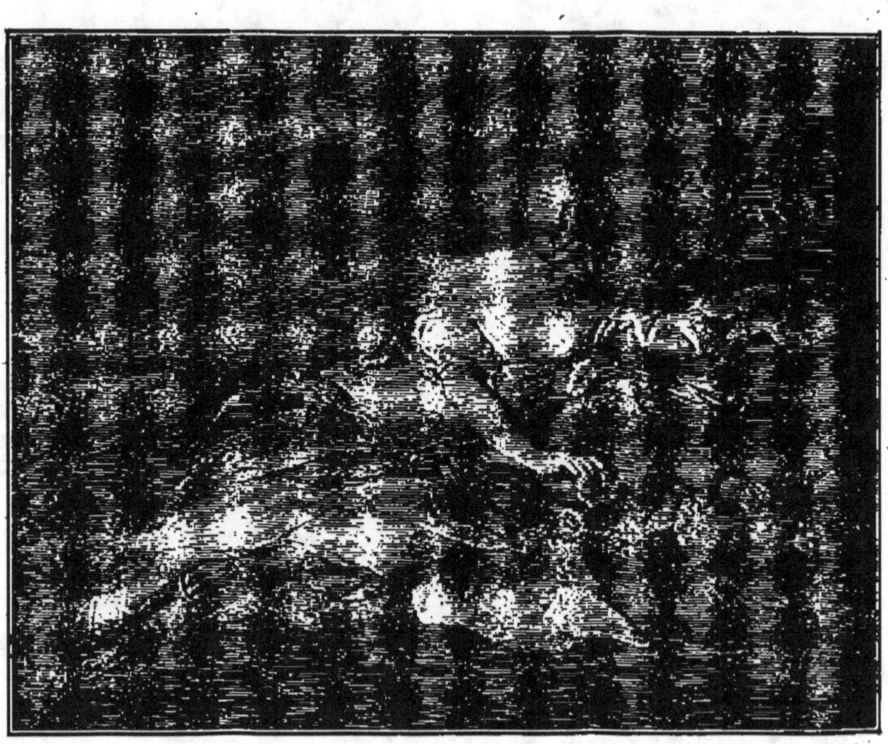

Mme Henriette, fille de Louis XV, en Flore,
par Nattier.

la tige ascendante d'un rosier fleuri, où s'entremêlent les emblèmes de l'Amour, lacs, torches, cœurs percés de flèches. Aux boiseries dorées, d'autres rosiers font courir leur feuillage et s'accompagnent des mêmes emblèmes.

La *Bibliothèque*, dont les armoires vitrées, blanches et or, du style Louis XVI, ont des tiroirs à estampes ornés, en guise de poignées, de la double tête, en cuivre ciselé, de l'aigle d'Autriche. Mme Campan avait été chargée de l'achat des livres, que Marie-Antoinette n'ouvrait jamais. — Une *Petite Bibliothèque*, qui avoisine la pièce précédente, est garnie comme elle d'armoires vitrées. C'est là que se tenaient les femmes de chambre de la reine.

Le *Grand Cabinet*, ou *Salon de la Reine*, qui est la pièce principale de l'appartement. Sa décoration est l'œuvre des frères Rousseau, fils d'Antoine, et date de 1782. Les boiseries sont de la dernière période du style Louis XVI et des plus typiques. On y sent l'influence grandissante de l'antiquité et poindre le futur style Empire, qui se mêle encore ici à une grâce toute française (sphynx ailés, avec un gland autour du cou ; trépieds fumants ; lyres, guirlandes, paniers de roses et médaillons fleurdelysés ; à la base des panneaux, Amours aux yeux bandés). En face des fenêtres, une grande " niche de glaces ", cintrée et drapée de soie, abrite un canapé. Sur la cheminée, aux cariatides dorées, un buste, par Pajou, nous montre la femme de Louis XVI avec son joli cou et sa belle poitrine, avec son front étroit et obstiné, avec ses yeux proéminents. Des meubles élégants et fins ont été remis en place : une table ronde en acajou, ornée de têtes égyptiennes ; un lustre, ciselé par Gouthière, où des Amours sont assis à la base d'une torche ; une petite pendule, en porcelaine, marbre et bronze, qui a appartenu à la reine. C'est ici que Marie-Antoinette se tenait le plus souvent ; elle y avait son pupitre à écrire, sa corbeille à ouvrage, son clavecin et une harpe. Ici elle donnait ses audiences particulières et a posé pour plusieurs des divers artistes qui ont reproduit ses traits, notamment pour la charmante Vigée Le Brun, qu'elle traitait en affectueuse amie. Ici elle reçut Gluck, qu'elle avait appelé d'Allemagne, génie naïf et immodeste, qui déclarait " superbe " sa propre musique. Ici encore, dans l'intimité pénétrante et douce de ces murs, derrière les doubles carreaux de ces fenêtres, qui éteignent tous les bruits du dehors, le duc de Lauzun risqua de se jeter à ses genoux et de lui déclarer un amour qu'il affichait publiquement. Repoussé avec indignation, il devint, dès lors, son plus mortel ennemi.

Le *Cabinet de Bains*, qui est dallé de carreaux blancs et noirs, et où l'on voit encore la place de la baignoire. Marie-Antoinette en faisait peu usage et se baignait de préférence dans sa chambre, dans un " sabot " à roulettes, sorte de baignoire fermée, qui affectait la forme d'une chaussure et qui ne laissait dépasser que la tête et les épaules. — Une *Chambre de Repos*, destinée au repos après le bain, est voisine. La surintendante de la reine, Mme de Lamballe, y couchait parfois.

Un septième cabinet, que l'on ne visite pas, est soit l'ancien *Boudoir*, soit l'*Oratoire de Marie Leczinska*. Cette seule pièce n'avait pas été remaniée pour Marie-Antoinette. Elle reçut, par contre, sous Louis-Philippe, un épais badigeon, sous lequel on a retrouvé, il y a quelques années, une partie de la décoration des murs, qui avait été exécutée au " vernis Martin ' de plusieurs couleurs et figurait des scènes champêtres, des treillages et des plantes grimpantes. Les fleurs sculptées des boiseries étaient également peintes au naturel. C'est l'unique spécimen de ce genre de travail que possède Versailles.

La cour sur laquelle prennent jour les Cabinets de la Reine, ainsi que le vitrage ovale de l'Œil-de-Bœuf que l'on voit en face de soi, s'était, sous Louis XV, égayée d'un parterre, de portiques de treillages et d'un bassin dans des rocailles. Il en coûterait peu de rétablir ce jardinet, qui rendrait au décor une apparence plus exacte.

Les Cabinets de la Reine se doublaient d'une série d'entresols et de sous-sols, desservis par de petits escaliers, et qui se creusaient et superposaient entre les planchers de premier étage et les plafonds du rez-de-chaussée. Ces pièces, les unes claires, les autres complètement obscures, abritaient le service intérieur de la reine, c'est là que couchaient ses femmes. Là, également, avait été pratiqué, en 1775, le *Passage du Roi*, qui reliait la Chambre de la Reine au Cabinet du Conseil et, par celui-ci, à la Chambre du Roi. Louis XIV, nous l'avons dit, avait d'abord eu sa chambre au Salon de Mercure, et toute la largeur du corps central du château le coupait alors de Marie-Thérèse. Le Grand Roi, une fois son coucher public terminé, reprenait son haut-de-chausses et son épée, repassait sa robe de chambre et ses mules ; coiffé de son bonnet de nuit et escorté de son premier valet de chambre, il se rendait ainsi chez la reine, à travers les salles silencieuses, éclairées par quelques quinquets, et où veillaient ou dormaient les gardes. Il revenait, le matin, dans le même accoutrement, et personne ne s'en offusquait. Lorsque la Chambre du Roi fut transportée à sa place actuelle, l'Œil-de-Bœuf se trouva la séparer encore de la Chambre de la Reine. Marie-Thérèse, au demeurant, était morte. Louis XIV n'en dut pas moins continuer, impassible et serein, ses promenades nocturnes, pour rejoindre Mme de Maintenon, qui logeait de l'autre côté de l'Escalier de Marbre. Marie Leczinska ayant repris la Chambre de la Reine, Louis XV recommença la traversée de l'Œil-de-Bœuf, tant qu'il s'acquitta envers sa femme de ses devoirs conjugaux, et Louis XVI, après lui, subit la même nécessité, pour aller voir Marie-Antoinette. Mais celle-ci se choqua de cette indécente coutume, de tous ces regards qui, dès le matin, à l'affût dans l'Œil-de-Bœuf, se mêlaient de compter et supputer les intimités que lui accordait son époux. Elle obtint, par l'intermédiaire de l'ambassadeur d'Autriche, de faire établir, à travers les planchers, une sorte de souterrain, plus discret, qui reliait les deux chambres. Ce fut ce qu'on appela le Passage du Roi. Il n'en reste aujourd'hui que des tronçons.

Ajoutons que, pour se soustraire à l'étroitesse de ses cabinets Marie-Antoinette occupa en outre, à partir de 1782, un appartement de douze pièces, plus confortable et plus clair, situé au rez-de-chaussée (p. 149), entre la Cour de Marbre et la Terrasse du parc, et dont rien n'a subsisté.

Musée et Dépendances du Château.

L'immense Musée Historique qu'abrite le château, plus de six mille tableaux, statues, bustes et moulages se rapportant à l'histoire de France, a été constitué depuis Louis-Philippe jusqu'à nos jours, et nous avons esquissé les principales lignes de sa fondation. Nous ne pouvons prétendre à donner ici un catalogue, même approximatif, de ces œuvres innombrables et inégales. C'est un simple fil directeur que nous fournirons au visiteur.

I. — Les Salles du XVIIIᵉ Siècle, qui occupent, sur le parc, le rez-de-chaussée central du château, doivent être, tout d'abord, tirées hors pair. Elles faisaient partie des anciens Appartements Royaux, et ce sont les seules qui aient conservé, à ce titre, un intérêt historique direct. Presque toute leur décoration a été saccagée sous Louis-Philippe. Une précieuse collection de portraits du XVIIIᵉ siècle garnit aujourd'hui ces pièces, qui ont été aménagées avec un goût parfait, dans ces vingt dernières années.

La première partie du rez-de-chaussée, auquel on accède par le *Vestibule de Marbre*, qui est à la base de l'Escalier de Marbre, fut occupée successivement, sous Louis XIV, par le Grand Dauphin, par le second Dauphin (duc de Bourgogne), par le duc de Berry et par sa femme ; puis, en 1722 et 1723, par le Régent, auquel succéda le duc de Bourbon-Condé. Le Dauphin, fils de Louis XV, prit ensuite l'appartement et l'habita avec sa seconde femme, Marie-Josèphe de Saxe ; Louis XVI, étant Dauphin, s'y installa à son tour avec Marie-Antoinette, le céda, devenu roi, à son frère, le comte de Provence, et celui-ci le rendit finalement, en 1788, aux enfants royaux, dont le petit Dauphin, mort au Temple. — Dans la *Salle 45* sont nés Louis XVI, Louis XVIII et Charles X. — La *Salle 47*, qui fut le *Cabinet de Musique* ou *Bibliothèque du Dauphin*, fils de Louis XV, a sauvé de la destruction sa jolie frise du plafond (anges et enfants faisant de la musique), ses deux glaces, sous deux arcades élégantes, et ses fines boiseries sculptées, de 1755, exécutées dans le style de Verberckt, par Poullet. Elles étaient peintes alors au vernis Martin, en vert, sur fond blanc.— La *Salle 48*, qui fait angle sur la terrasse centrale, s'éclaire de six portes-fenêtres lumineuses, et son ornementation a été refaite avec des panneaux et des moulages anciens. Un petit balcon, en fer forgé et doré, date de 1747. — La *Salle 49* fut le *Cabinet de travail du Régent*, qui y mourut, d'apoplexie foudroyante, le 2 décembre 1723, près d'une de ses maîtresses, une aventurière, la duchesse de Falari. Le Dauphin, fils de Louis XV, fit de la pièce sa chambre à coucher, et de beaux détails décoratifs, datant de cette période et dus à Verberckt, sont demeurés : portes, boiseries des fenêtres ; panneaux d'angle ; frise du plafond, où des coqs chantent le réveil ; cadre de glace, de toute richesse, avec roseaux, dauphins et guirlandes. La cheminée est ornée de bronzes dorés, par Jacques Caffiéri, dont deux cariatides en gaine, d'une adorable jeunesse : *Zéphyr*, gonflant ses joues, et *Flore*, sa virginale épouse, qui, le bras souplement levé, semble se garer de son souffle. — La *Salle 50*, ancienne *Antichambre*, a conservé de l'époque de Louis XIV les chambranles des portes et des fenêtres ; la corniche, en pierre sculptée (animaux ; enfants sur des lions), un peu postérieure, est de Rousseau. — Les tableaux les plus intéressants de ces salles sont signés de H. Rigaud, de Belle, de Jean-Baptiste, Michel et Carle Van Loo, de Raoux, de Roslin, de Tocqué, de Gauthier-Dagoty et de Nattier. Ils nous évoquent notamment : Philippe V, petit-fils de Louis XIV et roi d'Espagne ; le Régent ; Louis XV, gracieux enfant, élégant jeune homme, puis roi hautain, aux yeux morbides ; Marie-Josèphe de Saxe ; Choiseul ; Mme de Pompadour ;

Mme du Barry et son petit nègre Zamor. Puis tout le pensionnat célèbre des filles de Louis XV : en Diane, en Flore, en costume et tricorne de chasse, ou faisant de la frivolité. Puis encore divers artistes de l'époque : la bonne figure du graveur Cochin, les yeux lascifs et le gros nez du peintre Boucher, Voltaire jeune, le poète Gresset, l'honnête et rieuse famille de Carle Van Loo.

Le rez-de-chaussée est ensuite coupé par la GALERIE BASSE, dont le plafond est porté par huit colonnes doriques, de marbre rouge, qui datent du premier Versailles de Le Vau. C'était alors un passage à jour, entre le parc et la Cour de Marbre, fermé par des grilles de fer forgé. On y élevait deux scènes volantes, l'une pour la musique, l'autre pour la comédie. Ce fut le seul théâtre que Molière connut au château. — Sous Louis XV, un appartement de quatre pièces fut établi sur la Cour de Marbre, pour une de ses filles, Mme Sophie, qui y mourut en 1782. Marie-Antoinette reprit et agrandit cet appartement, qu'elle relia, par un escalier intérieur, à ses cabinets du premier étage. Enfin, dans les murs de la *Salle 33*, qui est voisine, débouche un étroit escalier à vis, dit *Escalier des Dupes*, qui serait, d'après la tradition, un reste du petit château de Louis XIII. C'est par lui que Richelieu se serait secrètement rendu chez le roi, le 10 novembre 1630 (p. 8).

La seconde partie du rez-de-chaussée, qui reprend en bordure du parc, formait sous Louis XIV l'APPARTEMENT DES BAINS. Ses diverses pièces furent habitées par Mme de Montespan, de 1685 à 1691, puis par ses fils légitimés ; sous Louis XV, elles servirent à Mme de Pompadour et à quatre des filles du roi, Mmes Adélaïde, Sophie, Louise et Victoire ; Mme Adélaïde, après maint autre déménagement, y demeura finalement, sous Louis XVI, en compagnie de Mme Victoire, jusqu'à la Révolution. La somptueuse décoration de bronze et de marbre, qui parait l'appartement sous Louis XIV, a été, selon l'usage, détruite par Louis XV. Celle de boiseries sculptées, qui la remplaça alors, a subi le même sort sous Louis-Philippe, qui, lui, n'a laissé que les murs, des volets, quelques débris de panneaux et les corniches. C'est toujours le même cycle de destruction. — La *Salle 52* était, sous Louis XIV, le *Cabinet des Bains*. Il s'y trouvait deux baignoires de marbre, ornées de bronzes par Cucci, et une piscine, faite d'une cuve monolithe en marbre de Rance, de forme octogonale et de 3 m. 25 de diamètre. C'était un dernier souvenir des mœurs de la Renaissance. On versait dans la cuve, avec des seaux, de l'eau froide ou chaude, et plusieurs personnes, assises sur une banquette intérieure, pouvaient s'y baigner ensemble. Sans doute Louis XIV en fit-il usage en compagnie de Mme de Montespan. Cette cuve, qui fut à grand'peine sortie de la pièce, sous Louis XV, existe encore ; elle appartient à un particulier qui, en 1900, l'a fait transporter au Vésinet. Espérons que cette curieuse relique reviendra un jour à Versailles. — La série des toiles du XVIIIe siècle continue dans ces salles. Les principales sont signées de Hubert Robert, de Drouais, de Callet, de Noël Hallé, de Schillin. Elle figurent, pour la plupart, les membres et les parents de la famille royale à la veille de la Révolution, des vues ou des scènes se rapportant à la même époque. Les divers et charmants portraits de *Marie-Antoinette*, par Mme Vigée-Le Brun, sont surtout populaires. Mme Labille-Guiard nous montre *Mme Adélaïde* et *Mme Victoire*, en 1787 et 1788. Qui reconnaîtrait dans ces deux vieilles femmes ridées, les gracieuses filles de Louis XV, peintes par Nattier, dans toute la grâce de leur jeunesse ? Ce sont maintenant " Mesdames Tantes ", acariâtres et revêches, et rien, pas même le costume, dont la mode a changé, n'est demeuré en elles de leur passé. Toutes filles de roi qu'elles étaient, elles se sont flétries sans connaître l'amour, dans une cour où tout parlait de l'amour.

Nous reviendrons de là vers l'Aile du Midi.

II. — L'AILE DU MIDI, ou AILE DES PRINCES, élevée par Mansard de 1679 à 1682, était destinée aux princes et aux princesses du sang, ainsi qu'aux gens de leur maison. D'autres personnes y logeaient aussi, aux étages supérieurs. C'est ainsi que l'historien Dangeau habita au second étage, sur le parc, et que Voltaire, en 1766, avait, en sa qualité d'historiographe du Roi, un appartement sur une des cours intérieures. L'odeur des latrines l'y incommodait fort. Rien des aménagements anciens n'a subsisté. Louis-Philippe a tout fait jeter bas, les logis sans intérêt, labyrinthe aux innombrables cellules, aussi bien que les Appartements Princiers et les pièces même où, jeune, il avait vécu. L'aile n'est plus occupée que par des salles et des galeries de musée.

Les SALLES DE LA RÉPUBLIQUE ET DE L'EMPIRE occupent le rez-de-chaussée en bordure du parc. Les tableaux se rapportent à une période de notre histoire qui va de 1793 à 1810. On trouve parmi eux des œuvres intéressantes, d'allure grandiloquente et fougueuse, et qui sont signées de Girodet-Trioson, de Gros, de Thévenin, de Guérin, de Gautherot et de Carle Vernet. — Le beau *Vestibule* central, avec les colonnes qui en supportent le plafond, date de la construction primitive.

L'ESCALIER DES PRINCES, œuvre de Mansart, est le plus vaste de Versailles. Très différent de l'Escalier de Marbre et dégagé de toute influence italienne, il est entièrement en pierre blanche et a grande allure, avec son ornementation, très simple, de colonnes corinthiennes et de bas-reliefs figurant des trophées guerriers. Son plafond, qui semble l'écraser aujourd'hui, a été surbaissé et empâté de lourds caissons, par les soins de Louis-Philippe. Le Roi-Citoyen a signé, sur les murs, de ses initiales cerclées de feuilles de chêne, sa malencontreuse intervention. C'est par l'Escalier des Princes, dont le palier communique à droite avec les Grands Appartements, que le peuple était admis à venir défiler devant les corps des rois et des reines, exposés publiquement après leur mort.

La GALERIE DES BATAILLES, où l'on accède vers la gauche, occupe le premier étage dans toute sa longueur. Longue de 120 mètres, elle fut aménagée en 1836 par les architectes Fontaine et Neveu, dans le style Louis-Philippe, qui n'est qu'une pauvre et dernière survivance du style Empire. En son milieu, une *loggia* à colonnes marque la place du Grand Salon de l'Appartement des Princes. Sur les murs, divisés en rectangles symétriques, de grands tableaux représentent les principales batailles de notre histoire, de Tolbiac à Wagram. C'est de l'imagerie picturale, encombrante et sans valeur aucune, ni au point de vue de l'art, ni à celui de l'histoire. Une seule œuvre, qui est un chef-d'œuvre : la *Bataille de Taillebourg* (21 juillet 1242), par Eugène Delacroix. Sa masse d'armes à la main, Saint Louis, figure fine et douce, roi chrétien qui tue malgré lui, franchit, à la tête de ses gens de guerre, le pont ruiné de Taillebourg, que défendent les Anglais. Son pur cheval blanc, qu'un blessé saisit au poitrail, semble s'effarer du carnage, le sabot levé ; un mince filet de sang souille sa robe immaculée. C'est une toile sublime où se transfigure en idéal l'horreur même de la bataille.

Encastrée dans une partie de l'Aile du Midi qu'occupait autrefois la "Surintendance du château", la SALLE DU CONGRÈS a été construite après la guerre allemande de 1870-1871, par l'architecte Edmond de Joly, pour l'usage des députés, les deux Chambres ayant décidé de siéger à Versailles. Les travaux, commencés en mai 1875, furent terminés le 1er décembre de la même année, et la dépense s'éleva à 2 652 000 francs. La salle est en hémicycle avec, aux tribunes publiques, une colonnade tournante. Au-dessus de la tribune des orateurs, grand tableau de l'*Ouverture des États Généraux en 1789*, peint par Couder (1839). Au plafond : *Guerre, Agriculture, Commerce, Industrie, Paix*, par Rubé et Chaperon. C'est ici que se réunissent aujourd'hui la Chambre et le Sénat, pour l'élection des présidents de la République. Il y a 565 places numérotées et 300 autres au pourtour.

Dans un vestibule de l'Aile du Midi, qui est englobé parmi les dépendances de la Salle du Congrès, se trouve, en un honteux oubli, le *Monument funéraire de Diane de Poitiers*, œuvre remarquable de la Renaissance, provenant du château d'Anet. Sur le mausolée de marbre noir, est agenouillée, les mains jointes, la statue de la célèbre maîtresse de Henri II, en marbre blanc, par Michel Bourdin. Derrière elle sont assis deux petits génies.

Parallèle enfin à l'Aile du Midi et de l'autre côté de la rue Gambetta (autrefois rue de la Surintendance), l'ancien GRAND COMMUN, ou GRAND CARRÉ DES OFFICES, fut construit par Mansart, de 1682 à 1685. C'est là que se préparait " en commun " la nourriture ou " viande du roi ", celle de la reine, des princes du sang et de toutes les personnes qui avaient " bouche à la cour ". L'immense bâtiment, en pierre et briques, compte cinq cents fenêtres ; il contenait une chapelle et un millier de pièces, grandes et petites, où s'entassaient près de 2 000 habitants, officiers et gens, soit de la " Maison du roi ", soit du " service de la Bouche ". Le Nôtre y eut un appartement.

En 1793, le Grand Commun fut transformé en manufacture d'armes ; les faisceaux d'armes qui encadrent la porte d'entrée datent de cette époque. Il abrita, en 1825, une institution pour orphelins pauvres, et le monument fut alors surélevé de son étage supérieur, qui le défigure. C'est, depuis 1832, un hôpital militaire. La cour intérieure, d'une belle ordonnance, à la fois svelte et robuste, a ses quatre corps de bâtiments ornés de frontons sculptés, par Jouvenet, Le Comte, Mazeline et Mazière ; une terrasse, avec balustrade de fer forgé, court au-dessus du rez-de-chaussée. L'œuvre est une des meilleures de Mansart et des plus ignorées.

L'ATTIQUE DU MIDI, second étage de l'Aile du Midi, où se trouve une galerie de peinture, n'a pas d'accès direct. Il se relie à l'ATTIQUE DE CHIMAY, qui occupe une partie du corps central et a pris son nom de la princesse de Chimay, qui l'habita sous Louis XVI. On monte aux deux attiques par le petit *Escalier de Stuc*, aménagé sous Louis-Philippe et qui fait suite à l'Escalier de Marbre, dans un style qui lui est bien apparenté. — De bonnes peintures et des toiles docu-

mentaires se rapportent (Attique de Chimay) au drame révolutionnaire et à la période impériale. Marie-Antoinette, détrônée et pri-
sonnière au Temple, apparaît, douloureuse, dans ses habits de veuve,
et guettée déjà par la guillotine, près de Mirabeau, de Robespierre,
de Marat, de Mme Roland et de Charlotte Corday. Viennent ensuite
Napoléon premier consul, Napoléon empereur et toute la famille
de Napoléonides, Madame Mère, Joséphine, Marie-Louise, le Roi de
Rome, Murat. Les peintres sont Bonnieu, Kocharsky, Heinsius,
Hauer, David, Gros, Guérin, Gérard, Isabey. — L'ordre chronologique se poursuit (Attique du Midi) par la Restauration et les Temps
modernes. Charles X, le duc et la duchesse d'Angoulême, Chateaubriand, le duc de Reichstadt, nous amènent à Louis-Philippe, au
Second Empire et à nos jours. Plusieurs de ces toiles, excellentes,
sont signées de Lawrence, de Girodet-Trioson, de Kraft, de Winterhalter, d'Ingres et de Flandrin.

III. — L'AILE DU NORD, que l'on appelait autrefois l'"Aile Neuve",
est la dernière en date (1684) dans la construction du château.
Comme l'Aile du Midi, elle comprenait une suite d'appartements
et de logements, détruits par Louis-Philippe et transformés par lui
en galeries de musée. Les gens de cour les plus huppés, les Conti,
les Dombes, les Rohan, ocupaient les pièces en bordure du parc.
Saint-Simon ne dédaigna pas, en 1710, sur une des cours intérieures,
au premier étage, un appartement composé de quatre pièces avec
fenêtres, doublé de quatre autres, qui n'en avaient pas, et qui
prenaient jour sur les premières pièces. Il avait, dans ces réduits,
qui étaient par surcroît entresolés, installé son bureau, sa table de
travail et ses livres, y rangeait ses nippes et y logeait son valet.

La PREMIÈRE GALERIE DE L'HISTOIRE DE FRANCE occupe le rez-de-
chaussée sur le parc et l'on y accède par le vestibule de la Chapelle.
Les sujets vont de Charlemagne à Louis XVI. Quelques toiles
anciennes, intéressantes, de J.-B. Martin, Van der Meulen, Parrocel,
H. de la Pegna et Lenfant, sont noyées parmi de nombreux tableaux
de l'époque de Louis-Philippe. Les meilleurs sont signés de Paul
Delaroche et de Ary Scheffer ; fermons les yeux sur les autres.

Une *Salle d'Amérique*, inaugurée en 1919, réunit en une juste
fraternité, plusieurs portraits et bustes de Louis XVI, La Fayette,
Rochambeau, Franklin, Washington, ainsi que diverses toiles
documentaires se rapportant à la guerre de l'Indépendance
américaine.

La PREMIÈRE GALERIE DE SCULPTURE, en arrière de ces salles et qui leur est parallèle, desservait les anciens appartements. Elle a conservé ses murs et ses voûtes de pierre. De grosses bougies jaunes, entretenues par les Suisses, l'éclairaient durant la nuit, sous Louis XIV ; en 1747, des lampes à huile remplacèrent les bougies, et les contemporains ne manquèrent pas d'enregistrer ce progrès dans l'art de voir clair. Dans ce long corridor s'alignent des *Tombeaux, Bustes et Statues des Rois et Reines de France* et de personnages célèbres, depuis les Mérovingiens jusqu'à Henri II et Catherine de Médicis. Ce sont des moulages exécutés sous Louis-Philippe et dont un grand nombre ont été pris à Saint-Denis. Une patine appropriée mettrait justement en valeur ces plâtres blêmes, qui déprécient par leur aspect les œuvres d'art intéressantes qu'ils reproduisent.

Les SALLES DES CROISADES s'ouvrent au milieu de la galerie et occupent la partie de l'aile qui borde la rue des Réservoirs. Les toiles qui les garnissent sont parmi les plus déplorables que nous ait léguées Louis-Philippe. Des écussons des familles qui envoyèrent quelque ancêtre en Terre Sainte ornent les solives gothiques des plafonds ; la médisance affirma que des intrus avaient obtenu de mêler aux autres leurs blasons. Dans la salle centrale, une authentique porte gothique, en bois de cèdre, provient, ainsi qu'un mortier de bronze, de l'hôpital des Chevaliers de Saint-Jean-de-Rhodes. Ce sont deux dons faits à Louis-Philippe, en 1836, par le sultan Mahmoud. Dans cette même salle se trouvait un des deux Delacroix commandés pour Versailles, l'*Entrée des Croisés à Constantinople*, où les hommes d'armes d'Occident apparaissent, bardés de fer, sur le ciel du Bosphore, leurs chevaux flairant des naseaux et le cou tendu les suppliantes accroupies sur le pavé. Mais, sous prétexte que cette toile fameuse se trouvait ici en trop mauvaise compagnie, elle a été enlevée par le Louvre et remplacée par une exécrable copie, qui est bien la pire insulte au génie de l'artiste.

La DEUXIÈME GALERIE DE L'HISTOIRE DE FRANCE borde le parc, au premier étage. Les tableaux vont de Bonaparte à Louis-Philippe. De bonnes toiles de J.-B. Regnault, de Gautherot, de Gros et d'Horace Vernet surgissent du fatras d'innombrables barbouillages.

La DEUXIÈME GALERIE DE SCULPTURE, à l'extrémité de laquelle on aperçoit la porte blanche et or de la loge royale de l'Opéra, est, comme la galerie inférieure, garnie de moulages, de statues et de bustes historiques, qui vont du XVIIIe siècle à 1830. Il s'y mêle quelques œuvres originales et quelques beaux marbres anciens.

Les SALLES D'AFRIQUE, DE CRIMÉE, D'ITALIE ET DU MEXIQUE

prennent accès au milieu de la galerie. Elles furent constituées sous Louis-Philippe et sous Napoléon III, qui poursuivit l'œuvre historico-picturale de son prédécesseur, non sans avoir relégué aux greniers, par rancune dynastique, quelques-unes des toiles dont il héritait. Yvon (*Batailles de Solférino, Magenta, Malakoff*, d'un horrifiant réalisme), Chassériau (*Ali-ben-Hamet*), Gustave Doré (*Bataille d'Inkermann*), Siméon Fort (douze petites gouaches, relatives à la *Guerre d'Algérie*, d'un art parfait et bien supérieures, comme valeur picturale, aux énormes toiles de Vernet) et Durand-Brager (vingt et un petits tableaux, excellents, relatifs au *Siège de Sébastopol*) figurent dans ces salles, pour des œuvres de valeur ; mais Horace Vernet y tient, au point de vue matériel, la première place. Des toiles démesurées, relatives à la conquête de l'Algérie et que lui commanda Louis-Philippe, la *Prise de la Smalah d'Abd-el-Kader* (1843) fut longtemps la plus populaire. Cette peinture, qui mesure 21 mètres de long, sur 5 de haut, tient du panorama autant que du tableau. Le duc d'Aumale, à cheval, commande les chasseurs d'Afrique ; le camp, ou smalah, dont Abd-el-Kader est absent, se disperse en désordre ; bœufs, chèvres, gazelles affolées fuient de toutes parts ; les femmes d'Abd-el-Kader, demi-nues, sont bousculées avec les chameaux qui les portent. L'ensemble est pittoresque, mais tous ces personnages, trop propres, aux gestes rythmés, ont l'air de figurants de cirque, jouant une pantomime bien réglée. L'atmosphère est terne et jaune, et l'on se demande quel quinquet fumeux le ciel aveuglant de l'Afrique avait, ce jour-là, pris pour soleil. Les peintures d'Horace Vernet nous fournissent, par contre, une documentation précieuse des uniformes, des costumes et des gens de son époque.

L'ATTIQUE DU NORD, où sept salles de tableaux bordent le parc, retiendra à la fois l'historien et l'artiste. Ces toiles, qui proviennent pour la plupart du fonds ancien, réuni par Louis-Philippe, et qui ont subi de nos jours un filtrage sévère, sont en majeure partie des portraits de personnages historiques, du XVe au XVIIe siècle. Peu sont signées. Elles commencent par Charles VI, Philippe le Hardi, Jean Sans Peur, Charles le Téméraire et Charles VIII, petits portraits naïfs, d'une conscience implacable et presque photographique. La série continue par Bonnivet, Henri II, Diane de Poitiers, Guillaume Budé, Marie Tudor, Charles IX, Catherine de Médicis, Henri III et de nombreux Henri IV. Beaux ou laids, bons ou méchants, honnêtes ou vicieux, graves ou joviaux, les gens, dont la plupart respirent une vie solide, ont passé devant un objectif qui a rendu, sans plus, ce qu'il a vu. Marie de Médicis, Anne d'Autriche, Richelieu, Louis-XIII (par Simon Vouet), nous conduisent aux origines de Versailles. Et voici Louis XIV en maillot, dans les bras de sa première nourrice, dame Longuet de la Giraudière, au sein gonflé de lait ; Louis XIV Dauphin, bambinet coiffé d'un bonnet à plume bleue, près de sa gouvernante, Françoise de Souvré, et de son jeune frère, Philippe d'Orléans, qui a la tête nue ; Louis XIV roi (par Testelin), gentil garçon d'une douzaine d'années, le sceptre posé crânement sur la hanche.

La SALLE DE L'OPÉRA occupe l'extrémité de l'Aile du Nord. Amorcée par Mansart, qui en avait ménagé la place et commencé la maçonnerie, elle ne fut édifiée que sous Louis XV, par Gabriel. Tous les spectacles à grand déploiement de mise en scène se donnèrent jusque-là dans la salle du Manège de la Grande Écurie (p. 90). Les travaux, entamés en 1753, s'étirèrent jusqu'en 1770. L'inauguration eut lieu, le 17 mai de cette année, à l'occasion du mariage du Dauphin et de Marie-Antoinette, avec une représentation du *Persée* de Quinault et Lulli. Le 23, Mlle Clairon et la Comédie-Française donnèrent *Athalie*, avec les chœurs.

Très supérieure, comme aménagement et comme dessin, à la plupart de nos salles modernes, la Salle de l'Opéra s'étale en largeur et se compose, outre le rez-de-chaussée, de deux étages de loges et de galeries. Il n'y a pas, comme il sied pour les invités d'un roi, de " places de souffrance ". Des colonnes corinthiennes encadrent la scène ; des colonnes ioniques, entre lesquelles pendent des lustres de cristal, soutiennent, dans la salle, la voussure du plafond. Des bas-reliefs, à la mate dorure, par Pajou et Guibert, représentent couchés, à l'entablement du rez-de-chaussée, des Dieux et des Déesses ; au balcon, ils figurent des Amours. Le théâtre tout entier est construit en boiserie ; il était éclairé aux bougies, et il faut se féliciter qu'il n'ait jamais flambé. La décoration était de couleur gris clair, ou simulait le marbre vert antique ; les loges étaient garnies de velours bleu, à franges d'argent. Pour les bals, une seconde salle articulée, également en charpente, venait occuper la scène, formant, avec la première salle, qu'elle reproduisait, un immense amphithéâtre.

Telle que nous la retrouvons, cette salle demeure belle encore. Louis-Philippe, le premier, la fit peindre d'un gros rouge vulgaire.

Puis, devenue en 1871 salle de séances de l'Assemblée Nationale, elle vit des pupitres en acajou occuper son parterre, et son ancien plafond peint par du Rameau, relégué dans un grenier où il existe toujours, pour faire place à un plafond vitré. Sur le devant de la scène fut installée une tribune, qui est celle du 18 Brumaire, sauvée de l'incendie allumé à Saint-Cloud par les Allemands ; elle est en acajou rehaussé de cuivres dorés, du style Empire. C'est ici qu'en 1875 fut proclamée la République ; puis le Sénat conserva la salle pour son usage, tandis que les députés allaient siéger dans la Salle du Congrès. La scène, où l'on joua sous le Second Empire, est demeurée toute machinée. — L'ancien *Foyer* est intact, et sa décoration appartient au style néo-grec. Son ornementation sculpturale, très importante, est de Pajou.

Nous avons parlé (p. 65) du banquet des Gardes du Corps, qui, le 1er octobre 1789, eut lieu sur la scène de l'Opéra et précéda de quelques jours le retour à Paris de la royauté.

LE PARC

Ce qu'était le Parc sous Louis XIV.

L E Parc, ou les " Jardins " de Versailles, comme on disait autrefois, est l'œuvre commune de Le Nôtre, de Le Brun et de Mansart, noms auxquels il convient d'associer la mémoire de tous les bons artistes qui collaborèrent avec ces trois maîtres. Il est le chef-d'œuvre du jardin français, qui, en empruntant au jardin italien son inspiration première, nature stylisée, opposition de la verdure des arbres et de la blancheur des marbres, jeu des eaux et des fontaines, lui a donné ici une ampleur et une harmonie inconnues.

Pas plus que le château, qu'il encadre et qu'il complète, et dont il suivit l'évolution, le parc ne fut créé d'un seul coup. Les estampes anciennes nous montrent les phases successives par lesquelles passèrent la forme et la disposition de plus d'un bassin, l'aspect de plus d'un parterre, toujours en s'élargissant et en se simplifiant à la fois. Mais, si des détails varièrent, si des bosquets furent modifiés ou remplacés par des bosquets nouveaux, le dessin général du parc, établi dès l'abord par Le Nôtre, demeura immuable en ses grands traits, et l'unité de l'ensemble n'en souffrit jamais. C'est Le Nôtre dont le génie ménagea autour du château, qu'ils inondent de lumière, ces vastes espaces libres dont la transparente clarté fait songer aux grèves de la mer. C'est lui qui, prolongeant à travers le palais l'axe de l'avenue de Paris, axe dans lequel viendra se placer à son tour la Chambre du Roi, devenue comme le pivot même de Versailles, traça cette longue ligne médiane qui, par la Descente de Latone, le Tapis Vert et le Grand Canal, fait fuir la perspective vers un horizon lointain, presque infini. De chaque côté de cette ligne, les divers bosquets équilibrent leurs masses symétriques, dont la variété ne rompt point l'harmonie.

Comme il avait fait dans le château, Le Brun intervint pour la partie décorative. Il peupla de vases, de termes et de statues le palais de feuillage ; il garnit de groupes de bronze ou de plomb les bassins. Quatre-vingt-quinze sculpteurs travaillèrent sous ses ordres. Il indiquait les sujets, esquissait les motifs, dessinait gestes et profils. Pour les groupes importants, parfois pour de simples statues, de petits " reliefs " de cire étaient présentés au roi. Au besoin, des maquettes de plâtre, de grandeur réelle, étaient dressées en place, afin que Louis XIV et son entourage pussent juger, avec plus de certitude, de l'effet produit. Des antiques, ou copies d'antiques, exécutées à Rome par les élèves de l'Académie de France, furent aussi expédiées à Versailles, où l'excès de leur nudité fut voilé de " feuilles de sculpture ".

André Le Nôtre était né à Paris en 1613. Son père, Jean Nostre, était, sous Louis XIII, surintendant des Jardins du roi aux Tuileries. Il étudia d'abord la peinture, dans l'atelier de Simon Vouet, où il se rencontra, pour la première fois, avec Le Brun. Mais la profession paternelle avait pour lui plus d'attrait, et il ne tarda pas à y revenir. Il fit partie de la pléiade d'artistes qui travaillèrent pour Fouquet, au château de Vaux-le-Vicomte, dont il dessina les jardins. Avec ses camarades, il passa au service de Louis XIV, lorsque celui-ci eut fait incarcérer le sujet imprudent qui avait osé l'éblouir de son faste. On était alors en 1661, à l'époque où débutait la construction du premier Versailles de Le Vau, du château en pierre et brique qui remplaçait la petite maison de Louis XIII. C'est également la date des premiers travaux du parc : aménagement du sol ; plantation des bosquets ; tracé, dans une forme qui n'est pas encore définitive, des Parterres d'Eau et de la Descente de Latone ; ouverture de l'Allée Royale (aujourd'hui Tapis Vert) ; creusement des bassins du Dragon et d'Apollon, ainsi que d'une partie du Grand Canal. Rien de curieux comme les estampes qui nous montrent la première plantation du parc et les petits arbres maigriots qui commencent à dessiner les allées, encadrées par les charmilles naissantes. Les ifs étaient venus des forêts de Normandie ; les ormes et les tilleuls de Flandre, les épicéas du Dauphiné ; d'autres plants furent amenés de la forêt de Compiègne et de l'Artois. Les marronniers étaient élevés en pépinières. Les jardins de Vaux, après la disgrâce de Fouquet, avaient fourni 1 250 arbrisseaux précieux.

Puis, tandis que s'élève le Versailles de pierre, les travaux continuent par l'Allée d'Eau et la Pyramide (1668-1669) ; l'Obélisque ou les Cent Tuyaux, et l'achèvement du Grand Canal (1671) ; les Bassins de Flore, de Cérès, de Bacchus et de Saturne (1672-1675) ; Encelade (1675) ; l'Arc de Triomphe (1677) ; Neptune (1678-1684), qui ne recevra sa décoration sculpturale que sous Louis XV ; la Pièce d'eau des Suisses (1678-1687); les nouveaux Parterres d'Eau (1680-1682); l'Orangerie, la Salle de Bal ou les Rocailles, et, finalement (1686-1688), la Colonnade et les Dômes.

A partir de 1678, Le Nôtre, dont la réputation est universelle, s'est mis à voyager. Louis XIV l'envoie à son allié, l'Electeur de Brandebourg, au roi d'Angleterre, au Pape, pour qui il remanie à Rome les jardins du Vatican, du Quirinal et de la villa Albani. En France, Le Nôtre, qui à Versailles même a dessiné pour Mme de Montespan, de 1674 à 1676, les jardins de Clagny, s'emploie à Saint-Cloud, à Saint-Germain, aux Tuileries, à Fontainebleau. Il n'a pas laissé, d'autre part, de se mal accommoder de la rudesse de Louvois, qui a pris, en 1683, la succession de Colbert et qui a commencé par se disputer avec Le Brun, remplacé bientôt par Mignard. Aussi s'est-il en partie déchargé des derniers travaux de Versailles sur Mansart, plus souple et meilleur courtisan. C'est Mansart qui dessinera les jardins du Grand Trianon et de Marly.

Louis XIV ne fut pas ingrat envers Le Nôtre, qu'il pensionna, anoblit et fit, comme Mansart, chevalier de l'Ordre de Saint-Michel. Mais tous ces honneurs, ni la familiarité avec laquelle le roi le traitait, ne lui montèrent jamais à la tête. Cet homme aux conceptions hardies était un simple. Saint-Simon, si apte à découvrir, pour les mettre en valeur, les côtés faibles des gens, n'a trouvé que des éloges à écrire de lui : " Il avait, dit-il, une probité, une exactitude et une droiture qui le faisaient estimer et aimer de tout le monde. Jamais il ne sortit de son état, ni ne se méconnut, et fut toujours parfaitement désintéressé. Il avait une naïveté et une vérité charmantes. " On conte qu'amené par Louis XIV sur le terrain de Versailles et invité à exposer ses plans, il le fit avec tant de foi et d'enthousiasme qu'à chaque proposition nouvelle le roi, enchanté, l'interrompait en disant : ' Le Nôtre, je vous donne vingt mille livres. " A la quatrième fois, il s'arrêta de parler. " Votre Majesté, déclara-t-il, n'en saura pas davantage. Je la ruinerais. " Lorsque Louis XIV voulut lui attribuer des armoiries, il protesta qu'il en possédait déjà : " Trois limaçons, surmontés d'une pomme de chou. Et comment oublier ma bêche ? Je lui dois toutes les bontés dont Votre Majesté m'honore. " Il mourut à quatre-vingt-sept ans,

Bosquet du Marais, aujourd'hui disparu. *Estampe d'Israël Silvestre.*

Allée Royale, aujourd'hui Tapis Vert, Bassin d'Apollon
et Grand Canal, sous Louis XIV. *Estampe de Pérelle.*

Ancienne Grotte de Téthys. *Estampe de Pérelle.*

Le Théatre d'Eau, aujourd'hui disparu,
et la promenade en chaise roulante sous Louis XV.
Estampe de J. Rigaud.

sans avoir été jamais malade, et fut inhumé à Paris, dans l'église Saint-Roch, où son buste, par Coysevox, surmonte encore son tombeau.

L'œuvre de Le Nôtre est loin d'être arrivée intacte jusqu'à nous et le parc que nous avons devant les yeux, si beau qu'il nous paraisse, n'est qu'un bien pâle débris de celui que connut Louis XIV. Non seulement un grand nombre de bosquets, dont nous rappellerons le souvenir en cours de route, ont disparu avec toute leur ornementation, tantôt détruits au cours du XVIIIe siècle, tantôt créations éphémères, qui ne durèrent que vingt ou trente ans à peine et que Louis XIV fit renouveler de son vivant, mais l'aspect même des bosquets qui ont survécu a été profondément modifié. Les charmilles, tant celles qui ornent ces bosquets que celles qui bordent les allées du parc, formaient alors, pour la plupart, de hauts paravents de feuillage, atteignant jusqu'à 7 et 8 mètres de haut, et d'où émergeaient seules les cimes des arbres. Ceux-ci, enveloppés presque entièrement par les charmilles, au lieu de se recourber en voûte l'un vers l'autre, dégageaient nettement le ciel.

Aux charmilles, et alternant avec elles, afin de diversifier les bosquets, venait s'adjoindre toute une architecture de treillages, dont la mode passe pour être venue de Hollande, et qui était faite de fines lattes de bois, peintes en vert, dessinant des colonnes, des chapiteaux, des dômes, des arcades et des portiques, des niches pour les statues, des Cabinets de conversation et, pour la promenade intime et la rêverie, de longs berceaux, pareils à des tunnels ombreux, où, sous les plantes grimpantes, chèvrefeuille, capucines, clématites et rosiers en fleurs, se tamisait la lumière, en un jour voilé, doux et mystérieux. En avant des treillages, s'alignaient des caisses d'orangers, de grenadiers et d'arbrisseaux exotiques, de buis tondus en boules, d'ifs taillés en pyramides aiguës, au svelte profil. Les tableaux de Cotelle, qui se trouvent au Grand Trianon, et où les déités de l'Olympe, descendant des cieux, viennent s'ébattre dans les bosquets de Versailles, nous donnent l'idée la plus exacte et la plus poétique à la fois de ce qu'étaient ces " Jardins des Dieux ".

Les bassins et les fontaines n'avaient pas non plus la même apparence qu'aujourd'hui. Leurs plombs, dont la grise patine s'harmonise, si mélancolique, avec les tons fanés de l'automne, étaient alors dorés, du même or luisant qui étincelait sur les plombs du toit de la chapelle, aux balcons et aux toitures de la Cour de Marbre. Ceux qui n'étaient point dorés étaient " peints au naturel ", à l'aide d'une sorte de laque, de toutes les couleurs de la vie. Parmi les ouvrages en rocailles, des coquilles marines, recueillies aux profondeurs des océans, mettaient le chatoiement de leur nacre et la rutilance de leur pourpre. L'eau des bassins était striée de cygnes, envoyés de Touraine et du Danemark, gracieuses blancheurs mouvantes, dont Louis XIV avait également peuplé la Seine, de Corbeil jusqu'à Vernon. En 1682, il y en avait 95 à Versailles, et le sieur Germain recevait, au 11 janvier, 2 863 livres 10 sols (11 452 francs) pour leur nourriture durant les neuf derniers mois de l'année écoulée. Comme fond à l'ensemble du décor, se profilait, sur le Grand Canal, la majestueuse silhouette de la galère royale, faisant flotter au vent ses banderoles et gonflant ses voiles.

La promenade dans le parc se pratiquait à pied, à cheval, en carrosse, en petite calèche ou en roulotte. Le roi, qui souvent conduisait, rênes et fouet en mains, pilotait dans son carrosse les personnages de marque, comme les ambassadeurs étrangers. D'autres carrosses faisaient cortège, pour la suite de son hôte, tandis que des musiciens, placés derrière les charmilles, jouaient du hautbois, du violon ou de la trompette. Calèches et roulottes étaient à l'usage des dames de la cour. En 1680, lors du mariage du Grand Dauphin avec la fille de l'Électeur de Bavière, Louis XIV, après avoir fait visiter les Grands Appartements à la nouvelle Dauphine, descendit avec elle dans le parc. "Vingt petites chaises roulantes, écrit le *Mercure galant*, découvertes et garnies de très riches étoffes et de galons et franges or et argent, étaient auprès du Parterre d'Eau. Des hommes, portant la livrée du roi, conduisaient ces chaises. Les dames se mirent dedans, quand elles furent lasses de marcher. Le roi allait toujours à pied à côté d'elles, suivi des principaux de la cour." Il n'y avait dans le parc, en fait de sièges, que des "chaises et bancs de gazon", en terre gazonnée, et quelques bornes. Le plus souvent on s'asseyait par terre, sur l'herbe ou sur la margelle des bassins.

Le parc n'était pas fermé au public. Pendant les premières années, y entrait qui voulait, et les visiteurs, que la curiosité amenait de Paris, étaient si nombreux que Louis XIV en était incommodé pour circuler et réduit à faire, à chaque pas, dégager le terrain par ses gardes. A ces bons badauds se mêlait de la canaille, qui se divertissait à ces dégradations stupides dont la mode n'est point encore complètement passée. Aussi les bosquets renfermant les œuvres d'art les plus précieuses furent-ils clos de grilles, aux armes royales, et le roi décréta que les Suisses ne laisseraient plus pénétrer dans le parc

que les seules personnes accompagnées de quelqu'un de la cour ou
munies d'un billet. C'est après avoir remis son billet au Suisse de
garde qu'en 1668 Mlle de Scudéry visita le parc, dont elle nous décrit
en détail toutes les merveilles dans sa *Promenade de Versailles*. C'est
après avoir fait passer chacun le leur, qui leur servit d'abord à la
visite du château, où ils furent accompagnés d'un " conducteur "
qu'on leur donna, que La Fontaine, Molière, Racine et Boileau
accomplirent le même pèlerinage. La journée s'écoula à " converser
avec les arbres et les fontaines ", à écouter la lecture que, après avoir
toussé plusieurs fois " pour se nettoyer la voix ", La Fontaine fit
à ses trois compagnons de son nouveau roman de *Psyché*. Puis tous
quatre s'arrêtèrent en haut de la Descente de Latone pour admirer,
comme nous le faisons nous-mêmes aujourd'hui, l'écroulement
lointain du soleil dans les feux ardents du couchant, qui se noyaient
en un " gris de lin " infiniment doux. Après quoi (c'était l'automne),
la nuit étant rapidement tombée, ils rejoignirent leur voiture et
son cocher, et s'en revinrent à Paris, escortés par le gros œil rond de
la pleine lune. En 1704, Louis XIV fit enlever les grilles des bosquets,
afin de donner satisfaction à tous ceux qui étaient admis à circuler
dans le parc.

Dès la mort du Grand Roi, le parc commença à se transformer. Il
perdit d'abord ses gracieuses parures de treillages. Ces fins et coûteux
ouvrages de bois étaient pourris, pour la plupart, et il eût été nécessaire
de les renouveler. Mais l'argent se drainait ailleurs, et il parut plus
simple de les abattre. La hauteur des charmilles fut abaissée et des
arbres furent plantés en avant d'elles. Les allées, qu'ils recouvrirent
de leurs arceaux, prirent l'aspect qu'elles présentent aujourd'hui
et, si elles gagnèrent en ombre et en intimité ce qu'elles perdirent
en grandeur, les charmilles, étouffées par les arbres, ont toujours
dépéri depuis. Si le Bassin de Neptune fut achevé, en un grand style,
digne de lui, les mutilations de vases et de statues recommencèrent,
faute de surveillance. En 1730, des grilles furent rétablies autour
des principaux bosquets, trop tard pour sauver plusieurs d'entre eux
de dommages irréparables. Des voleurs s'introduisaient, la nuit,
dans le parc et coupaient, pour les emporter, les plombs des fontaines, les conduites d'eau, les robinets de cuivre. Non seulement
on pillait, mais on assassinait. Le 22 mai 1745, raconte le duc de
Luynes, M. de Gal, âgé de vingt-deux ans, arrivé à Versailles pour
solliciter un grade de cornette de cavalerie et qui venait de l'obtenir,
attiré par des malandrins dans le Bosquet de l'Étoile (Quinconce du

Midi actuel), fut tué et dépouillé par eux. Entre temps, des couples se livraient, derrière les charmilles, à des ébats indécents, pour le scandale des honnêtes gens. Sous Louis XVI, l'œuvre de Le Nôtre, qui, sous l'influence du "goût de la Nature" avait, décidément cessé de plaire, continua à être battue en brèche : destruction de bosquets; bosquet nouveau des Bains d'Apollon dans le style paysager ; menace d'un complet bouleversement, que les événements politiques vinrent par bonheur enrayer.

Le parc s'était, de plus en plus, ouvert au public et, dès 1770, la foule y avait été librement admise, lors des fêtes données en l'honneur du mariage du Dauphin et de Marie-Antoinette. Sept cents Gardes Suisses avaient été employés à maintenir l'ordre. A la veille de la Révolution, il suffisait, pour entrer, d'être proprement vêtu. Les soirs d'été, sur la terrasse du château, lorsque la musique de la Garde Française et de la Garde Suisse se fait entendre, Marie-Antoinette se promène parmi le public, dans la pénombre de la nuit, sans suite aucune, appuyée au bras d'une de ses dames. Ainsi put s'amorcer, dans le Bosquet de la Reine, cette étonnante comédie de l'Affaire du Collier, où la fausse comtesse d'Oliva parvint à faire croire au naïf cardinal de Rohan qu'elle était la reine de France en personne.

C'est le parc, à peu de chose près, tel qu'il se présentait lorsque la royauté quitta Versailles, qui est parvenu jusqu'à nous. La Révolution n'y toucha point. Le conventionnel Delacroix avait cependant, d'une des fenêtres de la Galerie des Glaces, jeté ces mots sinistres : "La charrue, maintenant, doit passer là." Un de ses acolytes avait aussitôt proposé de transformer en canons les bronzes des Parterres d'Eau. Mais des citoyens versaillais protestèrent, et Antoine Richard, l'ancien jardinier de Trianon, sauva la situation en proposant à la Convention de transformer le parc en jardin de rapport. Des carrés de choux et de poireaux, aménagés entre les buis des Parterres de Latone, des arbres fruitiers, palissés le long des charmilles, affirmèrent l'esprit démocratique des temps nouveaux, et l'aventure n'alla pas plus loin. Une statue brisée d'un Jupiter antique fut, par ailleurs, tout le dégât.

Le parc connut de plus graves dangers avec Napoléon. "Des beaux bosquets, dira-t-il à Sainte-Hélène, je chassais ces Nymphes de mauvais goût, ces ornements à la Turcaret, et je les remplaçais par des Panoramas en maçonnerie de toutes les capitales où nous étions entrés victorieux, de toutes les batailles qui avaient illustré nos armes

C'eût été autant de monuments éternels de nos triomphes et de notre gloire nationale, posés à la porte de la capitale de l'Europe. " Ces effroyables folies avortèrent dans l'œuf. On frémit en les lisant.

Sauf quelques orangers et grenadiers plusieurs fois centenaires, chaque année soigneusement garés contre les frimas de l'hiver, aucun n'existe plus des arbres que connut Louis XIV. Beaucoup de ceux de la première plantation du parc, exécutée par Le Nôtre, avaient déjà péri durant l'hiver de 1709, un des plus incléments dont l'histoire ait gardé le souvenir et au cours duquel les oliviers gelèrent en Provence. Fagon n'a pas manqué d'enregistrer dans son *Journal* ce cataclysme atmosphérique, " le ventre de Sa Majesté en ayant été fort resserré ". " Le 10 février, conte-t-il en un style quelque peu filandreux, tomba une pluie glaçante, mêlée de neige, de vent et de grêle, et de lambeaux de glace de la longueur du bras, qui, avec un froid épouvantable, ont encroûté de glace les arbres et les murailles, et toutes les branches d'un étui transparent, et, à leurs extrémités, de longues pointes de glace, pendantes comme de larges coutelas tant durs et transparents. " C'est ce givre qui fit éclater les arbres et les brisa sous son poids. Une replantation partielle fut rendue nécessaire.

Une seconde, totale, eut lieu sous Louis XVI. La plupart des arbres d'ornement n'ont pas une durée éternelle, un marronnier ou un platane vivent moins qu'un chêne. Le parc dépérissait. L'abatage s'accomplit en 1774 et fut brutal, tout ayant été rasé du même coup. Les poètes en pleurèrent et, dépouillée de son vert abri, " Vénus, dit Delille, s'étonna d'être nue ". Durant deux ans, le parc demeura semblable à un désert. La replantation ne fut effectuée qu'en 1776, comme à regret et avec cette arrière-pensée que l'occasion eût été belle d'accommoder au fameux " goût de la Nature " le legs entier de Le Nôtre. Ces arbres vécurent à leur tour un peu moins d'un siècle et furent renouvelés, bosquet par bosquet, en 1860 et pendant les années qui suivirent. Ceux qui avaient été épargnés succombèrent pendant l'hiver de 1879-1880, où se reproduisit, comme en 1709, le désastreux phénomène du givre. Les arbres du parc en sont donc aujourd'hui à leur quatrième génération.

Terrasse de Latone.

Louis XIV en personne a tracé l'itinéraire du visiteur dans le parc. Nous le trouvons dans la *Manière de voir le jardin de Versailles*, feuille manuscrite, datée du 9 juillet 1689, à 6 heures du soir, écrite de la main du Grand Roi ou dictée par lui à l'un de ses secrétaires (ceux-ci s'appliquaient avec conscience à contrefaire son écriture), et que possède la Bibliothèque Nationale. Des copies calligraphiées y sont jointes. Cet itinéraire est la logique même ; ses indications, très minutieuses, mettent chaque point en valeur, et nous aurions mauvaise grâce à en chercher un autre. Nous le suivrons donc fidèlement.

Entrant dans le parc par le Vestibule de la Chapelle ou par le Vestibule des Princes, nous gagnerons d'abord les Parterres d'Eau et la Terrasse de Latone. Les PARTERRES D'EAU, verts miroirs rectangulaires que ride la brise ou qui, par temps calme, reflètent, en une fantasmagorie merveilleuse, les nuages du ciel et les trophées de pierre du château, sont encadrés de *Groupes d'Enfants* et de statues couchées, en bronze vert, aux ardentes coulées d'émeraude, à la chaude patine. Les enfants, groupés trois par trois, jouent avec des coquilles, des coraux, des fleurs, des oiseaux. Ils sont de Le Gros, Lespingola, Poultier et Van Clève. Les statues couchées, quatre à chaque bassin, figurent les fleuves de France, alternant avec la rivière qui est leur principal affluent : *Garonne* et *Dordogne*, par Coysevox ; *Seine et Marne*, par Le Hongre ; *Loire* et *Loiret*, par Regnaudin ; *Rhône* et *Saône*, par Tubi. Le fleuve de la Seine est appuyé sur un aviron orné d'une écrevisse ; le fleuve de la Garonne, la moustache frisée, rit spirituellement en regardant le ciel ; le Rhône, la barbe en éventail, ressemble à un Neptune antique. La rivière de la Saône, femme aux formes pleines, à la chair ferme, aux seins impeccables, est belle entre toutes ses sœurs, dans un voluptueux abandon. Huit *Nymphes des Eaux*, de Le Hongre, Le Gros, Magnier et Raon, accompagnées d'un Amour, s'allongent entre ces statues, sur les margelles de marbre. Tous ces bronzes, à la calme et puissante sérénité, furent fondus à l'Arsenal de Paris, de 1688 à 1690, par les frères Jean-Balthazar et Jean-Jacques Keller, de Zurich, et par Aubri et Roger, pour les groupes d'enfants. Le métal employé fut de la monnaie de cuivre, importée de Suède.

En arrière des Parterres d'Eau, la TERRASSE DU CHATEAU, surélevée de sept marches, est marquée à ses deux angles par deux gros et beaux vases de marbre, aux anses à têtes de Satyres : *Vase de la Guerre* (abaissement de l'Espagne et défaite des Turcs en Hongrie, en 1664), par Coysevox, à gauche en regardant le château, et *Vase de la Paix* (allégorie des traités d'Aix-la-Chapelle, en 1668, et de Nimègue, en 1678-1679), par Tubi. L'un et l'autre correspondent, au premier étage, aux Salons de la Guerre et de la Paix. Contre le rez-de-chaussée du château s'adossent quatre grands bronzes, fondus par les Keller, d'après quatre chefs-d'œuvre de l'art antique : *Bacchus, Apollon, Mercure, Silène portant Bacchus*, dont les originaux sont au Louvre et au Vatican. A l'angle droit du rez-de-chaussée, une grille en forme de balcon, en fer forgé et doré, au chiffre commun de Louis XV et du Dauphin, a été placée en 1747, " afin d'éloigner les curieux ", lorsque le Dauphin, fils de Louis XV, habita l'appartement qui se trouve derrière ces fenêtres. Au centre du rez-de-chaussée, un passage, qui faisait communiquer directement le parc avec la Cour de Marbre, s'ouvrait, sous Louis XIV, aux trois arcades médianes, garnies alors de grilles de fer forgé et doré.

La TERRASSE DE LATONE s'étend en avant des Parterres d'Eau, admirable belvédère, qui dégage une si parfaite impression d'immensité et d'air libre que les familiers du parc l'appellent " la Plage ". Elle est encadrée de deux gros vases de marbre, l'un par du Goulon, l'autre par Drouilly, de facture magistrale, décorés de fleurs de tournesol et du Soleil royal ; aux anses, deux têtes de bélier. Un lien existe-t-il entre ces têtes et celles qui ornent à Paris, 68, rue François-Miron, l'escalier de l'Hôtel de Beauvais, dessiné par Antoine Le Pautre pour Mme de Beauvais, née Bellier, femme de chambre d'Anne d'Autriche, qui " déniaisa " Louis XIV ? Il serait téméraire de l'affirmer, mais le rapprochement est curieux. En face de soi, l'on voit se développer, en forme de fer à cheval, le magnifique amphithéâtre de la DESCENTE DE LATONE. Les charmilles qui, de chaque côté, le dessinent ont conservé l'aspect qu'elles présentaient au temps de Le Nôtre, murs droits et dégagés d'arbres, en avant desquels se posent les statues. Seuls, les ifs taillés en éteignoirs, qui bordent le côté opposé de l'allée, ont alourdi et grossi démesurément leur silhouette [1].

Au-dessous de la terrasse, le BASSIN DE LATONE, de forme ovale, étage ses plombs dorés et ses degrés de marbre rouge, que surmonte

1. STATUES DE LA DESCENTE DE LATONE. — A droite : *Le Mélancolique*, par La Perdrix ; *Mercure* (d'après l'antique), par Lacroix ; *Prisonnier barbare* (idem), par André ; *Faune joueur de flûte* (idem), par Hurtrelle ; *Bacchus* (idem), par Granier ; *Faustine* (idem), par Regnaudin ; *Hercule Commode* (idem), par N. Coustou ; *Uranie* (idem), par Frémery ; *Ganymède* (idem), par Laviron. En face du Ganymède, charmante *Nymphe à la coquille*, de Coysevox, imitée de l'antique ; le marbre de Coysevox, transporté au Louvre, a été remplacé par une copie un peu mièvre. — A gauche : *Le Poème lyrique* par Tubi ; *Le Feu*, par Dossier ; *Prisonnier barbare* (d'après l'antique), par Lespagnandelle ; *Vénus callipyge* (idem), par Clérion ; *Silène et Bacchus* (idem), par Mazière ; *Mercure* (idem), dit à tort Antinoüs, par Le Gros ; *Mercure* (idem), par Melo ; *Uranie* (idem), par Carlier ; *Apollon* (idem), par Mazeline. En face de l'Apollon, *Gladiateur Mourant* (idem), par Monnier. Ces diverses copies d'Antiques sont de valeur inégale, et la plupart d'entre elles, d'une molle facture, ont beaucoup perdu de la beauté de l'original.

la statue en marbre blanc de Latone, baptisée par le populaire "la Reine des Grenouilles". Aimée par Jupiter et poursuivie par la colère de Junon, qui lança à sa poursuite le serpent Python, Latone, contrainte de fuir d'asile en asile avec les deux enfants ou dieu, Diane et Apollon (Apollon c'est le Soleil et le Soleil c'est Louis XIV), implora un peu d'eau de paysans lyciens, qu'elle rencontra sur son chemin et qui la lui refusèrent. Pour les punir, Jupiter, sur sa prière, les changea en grenouilles. Nous assistons à la métamorphose. Elle est complète chez les uns, en train de s'accomplir chez les autres, qui semblent se tordre sous l'envahissement bestial dont ils sont la proie ; leurs doigts se palment, et leur tête est déjà celle du coassant batracien. Des tortues et des iguanes, sorte de lézard exotique, complètent l'ornementation. Toutes ces sculptures, d'un art très personnel, sont de Gaspard et de Balthazar Marsy, de Cambrai, qui reçurent en paiement 5 000 livres (20 000 francs), soldées le 24 décembre 1670. La disposition du bassin et de ses plombs fut d'abord différente. Une estampe de Jean Le Pautre, datée de 1678, nous montre Latone émergeant à peine de l'eau, sur un rocher entouré de roseaux. Les demi-grenouilles paysannes sortent directement du bassin, et les petites grenouilles sont posées sur la margelle. A la fin du règne de Louis XIV, le bassin, remanié par Mansart, semble-t-il, offrait déjà son aspect actuel. Quant aux tortues et aux iguanes, ils ornaient les deux petits bassins qui se trouvent en contre-bas, dans les parterres, et qui en ont conservé le nom de *Bassins des Lézards*. — Au delà de la Descente de Latone, le Tapis Vert rejoint le Bassin d'Apollon, puis le Grand Canal, terminé par une double rangée de peupliers droits, dont chacune semble ne former qu'un seul arbre. Il y a 3 kilomètres de la terrasse à la Grille Royale, qui enclôt le parc à cet endroit, près de la ferme de Gally. La perspective, autrefois, se continuait encore, durant 4 kilomètres, par l'avenue de Villepreux, qui aboutissait, tirée au cordeau, au village de ce nom ; on en retrouve, par places, la trace à travers champs. Quand le temps est clair, on distingue, à l'extrême horizon, une masse sombre, qui est le bois de Ville-preux.

Nous retournant ensuite vers le château, que la vue embrasse en entier, avec le développement de ses 600 mètres de façade et ses trois cent soixante-quinze fenêtres, nous admirerons la belle couleur légè-rement ambrée, tirant sur l'ivoire, de la pierre dont il est bâti (pierre de Saint-Nom-la-Bretèche, petit village voisin de la forêt de Marly, et

Façade du Château sur le Parc et Parterres du Midi.

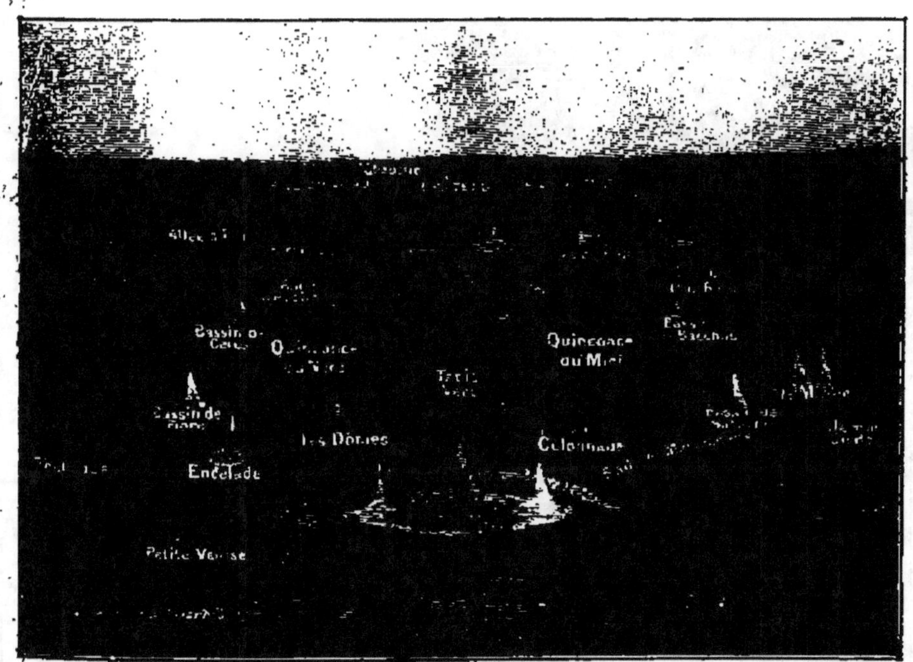

Vue générale du Parc, de ses Bassins et de ses Bosquets.

Corps central du Château et Parterres d'eau.

Les Cent Marches.

pierre de Saint-Maximin, dans l'Oise), et la savante ordonnance de l'œuvre de Le Vau, remaniée et amplifiée par Mansart. Le rez-de-chaussée, très sobre, avec ses portes-fenêtres cintrées, ayant pour tout ornement une Tête, à la clef de voûte (tête d'homme ou de femme, de faune ou de nymphe, de satyre ou de bacchante), sert comme de piédestal au premier étage, où se porte tout l'effort ornemental. A cet étage, les hautes fenêtres s'encadrent à leur cintre de bas-reliefs variés, parmi lesquels se voient des boucliers, des armes, des casques, des couronnes, des dépouilles de lion. Quinze avant-corps, soutenus par des colonnes ioniques, appareillées par quatre, par six ou par huit, se détachent de la façade, dont ils rompent l'uniformité. Sur l'entablement des colonnes et à la hauteur du second étage qui, avec ses petites fenêtres carrées, n'est qu'une simple transition avec le toit, se pose une série de statues, au nombre total de 102. Parmi celles-ci, nous trouvons notamment, au corps central : *Les Mois de l'année* ; *Cérès et Bacchus*, qui symbolisent le pain et le vin ; *Diane, Apollon, Zéphyr*, qui est le souffle du printemps ; *Flore*, la déesse des fleurs ; *Pomone*, la déesse des fruits, dont *Vertumne*, le dieu de l'automne, est l'amant ; *Thalie*, la muse de la grande comédie ; *Momus*, le dieu de la bouffonnerie ; *Terpsichore* et *Pan*, qui président à la danse de style et à la danse comique. Nous ignorons le sujet de beaucoup d'autres. Au reste, toutes ces statues sont surtout là pour l'effet décoratif ; elles valent par leur silhouette générale, par la justesse de leurs proportions et de leur ligne ; leur personnalité s'efface, en quelque sorte, dans l'harmonie de l'ensemble, auquel elles concourent. L'ornementation reprend, en bordure des toits, avec des trophées d'armes et des pots à feu alternés, qui se posent sur les balustres, et dont l'édifice se hérisse. Ces trophées, rasés sous le Premier Empire (deux d'entre eux seulement avaient survécu, à l'extrémité de l'Aile du Nord), ont été rétablis à partir de 1895, et ce n'est qu'après leur réfection totale que Versailles reprendra sa figure réelle. Ils avaient été payés, sous Louis XIV, au prix moyen de 608 livres (2 432 francs) pièce ; ils revenaient, avant la guerre, à 3 500 francs. Pour eux comme pour les statues qui précèdent, c'est Le Brun qui avait fourni les esquisses. Ses sculpteurs ordinaires, les frères Marsy, Desjardins, Le Conte, Houzeau Magnier, Le Hongre et autres, exécutèrent le travail. La haute toiture de la Chapelle domine les toits plats du château, que Louis XIV, nous le rappelons, avait projeté de couvrir pareillement de combles ornementés et dorés.

La Fontaine de Diane, à droite de la Terrasse de Latone, est précédée d'une ravissante statue de l'*Air*, par Le Hongre, femme dénuée, au corps jeune, qui tient sur sa tête une écharpe légère, enflée par la brise ; un aigle, roi de l'espace, est à ses pieds ; près de sa main droite est un caméléon, symbole de l'instabilité. La *Diane* de Desjardins, tellement svelte qu'elle semble courir sans toucher le sol (c'est une des plus belles œuvres du parc et les intempéries, hélas! la ravagent), et la *Vénus tranquille*, de G. Marsy, encadrent la fontaine, où se font face deux groupes de bronze, pleins de pétulance, de Van Clève : *Lion terrassant un sanglier* et *Lion terrassant un loup*, fondus par les Keller, en 1687. — De l'autre côté de la terrasse, la Fontaine du Point du Jour, que précède *le Point du jour*, par G. Marsy, figuré par une femme au corps alourdi par le sommeil, avec une étoile au front et un coq à côté d'elle, s'encadre du *Printemps*, par Magnier, et de *l'Eau*, aux yeux glauques, par Le Gros. Deux groupes de bronze, fondus par les Keller, représentent un *Tigre terrassant un ours* et un *Limier abattant un cerf*. Ils sont de Houzeau qui, par la vérité des mouvements et l'énergie de la facture, s'y révèle un animalier de premier ordre. En face de la statue de l'Eau et à l'extrémité de la balustrade qui borde les Parterres du Midi, une *Ariane couchée* est copiée de l'antique, par Van Clève. Un peu plus loin, vers les Cent Marches, se trouvent les trois, ou plutôt les six marches de marbre rose, évoquées par Musset, en des vers célèbres.

Les Parterres du Midi, ancien *Jardin des Fleurs* sous Louis XIV, son ornés de trente *Vases* de bronze. Ceux qui s'alignent parallèlement au corps central du château et aux Parterres d'Eau sont, en double exemplaire, l'œuvre de l'orfèvre Ballin et du fondeur Duval. D'un travail merveilleux, qui se rattache à l'art le plus fin de la Renaissance, ils datent des premiers embellissements de Versailles et, sauf quelques fleurs de lys grattées à la Révolution, ils sont arrivés intacts jusqu'à nous. Leur forme et leur ornementation diffèrent pour chacun ; les anses sont formées par des petits Satyres assis sur des têtes de bouc, par des Chimères, des têtes de lion, des hures de sanglier. Ils recevaient autrefois de minuscules orangers, taillés en boule. Ceux des tablettes latérales reproduisent les précédents ou ceux qui ornent les Parterres du Nord ; ils ont été fondus, avec moins d'art, en 1852. Quatre autres vases, en marbre, sont de Bertin. — De chaque côté des marches qui, de la terrasse du château, descendent aux parterres, deux délicieux *Amours* de bronze, par

Sarrazin, d'une facture serrée, sont assis, gamins et joyeux, sur le dos de deux *Sphinx* de marbre blanc, par Le Rambert, au fin profil et aux yeux profonds. Des " Broderies de buis " qui courent sur le sol, mêlées de petits ifs très bas, et y décrivent de gracieuses arabesques, des rosaces et des fleurs de lys décorent les Parterres du Midi. C'est un mode d'ornementation très ancien dans l'art des jardins et qui fut la parure primitive du parc de Louis XIII.

Orangerie et Pièce d'eau des Suisses.

L'ORANGERIE, construite par Mansart de 1684 à 1686, creuse au-dessous des Parterres du Midi, qui la dominent, et auxquels elle épaule sa masse formidable, ses vastes voûtes, qui atteignent 384 mètres de développement, 13 mètres de haut à la galerie centrale, et sont soutenues par des murs épais de 4 et de 5 mètres. Elle est éclairée par de hautes fenêtres cintrées. Son architecture, volontairement très simple dans sa robustesse, appartient à l'ordre toscan. A l'intérieur se trouvaient deux statues colossales d'Hercule et de Mercure, transportées au Louvre. Il n'y reste plus que le *Louis XIV* de Desjardins, costumé à la romaine, qui, dans un premier projet, devait orner à Paris le monument de la place des Victoires, élevé au roi par le maréchal de La Feuillade ; la statue, mutilée pendant la Révolution (p. 71), fut restaurée en 1816. L'Orangerie, où se donnèrent, sous Louis XVI, des représentations dramatiques, où campèrent, en 1789, les troupes appelées à Versailles pour défendre la royauté, où furent enfermés et jugés, en 1871, de nombreux fédérés de la Commune de Paris, abritait, sous Louis XIV, deux mille caisses d'orangers et un millier d'autres, de myrtes, de lauriers-roses et de grenadiers. Ces divers arbrisseaux, principalement les orangers dont on " forçait " artificiellement la floraison, servaient à décorer les Grands Appartements du château et la Galerie des Glaces ; ils y étaient placés dans de gros cache-pots d'argent. D'autres sujets paraient, pendant l'été, le parc et ses bosquets. Les caisses étaient masquées par des plantes grimpantes ou par des charmilles basses, d'où la tête de l'arbre émergeait seule. L'oranger le plus illustre était le *Grand Bourbon*, qui passait pour avoir été semé, à Pampelune, en 1421, par une princesse de Navarre, et avait été donné à Anne de Bretagne, en 1499. Il avait appartenu ensuite au connétable de Bourbon et avait été confisqué, avec tous les biens de celui-ci, par François Ier, qui l'avait amené à Fontainebleau, d'où Louis XIV le fit transporter à Versailles. En 1881, âgé de quatre cent soixante ans, il donnait encore, à chaque récolte, plus de 200 fruits. Il est mort en 1894, complètement desséché. L'Orangerie possède aujourd'hui dix-huit cents pieds environ d'orangers et de grenadiers. Vénérables témoins, trois ou quatre d'entre eux datent en partie de Louis XIV, les autres du XVIIIe siècle. Le *Parterre des Orangers*, qui s'étend devant l'Orangerie, bien abrité, avec un bassin à son centre, était décoré de statues, qui ont été déplacées ou ont disparu.

Les CENT MARCHES, doubles escaliers de 20 mètres de large et de 103 marches chacun, à l'allure cyclopéenne, font corps avec l'Orangerie, qu'ils encadrent, et descendent des Parterres du Midi vers la route de Chartres et la Pièce d'eau des Suisses. En face de ces pierres amoncelées, que rongent le soleil et la lèpre grise des lichens, et qui, vues d'en bas, semblent escalader le ciel, l'esprit se reporte de lui-même vers les anciens ouvrages des Pharaons, et nos conceptions architecturales modernes nous semblent bien pauvres et misérables. Deux pylônes se dressent à la base de chaque escalier et portent des groupes mythologiques. Ce sont, du côté de la ville : l'*Aurore et Céphale*, par Le Gros (l'Aurore cherche en vain à retenir Céphale, son amant, qui la fuit ; il est armé d'un javelot et, devant lui, un Amour tient un chien ; derrière l'Aurore, on aperçoit Pégase, le Cheval ailé) ; *Vertumne et Pomone*, par le même (Vertumne, dieu de l'Automne, tenant d'une main le masque décharné de l'Hiver que, dans la nature, il annonce et précède, s'appuie de l'autre sur l'épaule de Pomone, qui tient une faucille ; deux Amours sont auprès d'eux). Du côté du parc : *Zéphyr et Flore*, par Le Comte (Zéphyr a des ailes de papillon et Flore, appuyée sur lui, tient une couronne de fleurs) ; *Vénus et Adonis*, par le même (Vénus, avec des colombes pour attribut, s'appuie sur Adonis, qui est armé de son épieu et porte un carquois ; deux Amours sont près de ses chiens).

La PIÈCE D'EAU ou LAC DES SUISSES continue la perspective vers le *bois de Satory*, qui, de ce côté, ferme l'horizon. Cintrée à ses deux extrémités, elle mesure 618 mètres de long, 213 mètres de large, est profonde de 3 mètres à son centre et couvre 13 hectares. Elle fut creusée parmi d'anciens marécages, de 1678 à 1682, en partie par le régiment des Gardes Suisses (p. 32), et finie d'aménager par Mansart, en 1687. Ce n'était point alors ce vague étang, aux rives indécises, où les petits rentiers versaillais viennent aujourd'hui distraire leurs loisirs à pêcher la carpe et le brochet, assis sur un pliant, leur boîte d'asticots posée à côté d'eux. Cerclée d'une margelle de pierre, qui en dessinait nettement le contour, encadrée d'ifs taillés, de belles allées et de glacis de gazon entretenus avec soin, elle se rattachait à l'ensemble décoratif du parc et du château. Des barques et des gondoles, sculptées et dorées, y servaient à la promenade, comme sur le Grand Canal, et à la pêche. La margelle de pierre s'est dégradée au siècle dernier et, à son défaut, il serait facile de rétablir du moins les ifs disparus. A l'extrémité de la pièce d'eau, on distingue un point blanc, se détachant sur la verdure. C'est une statue équestre qui représenta tout d'abord *Louis XIV gravissant la montagne de la Gloire*, œuvre sénile du chevalier Bernin, célèbre sculpteur Italien, à qui elle avait été commandée. Amenée à Versailles en 1685, cinq ans après la mort du sculpteur, elle déplut à Louis XIV, et non sans raison, avec ses formes boursouflées et son allure emphatique. Le roi ordonna de la briser. Mais Girardon, l'ayant retouchée, en fit un *Marcus Curtius*, se précipitant dans les flammes, pour apaiser les dieux infernaux irrités contre Rome. Elle fut ensuite reléguée à la place où nous la voyons. Il vaut la peine cependant, pour le promeneur qui ne craint point ses pas, de pousser jusqu'à ce point blanc lointain, d'où se déroule une vue en retour admirable sur la nappe dormante des Suisses et, comme toile de fond, sur les Cent Marches et sur le château.

A droite de la pièce d'eau était installé un *Mail*, pour le jeu sportif de ce nom, auquel hommes et femmes prenaient part, et qui consistait à lancer devant soi des boules, avec un maillet à manche souple ; une variété de notre croquet moderne. Un peu au delà du mail, une *ramasse* ou *glissoire*, que l'on appelait aussi une *roulette*, comme il s'en trouvait une à Marly (p. 41), dévalait à pic des pentes des bois de Satory.

A gauche de la Pièce d'eau des Suisses, entouré par les toits d'ardoise bleue du vieux Versailles, que dominent les clochetons à boules de l'église Saint-Louis, s'étend le POTAGER DU ROI, qui couvre près de 10 hectares. Il fut aménagé de 1672 à 1682, par les soins de La Quintinye, ancien avocat au Parlement de Paris, devenu horticulteur habile. Divisé en compartiments, que l'on retrouve en partie, avec une grande surface de murs pour les espaliers, le Potager fournissait les fruits et les légumes destinés à la table du roi. Des cultures forcées, sous châssis, ou dans des serres chaudes, produisaient les primeurs. Les asperges et l'oseille faisaient leur apparition en décembre ; les radis et les salades en janvier. La culture de l'ananas fut introduite sous Louis XV, ainsi que celle du caféier, dont on obtint des graines mûres. Trois vieux poiriers passent aujourd'hui pour être les derniers contemporains de La Quintinye.

Tapis Vert et Bosquets du Midi.

Revenus à la Terrasse du château et aux Parterres d'Eau, nous descendrons, par le Fer à cheval de Latone, vers la *Demi-Lune* qui précède le Tapis Vert. Cette demi-lune est ornée de quatre groupes, copiés de l'antique par Carlier, Tubi, Coysevox et Lespingola [1].

A la place de deux de ces groupes, le *Laocoon* et le *Pœtus et Arria*, se trouvaient primitivement le *Milon de Crotone* et l'*Andromède et Persée* de Pierre Puget. Esprit fier et indépendant, tête chaude et généreuse, conscient de sa valeur et n'admettant pour son art aucun marchandage, peintre, architecte et sculpteur, celui que l'on a surnommé le Michel-Ange français s'était révélé, dans toute sa puissance, à Toulon, en 1656, avec ses magnifiques cariatides de l'Hôtel de Ville. Venu à Paris, il fut mis en rapport avec Fouquet, s'engagea avec lui, après avoir refusé les offres tardives que Mazarin lui fit faire par Colbert, et partit en Italie, afin d'y choisir lui-même et acquérir les marbres dont il aurait besoin pour les travaux qu'il méditait. La disgrâce du surintendant étant survenue durant ce temps, en 1662, il se fixa à Gênes, où il produisit des œuvres importantes, traité avec honneur et avec une largesse pécuniaire digne de son génie. En 1669, Colbert, poussé par l'opinion publique, demande à l'artiste de rentrer en France, mais en lui gardant, semble-t-il, une mauvaise rancune, et pour l'étouffer, à Toulon, avec un maigre salaire, dans la charge de Directeur de la sculpture navale. Puget, qui avait rêvé de venir à Versailles et de collaborer à l'œuvre immense qui s'édifiait, se mit, non sans dépit, à travailler le bois et para de ses sculptures inutiles des nefs dorées, qui brûlaient dans les batailles ou sombraient dans les tempêtes. Révolté de cet absurde labeur, digne de Sisyphe, où s'anéantissait tout son être, Puget quitte Toulon et se retire à Marseille, sa ville natale, où, reprenant l'ébauchoir et le ciseau, il s'enferme en tête à tête avec son *Milon de Crotone*,

1. GROUPES DE LA DEMI-LUNE DU TAPIS VERT. — A droite : *Papirius et sa Mère*, qui paraissent plutôt un Oreste et une Electre, de l'Ecole grecque; *Laocoon et ses enfants*, se débattant sous l'étreinte des serpents (grand-prêtre d'Apollon, fils d'Hécube et de Priam, Laocoon tenta en vain de s'opposer à ce que fût introduit dans Troie le cheval fatal, enfermant les Grecs ; deux serpents monstrueux, sortis de la mer et envoyés par les dieux ennemis, l'étouffèrent avec ses deux fils), œuvre célèbre de l'Ecole de Rhodes. — A gauche : *Castor et Pollux*, nus et couronnés de fleurs, qui semblent en réalité deux éphèbes inconnus, sacrifiant aux dieux de l'Hadès ; *Pœtus et Arria*, sculpture de l'Ecole de Pergame, qui seraient avec plus de vraisemblance un homme et une femme barbares, fuyant dans une déroute.

qui, terminé, lui est acheté pour Versailles. Le marbre arrive, en 1683.

Mais qu'en fera-t-on ? Ce Milon, dont un chêne étreint la main et qui se débat, impuissant malgré sa force, contre le lion qui a bondi sur lui, entrant ses crocs et ses griffes dans son corps pantelant, c'est la clameur désespérée de la souffrance humaine, c'est Puget lui-même, dont le bras a été paralysé, qui clame sa douleur. L'œuvre détonne dans cet Olympe de dieux de chair et de marbre, dans ce parc aux écroulements de fleurs, où chantent les jets d'eau, où tout est joie et sérénité. Les Nymphes tendent au soleil leur gorge nue, les Faunes rient sous la feuillée ; l'enfance, c'est le roi qui l'a prescrit, sourit et se joue partout ; toute misère a été délibérément écartée. Le tragique martyr n'est pas dans la gamme voulue, et Le Brun hésite à l'exhiber. C'est Louis XIV, assure-t-on, qui trancha la question en donnant au *Milon de Crotone*, en plein cœur du parc, la place d'honneur. Un mot de Marie-Thérèse aurait achevé sa fortune. "Ah ! le pauvre homme !" se serait-elle écriée, avec émotion, devant la statue, et chacun dès lors de répéter à l'envi que l'œuvre nouvelle est un chef-d'œuvre. Louvois fut chargé de demander à Puget un pendant au Milon et, dans sa lettre, il s'informait, de la part du roi, de l'âge de l'artiste. " J'ai soixante ans, monseigneur, répondit Puget, avec une noblesse toute cornélienne, mais j'ai des forces et du courage pour servir encore longtemps. Je suis nourri aux grands ouvrages. Je nage quand j'y travaille et le marbre tremble devant moi, pour grosse que soit la pièce. " C'est alors qu'il termina l'*Andromède*. Il l'envoya, en 1685, avec son fils, qui fut chargé de la présenter à Louis XIV. " J'espère, écrivit-il, que cet ouvrage sera plus beau et plus agréé que celui du Milon. La pièce de marbre est sans défaut et blanche comme la neige. J'y ai travaillé, en divers temps, cinq ans. " La grâce s'alliait ici à la puissance. Persée, dont un duvet nouveau couvre à peine les joues, détache délicatement, de sa main robuste, les liens d'Andromède. La jeune fille est à demi pâmée sur le bras du héros ; son corps est déjà celui d'une femme, sa tête est presque celle d'une enfant ; dans ses yeux moites, encore effarés du danger qu'elle a couru, on voit poindre, pour son sauveur, la flamme naissante de l'amour. Avant que le groupe fût hissé sur son socle, on le fit garder à vue, nous apprennent les Comptes, par un sergent nommé Cottard. Puget fut réglé à 14 500 livres (58 000 francs), tous frais compris. C'était le taux moyen en usage pour les sculpteurs habituels de Versailles. Mais Girardon troussait une œuvre en six mois, aidé au besoin par ses élèves ; il n'y passait pas cinq ans. En outre, les frais de Puget avaient été lourds. Il réclama. Louvois lui reprocha d'être trop cher et de prétendre à la solde d'un général d'armée. Voyant que ses placets demeuraient sans résultat, l'artiste finit par se soumettre. Il méditait d'autres projets pour Versailles, parmi lesquels un Apollon colossal, de 12 mètres de haut, environné de Tritons et de Néréides. Sur ces entrefaites, s'étant vu retirer par la municipalité de Marseille, à la suite d'obscures intrigues, la commande qui lui avait été promise d'une statue équestre de Louis XIV, il prit le parti de venir lui-même plaider sa cause à la cour. Il fut reçu à grands coups de chapeau, avec maint éloge de son génie et maint embrassement ; Louis XIV lui remit une médaille d'or, à sa royale effigie. Mais les mêmes marchandages recommencèrent avec Louvois.

Vainement Mansart conseilla à Puget de plier. Il s'y refusa et s'en retourna, de ce douloureux calvaire, qui est une page noire dans l'histoire de Versailles, en abandonnant derrière lui tous ses rêves. Son haut-relief d'*Alexandre et Diogène*, où le jeune conquérant macédonien se rencontre, méprisant et superbe, avec le philosophe cynique, demi-nu dans son tonneau, lui avait été acheté, peu avant, sur l'intervention de Le Nôtre, qui en avait vu l'esquisse à Marseille. Terminé en 1688, cet ouvrage fut le dernier de Puget qui parvint à Versailles et fut placé dans le Vestibule du rez-de-chaussée de la Chapelle. Sous le Directoire, tant pour les soustraire à l'intempérie des saisons, car le ciel de France n'est pas clément aux marbres comme celui de Grèce et d'Italie, que pour les protéger contre l'insulte toujours possible d'un butor, le *Milon de Crotone* et l'*Andromède* furent abrités dans le château. En 1850, on les transporta au Louvre et le *Diogène* suivit la même route. Si bien que, par une anomalie que l'on peut, sans exagération, qualifier de monstrueuse, Versailles, qui n'en eut jamais grand'chose, ne possède rien aujourd'hui du plus magnifique sculpteur du siècle de Louis XIV, le seul dont il soit permis de dire qu'il eut vraiment du génie.

Le TAPIS VERT, sous Louis XIV ALLÉE ROYALE, formait alors une allée sablée, où circulaient carrosses et cavaliers. Les charmilles qui le bordent, plus hautes et complètement dégagées, présentaient, avec leur décoration sculpturale, le même aspect que celles des rampes de Latone. La verte pelouse qui recouvre aujourd'hui l'allée date de Louis XV ; à cette époque fut aussi plantée la rangée d'arbres qui est en avant des charmilles. Le Tapis Vert, qui relie les Parterres de Latone au Bassin d'Apollon, est large de 40 mètres, long de

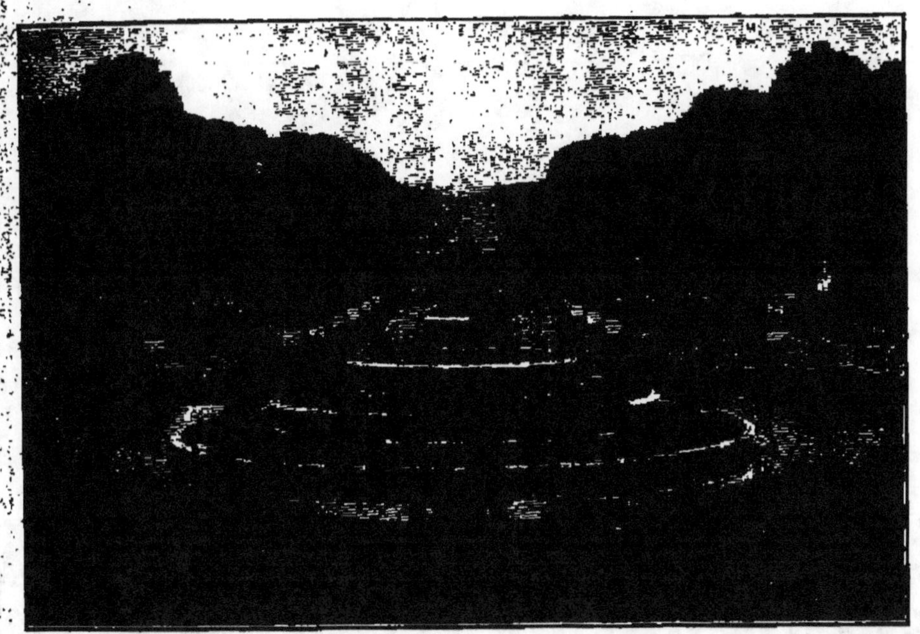

Bassin de Latone, avec la perspective du Tapis Vert et du Grand Canal.

Bassin et Char d'Apollon, Grand Canal.

BASSIN DE FLORE OU DU PRINTEMPS, PAR TUBI.

BASSIN DE CÉRÈS OU DE L'ÉTÉ, PAR REGNAUDIN.

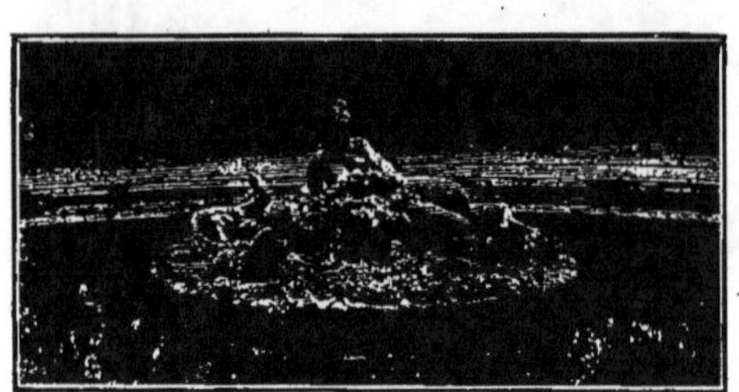

BASSIN DE BACCHUS OU DE L'AUTOMNE, PAR G. MARSY.

BASSIN DE SATURNE OU DE L'HIVER, PAR GIRARDON.

330 mètres. Sur chacun de ses côtés, six grands vases de marbre blanc, ornés de treillis, de cannelures, de fleurs de lys, de cornes d'abondance, de fleurs de tournesol, de feuilles d'acanthe, de branches de chêne et de laurier, alternent, par groupe de deux, avec six statues [1].

A droite et à gauche de la Demi-Lune du Tapis Vert, s'enfoncent, sous de hautes frondaisons, l'*Allée de l'Été* et l'*Allée de l'Automne*, marquées l'une et l'autre de grands *Termes* de marbre, s'alignant, majestueux, sur leurs socles rigides. — Sur l'Allée de l'Été, s'ouvre le QUINCONCE DU NORD, ancien *Bosquet du Dauphin*. Il était, sous Louis XIV, entouré de treillages fleuris et garni d'un bassin qu'ornait un Dauphin de plomb, lançant un jet d'eau. Le bosquet a été défiguré au XVIIIe siècle; il n'a conservé que huit petits *Termes*, exécutés à Rome sur les esquisses du Poussin (peut-être y travailla-t-il lui-même), et qui firent partie des premiers ouvrages décoratifs du parc. Ils sont d'une finesse charmante, l'un d'eux surtout, qui représente un *Faune*, tenant un bâton pastoral dans sa main droite et, de sa main gauche, un lierre dont il s'enguirlande la poitrine. — Sur l'Allée de l'Automne s'ouvre le QUINCONCE DU MIDI, ancien

1. STATUES DU TAPIS VERT. — A droite : *La Fourberie*, par Le Comte, œuvre fine et jolie, d'après esquisse de Mignard ; elle est représentée par une jeune femme tenant un masque et ayant près d'elle, un renard. *Junon* (?), statue antique, provenant de Smyrne, dont la tête et les bras sont de Mazière, elle tient un sceptre et une grenade. *Hercule et son fils Télèphe* (d'après l'antique), par Jouvenet. *Vénus de Médicis* (idem), interprétation intéressante plutôt que copie, par Frémery. *Cyparisse*, par Flamen ; il caresse son faon favori, dont le cou est enguirlandé de fleurs ; la légende rapporte que, l'ayant tué par mégarde, il en fut à ce point inconsolable qu'Apollon le changea en cyprès. *Artémise*, par Lefèvre et Desjardins ; sœur et femme de Mausole, la reine de Carie tient en main la coupe où elle s'apprête à boire les cendres diluées de son frère-époux bien-aimé. — A gauche: *La Fidélité*, par Lefèvre, d'après esquisse de Mignard, en pendant avec *La Fourberie* ; elle tient un cœur ; un chien est à ses pieds. *Vénus*, œuvre de premier ordre de Le Gros ; le visage est d'un charme profond, le corps d'une nudité souple et bien vivante ; la statue fut exécutée par l'artiste d'après un torse antique qui avait appartenu au cardinal de Richelieu, d'où son nom de "Vénus de Richelieu" sous lequel elle est connue. *Faune au chevreau* (d'après l'antique), par Flamen. *Didon*, par Poultier ; la reine de Carthage, abandonnée par Énée, va se frapper sur son bûcher. *Amazone* (d'après l'antique), par Buirette. *Achille à Scyros*, par Vigier, œuvre élégante et bien typique du style héroïque du XVIIe siècle ; Achille, que sa mère Thétis a caché à Scyros, sous des habits de femme, afin qu'il n'aille pas combattre et périr devant Troie, trahit son vrai sexe en repoussant des bijoux qu'Ulysse, déguisé en marchand, vint de lui présenter, et en se saisissant des armes qui lui sont offertes ; le marbre du visage, abrité par le casque, a conservé toute sa pure blancheur. — Les cinq premiers *Vases* et leurs doubles sont de Poultier, Herpin, Rayol, Barrois, Melo, Drouilly, Slodtz, Legeret, Joly et Arcise. Le dernier et son double sont de Hardy ; ils portaient le chiffre de Louis XIV, qui a été gratté à la Révolution.

TERMES DE L'ALLÉE DE L'ÉTÉ : *Hercule*, par Le Comte; il porte sa massue sur une épaule et tient dans sa main gauche les pommes des Hespérides. *Bacchante*, par De Dieu ; elle joue du tambour de basque. *Faune*, par Houzeau ; il tient d'une main une grappe de raisin, de l'autre une coupe. *Diogène*, par Lespagnandelle ; dans sa main droite est un parchemin roulé. *Cérès*, par Poultier ; elle tient une gerbe de blé de la main gauche, de l'autre un diadème d'épis et de bleuets. — TERMES DE L'ALLÉE DE L'AUTOMNE : *Le Fleuve Achéloüs*, par Mazière, d'après esquisse de Girardon ; il est couronné de roseaux et tient une corne d'abondance. *Pandore*, par Le Gros, d'après esquisse de Mignard ; symbole fatal de la beauté, elle tient en sa main le vase d'où s'échappèrent tous les maux de l'humanité. *Mercure*, par Van Clève ; dieu des marchands et des voleurs, il tient une bourse. *Platon*, par Rayol ; une flamme luit sur sa tête, symbole de son génie, et il tient un médaillon figurant son maître, Socrate. *Circé*, par Magnier ; la belle et redoutable magicienne sourit, sa baguette à la main.

Bosquet de la Girandole. Disposé, sous Louis XIV, comme le Quinconce du Nord, il possédait un bassin décoré de feuillages et de roseaux de cuivre. Un jet central y jaillissait, sur lequel convergeait un faisceau de petits jets, le tout figurant une sorte de chandelier ou de girandole. Le bosquet, transformé au XVIIIe siècle, n'a gardé lui aussi que ses petits termes.

Le BOSQUET DE LA SALLE DE BAL, ou DES ROCAILLES, a son entrée dans la charmille, en face du Quinconce du Midi et en retrait de l'Allée de l'Automne. Établi de 1681 à 1683, il a conservé, ou à peu près, le même aspect que sous Louis XIV et est le seul spécimen qui nous soit resté de ces fragiles ouvrages en rocailles, qui étaient nombreux à Versailles. Il a été plusieurs fois restauré. Il se compose d'un petit Amphithéâtre, de forme elliptique ; une partie en est occupée par des cascatelles, qui dégoulinent sur huit rangs superposés de rocailles menues, imitant des stalactites, et qui sont l'œuvre du rocailleur Berthier ; des coquillages de couleur y étaient entremêlés. Le reste du pourtour est occupé par des gradins gazonnés. Des torchères de plomb, autrefois dorées, en forme de champignon, portées par trois pieds de chèvres et décorées de fines sculptures, parmi lesquelles des guirlandes de feuillage, des têtes de Folies avec leur bonnet à grelots, des instruments de musique et des coquilles, recevaient des girandoles, pour éclairer le bosquet pendant les fêtes de nuit. Les grosses torchères, placées au pied des rocailles, sont de Le Gros et Massou ; les petites, de chaque côté des entrées, sont de Mazeline et Jouvenet. Huit vases, de même métal, sont de Le Conte pour les gros, de Le Hongre pour les petits. Ils furent réglés à Le Conte, par Colbert, 550 livres (2 200 francs) chacun ; à Le Hongre, 450 livres (1 800 francs) seulement, sous prétexte que la dimension en était moindre. Le sculpteur protesta qu'il était insuffisamment rémunéré, qu'un travail d'art ne pouvait s'évaluer au calibre, que le temps passé par lui avait été considérable, et sans doute obtint-il le même prix que son confrère. L'incident est intéressant en ce qu'il nous montre, toutes proportions gardées, que le cas de Puget, réclamant un paiement moins administratif et plus équitable, ne fut pas isolé. Un groupe de marbre, *Amour domptant un Satyre*, qui a remplacé ici le *Papirius et sa Mère*, transporté à la demi-lune du Tapis Vert, complète l'ornementation du bosquet. La Salle de Bal, qui s'embellissait en ces occasions de vases en porcelaine de couleur, servait à la danse, aux collations et aux soupers. On dansait sur le sable de l'arène, où se dressaient également les tables ; les spectateurs s'asseyaient sur le gazon des gradins, qui étaient garnis, pour les collations, de fruits en arbre ou dans des corbeilles, de jattes et de bassins de confitures, pâtes sèches et fruits confits, de tasses de cristal, avec des glaces, de carafes de vin et de liqueurs. Les musiciens se plaçaient sur le terre-plein qui est au-dessus des rocailles.

Continuant l'Allée de l'Automne, on arrive au BASSIN DE BACCHUS ou DE L'AUTOMNE, qui fait partie des quatre *Bassins des Saisons*, deux dans les Bosquets du Midi, les deux autres dans les Bosquets du Nord. Ces bassins, exécutés de 1672 à 1674, différèrent d'abord de leur aspect actuel. Les personnages de leurs plombs étaient dorés, et l'ornementation accessoire était " peinte au naturel ", tant au motif central que sur les margelles, qui étaient chargées de diverses sculptures, fleurs, fruits, pampres, coquillages. Dès 1684, les plombs des margelles furent supprimés, comme étant sans doute trop fragiles, et celles-ci, taillées en marbre veiné, devinrent ce qu'elles sont aujourd'hui. Le Bassin de l'Automne est de beaucoup le plus remarquable, avec son groupe de Gaspard Marsy, représentant Bacchus, assis parmi les pampres et les raisins, et entouré de petits Faunes aux cuisses velues, d'exquise allure, qui se gorgent du jus des grappes. Le dieu de la vigne, qui les regarde, amusé, n'est pas le lourd ivrogne de la légende, mais un jeune homme au fin sourire. Il symbolise la spirituelle gaîté du vin et non sa vulgarité. L'œuvre fut payée au sculpteur 13 400 livres (53 600 francs).

Le Bosquet de la Reine, voisin du Bassin de Bacchus, occupe l'emplacement de l'ancien Labyrinthe.

Le LABYRINTHE était un des plus anciens bosquets du parc. Le Nôtre avait commencé à le dessiner dès 1665. On travailla à son ornementation jusqu'à 1673. Tout parc ou jardin possédait alors son labyrinthe, ressouvenir antique de celui que Dédale avait imaginé pour Minos, dans l'île de Crète, et d'où personne ne pouvait sortir, une fois qu'il y était entré. On sait que, pour les punir d'avoir favorisé les débauches de sa femme Pasiphaé, Minos y enferma Dédale lui-même et son fils Icare, et que tous deux s'enfuirent à l'aide des ailes artificielles qu'ils s'étaient fabriquées. Minos mit à leur place le fameux Minotaure, fruit des amours de Pasiphaé et d'un taureau, et qui se repaissait de chair humaine. Thésée, qui avait été désigné pour lui être livré comme victime, tua le monstre et retrouva son chemin, grâce à un peloton de fil qu'il avait reçu d'Ariane, fille de Minos (ce Sage jouait de malheur avec sa

famille), et qu'il déroula derrière lui en pénétrant dans le Labyrinthe.
Puis il enleva la jeune fille, pour l'abandonner bientôt. Les labyrinthes
se composaient de petites allées de charmilles, qui s'emmêlaient
savamment, les unes sans issue, les autres circulaires et s'enroulant
comme les volutes d'un limaçon, d'autres coupant celles-ci et ne
servant qu'à embrouiller le promeneur. Le Nôtre renouvela cet
amusement bocager en stylisant les allées, en les parant de treillages,
en ménageant à leurs carrefours des plombs et des bassins. Trente-
neuf motifs de plomb, dont le sujet était emprunté aux Fables d'Ésope,
figuraient des groupes d'animaux, reposant sur des rocailles et
entourés d'un minuscule bassin. Du bec ou de la bouche d'une des
bêtes, fusait un jet d'eau. Outre deux tableaux de Cotelle, nous
donnant deux excellentes vues du Labyrinthe; tous ces groupes
nous sont connus en détail par les descriptions contemporaines et
par une série d'estampes de Sébastien Le Clerc, publiée en 1777.
Il y avait : *le Loup et la Grue* ; *le Renard et la Grue*, en double sujet
(à gauche, dit Félibien, le Renard a le museau sur une soucoupe
de vermeil doré, posée sur un rocher de rocailles, et se régale, lui
seul, pendant que la pauvre Grue fait un jet en l'air; à droite, la Grue
a son bec dans un vase de cristal et mange de la bouil-
lie, pendant que le Renard qui est auprès jette de l'eau); *le Combat
des animaux* ; *le Renard et le Bouc* ; *le Coq et le Diamant* ; *les Canes
et le Barbet* ; etc. Les animaux avaient été modelés, de 1672 à 1673,
par Tubi, Massou, Mazeline, Le Hongre, Houzeau, Desjardins
et quelques autres ; nous ignorons la part exacte de chaque sculpteur. Ces plombs avaient été mis en couleur avec le plus grand soin,
d'après les modèles vivants de la Ménagerie de Versailles, par les
peintres de l'Arc et Herman, qui reçurent, en 1674, 7 208 livres
(28 832 francs). Les ouvrages en rocailles étaient, comme ceux de la Salle
de Bal, du rocailleur Berthier. L'explication de chaque fable avait
été rimée par Benserade et gravée en lettres d'or sur des plaques
de bronze. A l'une des entrées du bosquet, deux autres plombs
représentaient : l'un, *Ésope*, par Le Gros, payé 9 000 livres (36 000 francs),
l'autre, par Tubi, *l'Amour* tenant dans sa main le peloton du fil
d'Ariane, rappel symbolique de la légende. Le petit dieu malin
était là, en même temps, pour indiquer aux amoureux qu'ils trouve-
raient, dans le mystérieux bosquet, des cachettes propices. Les
Fables de La Fontaine avaient paru en 1668 et sans doute leur succès
ne fut-il pas étranger à l'idée générale de la décoration du Labyrinthe.

Étant donné la fragilité de ses ornements, le Labyrinthe fut, dès l'abord, enclos de grilles, et la tradition rapporte que Bossuet possédait une clef particulière du bosquet, tant pour venir s'y recueillir à son aise que pour y amener, dans un but instructif, le Grand Dauphin, dont il était le précepteur et qui, en 1673, avait douze ans. Le coloris des plombs, dont l'éclat s'altérait rapidement, demandait un assez fréquent entretien. En 1722, lorsque le jeune Louis XV revint habiter Versailles, ils furent tous remis à neuf, les fleurs et fruits par Belin de Fontenay, les animaux par Desportes, le célèbre peintre animalier, qui ne dédaigna pas ce travail, pour lequel il toucha 6 975 livres (20 925 francs). Le bosquet subsista jusque sous Louis XVI, en 1774, époque de l'abatage des arbres du parc ; il fut, par la même occasion, complètement anéanti. Quelques-uns de ses plombs, retrouvés en 1860 et qu'il serait intéressant d'exposer, existent encore dans les réserves du château : deux vasques, presque intactes, en forme de coquilles et supportées par des singes ; des paons et un dindon qui font la roue ; des loups, des renards, des oursons lourdauds, au minois fripon ; des grues, un coq ; le singe en chemise ; d'autres singes chevauchant des boucs. Ces débris, tout mutilés qu'ils soient, n'ont rien perdu de leur verve charmante. Il y faut ajouter les deux statues d'Ésope et de l'Amour, qui ont été placées dans le bosquet de l'Arc de Triomphe (p. 206).

Le BOSQUET DE LA REINE actuel remplaça le Labyrinthe, en 1776, sans grand effort d'invention, et fut planté, comme le Petit Trianon, d'arbres exotiques ou forestiers, qui étaient alors une nouveauté pour Versailles ; entre autres, des pins, mélèzes et cèdres du Liban. Sa décoration sculpturale, qui comprenait notamment quatre vases de bronze, provenant de la Fontaine du Tibre, à Fontainebleau, et une Vénus de Médicis de bronze, fondue sous Henri IV et qui fit d'abord dénommer le bosquet : *Bosquet de Vénus*, a été modifiée. On n'en retrouve plus que le svelte *Gladiateur combattant*, également en bronze et belle réplique de l'antique. Deux autres statues de marbre, *Minerve*, d'après Coustou, et *Diane*, par Flamen, complètent, avec quatre bustes, l'ornementation actuelle. C'est ici que se noua la fameuse mystification, dont fut victime le cardinal de Rohan, et qui devait se terminer par l'"Affaire du Collier". Le cardinal, qui avait eu le malheur de déplaire à Marie-Antoinette, désirait vivement rentrer en grâce auprès d'elle. Une intrigante, Mme de La Motte, descendante des Valois par les bâtards, lui fit croire qu'elle était admise dans l'intimité de la reine et que celle-ci lui accordait, dans le parc, une entrevue nocturne. Le 11 août 1784, la nuit étant obscure, une jeune femme de mœurs galantes, Nicole d'Oliva, qui ressemblait à Marie-Antoinette, fut vêtue comme elle et amenée dans ce bosquet, par Mme de La Motte. Rohan en reçut une rose, à genoux. Quelques jours après, il versait 50 000 livres (100 000 francs) entre les mains de Mme de La Motte, qui les lui avait demandés, de la part, affirmait-elle, de Marie-Antoinette. Il donna de la sorte plus de 120 000 livres. Un an après et encouragée par ce succès, Mme de La Motte persuade à Rohan que la reine désire acheter par son entremise, au joaillier Bœhmer, un collier de diamants, estimé 1 600 000 livres (3 200 000 francs), qu'elle paiera par billets. Le cardinal répond du paiement et le collier, livré à Mme de La Motte, est dépecé et vendu par elle, en détail, là où elle peut. Bientôt tout ne tarde pas à se découvrir. Dans le Salon d'Angle des Petits Appartements, Louis XVI mande Rohan, qui, en rochet et en camail, comparaît devant lui et devant la reine. Puis, quoiqu'il soit évident pour tous que le cardinal a été une simple dupe, il le fait arrêter et décréter d'accusation. Le Parlement acquitta l'accusé, et toute la royauté fut bafouée en la personne de la reine, déjà si peu populaire.

Dans l'axe du Bassin de Bacchus, on gagne le BASSIN DE SATURNE ou DE L'HIVER. Époux de Rhée, ou Cybèle, et frère cadet de Titan, qui lui avait transmis sa couronne à la condition qu'il n'élèverait pas d'enfants mâles, Saturne dévorait tous ceux-ci dès leur naissance. Mais Cybèle substitua à Jupiter une pierre emmaillotée, qu'il engloutit sur-le-champ. Élevé secrètement et devenu grand, Jupiter se fit connaître, foudroya Titan, puis entra en lutte avec son père, qu'il chassa du ciel et contraignit à se réfugier sur la terre. C'est le dieu déchu que nous avons devant nous, vieux comme le Temps, qu'il symbolise avec ses grandes ailes, et symbole aussi de l'Hiver, la vieillesse étant l'hiver de la vie. A demi couché, il tient dans ses mains le sac contenant la pierre substituée à Jupiter et qui semble, à vrai dire, un peu forte pour son gosier. Autour de lui et servant de repoussoir à sa caducité, batifolent quatre enfants joyeux, dont l'un tient un masque, attribut des plaisirs de l'hiver, l'autre un soufflet, pour le feu qu'on attise. Le groupe, ingénieux et pittoresque, est de Girardon, d'après esquisse de Le Brun. C'est de la sculpture un peu molle et de cet art aimable et de compréhension facile qui fit le succès de Girardon. Artiste à la mode et bien en cour, il reçut pour ce plomb 19 460 livres (77 840 francs), en 1679, c'est-à-dire 6 060 livres de plus que Gaspard Marsy pour son *Bacchus*, qui est supérieur, 4 960 livres de plus que Puget pour son *Andromède*! L'injustice des traitements est flagrante.

Du Bassin de Saturne, on atteint vers la gauche le Jardin du Roi, qui a remplacé l'ancien Bosquet de l'ILE ROYALE. Au centre d'un beau bassin rectangulaire, creusé de 1674 à 1681, encadré de hautes charmilles et de statues, profond de 2 mètres, long de 233, large de 117, et d'où ne jaillissaient pas moins de quatre-vingts jets, se trouvait une petite île ronde, dite *Ile Royale*, ou *Ile d'Amour*. Des jets courbes, comme ceux du Berceau d'Eau (p. 206) entouraient l'île, où une barque ne pouvait accéder qu'en passant sous leur voûte. Conduite avec adresse, l'opération avait lieu sans que les passagers fussent mouillés. En avant de ce bassin, se trouvait une *Chaussée* qui le séparait d'une seconde pièce d'eau, plus petite, en forme de demi-lune, et que l'on appelait le *Vertugadin*. Son nom lui venait des glacis de gazon, arrondis en amphithéâtre, qui l'entouraient, et qui, dans l'art des jardins, avaient pris cette dénomination par analogie avec les bourrelets rembourrés, ou " vertugadins ", que les femmes se posaient sur les hanches, afin de faire bouffer leurs jupes. Des vasques de marbre, de petits jets et des cascatelles ornaient les pentes du Vertugadin, ainsi que la chaussée, d'où l'eau se déversait dans le premier bassin. Des projets d'une décoration plus complète du bosquet n'eurent pas de suite et, dès la fin du règne de Louis XIV, l'Ile d'Amour et une partie des jets avaient disparu.

L'abandon fut complet au cours du XVIIIe siècle et la grande pièce d'eau, dont les pierres s'étaient descellées, devint un marécage infect et limoneux, où croissaient les roseaux. Louis XVIII fit remblayer le sol, pendant l'hiver de 1816. Au printemps suivant, l'architecte Dufour traça le JARDIN DU ROI actuel, à l'imitation des anciens jardins anglais, où se retrouve l'influence stylisée du jardin français, alliée à plus de liberté dans la plantation des arbres et l'agencement des massifs. L'ensemble n'est pas sans charme. Sur la pelouse centrale se dresse une fine colonne, en marbre du Languedoc, dont la base et le chapiteau sont en bronze doré ; elle porte une petite statue de *Flore*, tenant une couronne dans sa main droite.

On reconnaît fort bien, à l'aide des anciens plans, le dessin du bosquet disparu. Le Bassin de l'île Royale occupait l'emplacement exact que limitent l'allée circulaire du bosquet actuel et sa palissade. Les petites allées qui en rayonnent extérieurement sont les mêmes qu'autrefois ; deux statues colossales du musculeux *Hercule Farnèse* et de la *Flore Farnèse*, copies de l'antique par Cornu et par

Raon, s'y voient encore. Deux vases de marbre, où sont représentés une *Bacchanale* et un *Mariage antique*, se retrouvent à l'intérieur du jardin. Le Bosquet du Roi est aujourd'hui le véritable Jardin des Fleurs de Versailles. Dès que passe le souffle d'avril, Flore y fait fleurir les aubépines, blanches et roses, et y égrène jusqu'à l'automne, à pleines brassées, la somptuosité ou la grâce, la rutilance ou la douceur de multicolores pétales. — Le Vertugadin, qui ornait la seconde partie du bosquet, a subsisté, et le bassin a pris le nom de BASSIN DU MIROIR, de sa forme cintrée, qui est également celle des anciens miroirs. Si les pentes de ses rives ont perdu leurs vasques et leurs cascatelles, les murs de charmilles qui l'entourent sont demeurés les mêmes. Ils reflètent dans l'eau paisible leur chaude et profonde verdure, que dore le couchant, et sur laquelle se détache la blancheur de quatre statues antiques : deux *Vestales*, un *Apollon* et une *Vénus*. Deux gros vases de marbre, décorés d'un lierre, sont l'œuvre des sculpteurs Lefèvre et Legeret. La petite chaussée qui séparait le Vertugadin de l'île Royale est devenue l'allée par laquelle on accède au Jardin du Roi.

Du Bassin de Saturne, où l'on revient, on incline à droite, vers la SALLE DES MARRONNIERS, petit bosquet tout en longueur, qui était, sous Louis XIV, la SALLE DES ANTIQUES. Le bosquet fut d'abord dallé de marbres de deux couleurs et décoré de petits jets d'eau, dont l'eau se sauvait, rapide et joyeuse, dans des rigoles de marbre, ou goulettes. On l'appelait alors la *Galerie d'Eau*, et il était orné de vases et de cache-pots contenant des ifs et des orangers taillés. En 1679, qui est l'année du voyage effectué par Le Nôtre en Italie, de nombreuses caisses d'antiques furent expédiées à Versailles. Elles étaient au nombre de trois cent trois et partirent de Civita-Vecchia sur une grande " flûte " marseillaise, de 500 tonneaux, qui les amena par mer jusqu'au Havre, puis remonta la Seine jusqu'à Rouen. Le voyage se continua par eau jusqu'à Paris, dans d'autres bateaux. Parmi ces antiques, dont Colbert avait déjà commandé, au nom du roi, un premier achat en 1673, " discrètement et à bon compte ", avait dit le ministre, il s'en trouvait quelques-uns d'authentiques, un grand nombre de faux, d'autres plus ou moins brisés et incomplets, que les élèves de l'Académie de Rome avaient été chargés de réparer, parfaire et restaurer, avec une désinvolture qui nous déconcerte aujourd'hui. Un troisième envoi, de cent soixante-treize caisses, eut lieu en 1682. Ce sont tous ces antiques, ou prétendus tels, auxquels il faut ajouter les copies, que nous retrouvons un

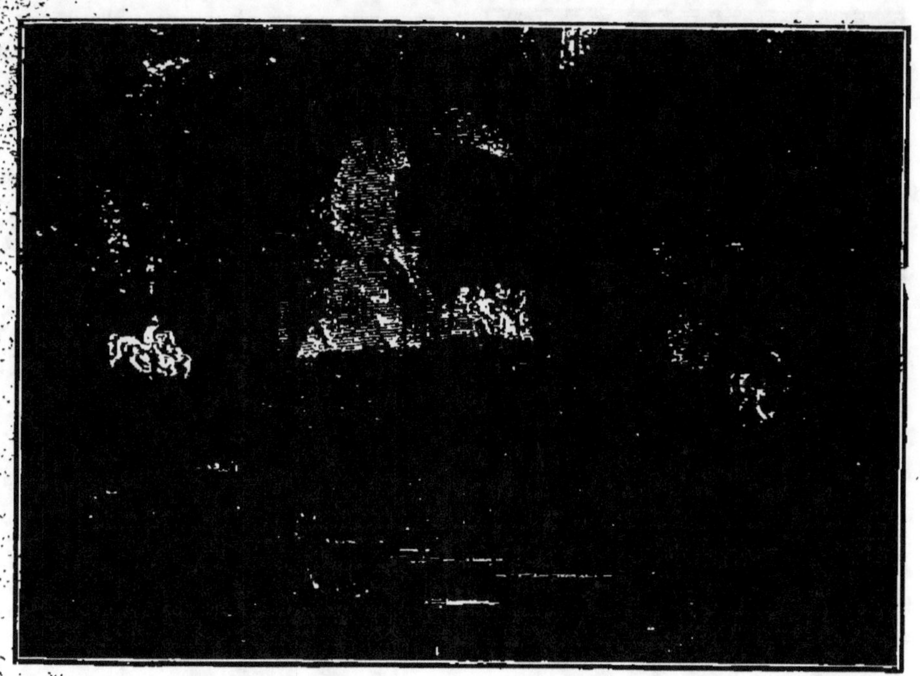

BOSQUET DES BAINS D'APOLLON.

FONTAINE DE DIANE OU CABINET DES ANIMAUX.

La Colonnade.

La Pyramide.

Groupe de Protée du Bassin
de Neptune.

La France Triomphante (ancien
Bosquet de l'Arc de Triomphe).

peu partout dans les bosquets de Versailles et qui, en 1681, servirent à la transformation de la Galerie d'Eau. Bustes et statues (celles-ci au nombre de vingt-quatre) s'y alignèrent à la file, en alternance avec les jets d'eau, de façon à former, en plein air, une sorte de cabinet de sculpture, à la mode italienne. En 1704, une partie des statues avaient été déjà déplacées. Sous l'influence de l'humidité, les dalles du sol se disjoignirent ; elles disparurent, ainsi que les goulettes bruissantes et les petites fontaines d'où jaillissaient les jets d'eau. Sous Louis XV, des marronniers recouvrirent le bosquet. Sa disposition est restée la même qu'à cette époque, mais il est aux trois quarts ruiné, faute d'entretien. Si deux petits bassins ronds, ornés d'une vasque et d'un vase superposés, existent encore, à ses deux extrémités, son décor de charmilles a disparu. Rien ne subsiste plus de son ornementation sculpturale, que trois bustes, vacillants sur leurs socles en marbre de Rance, et deux statues antiques, affreusement mutilées. Rongées par une moisissure noirâtre, qui tombe des arbres trop rapprochés, des feuillages trop denses, elles semblent se mourir en regrettant leur soleil natal.

La COLONNADE, à quelques pas de là, déroule à travers la verdure la danse légère de ses arceaux. C'est un des plus beaux ornements du parc. Œuvre de Mansart et d'inspiration italienne, elle s'éleva de 1685 à 1688, sous la conduite du marbrier Pierre Mallerot, dit La Pierre. Entièrement en marbre et de forme circulaire, elle se compose, sur un axe de 32 mètres, de trente-deux colonnes cylindriques, aux couleurs alternées, dont huit sont de brèche violette, douze de marbre rouge du Languedoc, douze autres de marbre gris bleu, dit bleu turquin. Ces colonnes, finement fuselées, que doublent, en soutien de l'édifice, autant de pilastres quadrangulaires, portent trente-deux arcades de marbre blanc, en plein cintre, ayant chacune à son sommet une tête qui rit de Nymphe, de Naïade ou de Sylvain ; entre les arcs, des bas-reliefs à fleur du marbre, par Coysevox, Mazière, Granier, Le Hongre et Le Conte, figurent des Génies et des Amours ; sur la corniche supérieure, trente-deux vases se silhouettaient. Quatre des trente-deux arcades correspondent aux quatre entrées du bosquet ; les vingt-huit autres encadrent vingt-huit vasques, d'où fuse un jet d'eau. Au milieu de l'arène centrale, vers laquelle on descend par cinq marches, se dresse l'*Enlèvement de Proserpine par Pluton*. Ce groupe célèbre, de Girardon, devait faire partie, avec quatre autres Enlèvements mythologiques, motif sculptural d'un grand effet, souvent traité avec magnificence par les artistes de la Renaissance italienne, d'un ancien projet de décoration des Parterres d'Eau. Le Brun en avait donné une esquisse. Le beau corps nu de Proserpine, souple et moelleux, se débat vers le ciel dans les bras musclés de Pluton, tandis qu'une suivante, renversée, tente en vain de retenir sa maîtresse par un reste de draperie. Les trois corps, habilement mêlés, s'enchevêtrent et se font suite, dans un même mouvement qui se continue jusqu'à la main levée de Proserpine. Le groupe n'a, en quelque sorte, ni face ni arrière et, de quelque côté qu'on le regarde, développe librement ses lignes. C'est une des meilleures œuvres de Girardon. Le socle est orné d'un bas-relief circulaire qui traite du même sujet : *Pluton emmène Proserpine aux Enfers* sur un char attelé de deux chevaux, conduits par un Amour ; un autre Amour tient la fourche du dieu. Portant des torches, des divinités infernales vont devant, l'une d'elles montée sur un char que traînent des griffons. Sculpture faible et hâtive, qui renierait la paternité de son auteur si, comme le groupe supérieur, elle n'était signée : *F. Girardon Troien*, 1699 (on sait que Girardon était né à Troyes).

Lorsque la Colonnade fut terminée, Saint-Simon raconte que Louis XIV y amena Le Nôtre et la lui montra, en lui demandant son avis. "Eh ! bien, Sire, répondit-il après un moment d'hésitation, que voulez-vous que je vous dise ? D'un maçon vous avez fait un jardinier. Il vous a donné un plat de son métier." Et Saint-Simon de foncer aussitôt sur Mansart, qu'il n'aimait pas, en ajoutant : "Le roi se tut et chacun sourit. Et il était vrai que ce morceau, qui n'était rien moins qu'une fontaine et qui le voulait être, était fort déplacé dans un jardin." L'anecdote, ainsi enfiellée et qui, depuis, a fait son chemin, demande deux mots d'explication. Nous avons dit que Mansart, à cette époque, avait étendu son emprise sur le parc et que Le Nôtre avait dû se retirer devant lui. Un certain malaise en avait résulté entre ces deux grands hommes. D'autant qu'une question de principe se trouvait mise en jeu. Le Nôtre, qui aimait avant tout les arbres, s'en tenait, pour l'ornementation des jardins, aux simples statues alignées en bordure des allées, aux groupes de bronze ou de plomb des fontaines et des bassins, se fondant le plus possible dans l'ensemble du paysage, et aussi à son système décoratif de treillages de bois, dont il dessinait des arcades et des portiques, qu'il enguirlandait de fleurs. Nul doute que ce ne fût sous cette forme qu'il eût, quant à lui, conçu la Colonnade. Son sécateur et sa bêche se trouvaient donc en délicatesse avec la truelle de son rival, qui en tenait au contraire pour la pierre et le marbre, et qui se complaisait à bâtir. Poussées à l'excès, les préférences de Mansart eussent contribué certainement à alourdir la décoration générale du parc. Mais comme elle s'en tinrent à élever la Colonnade et les Dômes (p. 195), qui lui font pendant, de l'autre côté du Tapis Vert, l'impartiale postérité, se refusant à juger entre le maçon et le jardinier, ne peut que leur payer à tous deux un égal tribut d'admiration. Et, devant cette svelte architecture, dont les attaches sont si fines qu'elle semble un miracle d'équilibre, devant ce cirque aérien que l'on croirait bâti par quelque fée, durant une nuit d'été, on demeure émerveillé de la largeur et de la variété du génie de Mansart. Cette œuvre, toute de grâce et d'élégance, est du même homme à qui nous devons le château dans son ampleur dernière, la masse énorme de l'Orangerie et des Cent Marches, et le Dôme des Invalides.

La Colonnade, comme la plupart des autres bosquets, servait aux collations. Marie-Antoinette y organisa des concerts. Elle ne prend toute sa beauté, nous allions dire toute sa vie, qu'avec le jeu des eaux, quand vingt-huit colonnes liquides jaillissent des vingt-huit vasques et y retombent en s'écrasant, quand partout l'eau fuse et claque dans la résonance des marbres, qui semblent frémir eux-mêmes et s'animer.

Grand Canal.

La Colonnade nous ramène au Tapis Vert. Nous le descendrons vers le Bassin d'Apollon, que précède une *Demi-Lune* ornée de termes et de statues, dont quelques-unes furent mises tardivement en place[1].

---

1. Termes et statues de la Demi-Lune d'Apollon. — A droite : *Aristée et Protée*, par Slodtz d'Anvers. Le berger Aristée, dont Virgile nous a conté la légende, aimait Eurydice, et c'est en fuyant sa poursuite que la femme d'Orphée fut, le jour de ses noces, atteinte par un serpent dont la piqûre la fit mourir ; les Nymphes ayant, en punition, détruit toutes ses abeilles, Aristée s'en fut consulter le fils de l'Océan et de Téthys, Protée, prêtre de Neptune, qui ne livrait ses oracles qu'à la force (c'est la scène représentée) et qui lui ordonna d'apaiser les mânes d'Eurydyce par un sacrifice de quatre génisses et de quatre taureaux ; des essaims d'abeilles sortirent aussitôt, en bourdonnant, des entrailles des victimes. Ce groupe, daté de 1723, fut exécuté par Slodtz, après la mort de Girardon, qui en avait laissé une esquisse; c'est de la sculpture médiocre et boursouflée. *Syrinx*, nymphe d'Arcadie, aimée par Pan et changée en roseau, terme par Mazière. *Jupiter*, terme par Clérion. *Junon*, terme par le même. *Vertumne*, dieu de l'Automne, terme par Le Hongre. *Silène et Bacchus*, statue copiée d'un antique, déjà rencontrée. — A gauche : *Ino et Mélicerte*, par Granier, d'après une maquette de cire laissée par Girardon. Ino, pour échapper à la folie de son mari Athamas, roi de Thèbes, se précipite dans la mer avec son fils Mélicerte ; tous deux y furent changés par Neptune en divinités marines. *Pan*, terme par Mazière. *Le Printemps*, terme par le même. *Bacchus*, terme par Raon. *Pomone*, terme par Le Hongre. *Bacchus*, statue habilement refaite avec un antique.

Le BASSIN D'APOLLON, un des premiers creusés dans le Parc, s'appela d'abord le *Grand Rondeau* et servit de décor à la fête de 1664 (p. 18). C'est une magnifique pièce d'eau, de 110 mètres dans sa plus grande largeur, de 75 dans la moindre, formant un rectangle cintré sur ses quatre faces. Elle est décorée, à son centre, d'un groupe de plomb de Tubi figurant *Apollon sur son char*, symbole du soleil qui émerge de l'onde au lever du jour. Le char est attelé de quatre chevaux marins ; il est entouré de quatre grosses têtes de dauphins, qui apparaissent à fleur d'eau, et de quatre Tritons sonnant de la conque. Les divers morceaux de cette œuvre considérable, d'une calme et puissante beauté, furent exécutés de 1668 à 1670, et le sculpteur reçut, en plusieurs paiements, plus de 15 000 livres (60 000 francs). La fonte eut lieu à l'Arsenal. Le dieu, le char et les chevaux arrivèrent à Versailles en 1670 ; les tritons et les dauphins suivirent, l'année d'après. Le tout fut " bronzé en or ". Une restauration importante du groupe fut faite en 1737 et 1738, par Le Moyne. Le bassin, qui sert de lien, dans la perspective, entre le Tapis Vert et le Grand Canal, est au ras du sol. Si l'on s'en éloigne par une des allées qui rayonnent de la Demi-Lune, l'eau disparaît et le char d'Apollon, par un curieux effet d'optique, semble sortir de terre. Ce qui lui a valu, parmi le populaire, l'irrévérencieux surnom du " Char embourbé ".

Une *Esplanade* gazonnée fait suite au Bassin d'Apollon et précède le Grand Canal. Elle est bordée de deux côtés par une série de statues à demi brisées, d'un aspect pauvre et misérable. Ce sont pour la plupart des antiques [1]. Vers la droite, de petits bâtiments bas, couverts d'ardoises, sont les restes de l'ancienne *Petite Venise*, où logeaient, sous Louis XIV, les matelots vénitiens de la flottille du Grand Canal. Deux grilles et un fossé marquent, à ce point, la délimitation des Jardins ou Parc de Versailles proprement dit, avec l'ancien Petit Parc, qui s'étend au delà.

Le GRAND CANAL, qui étale sous le ciel sa longue nappe immobile, fut commencé en 1668, dans des dimensions plus restreintes, et achevé à partir de 1671. Cette année-là et la suivante, 1 170 500 livres (4 682 000 francs) furent dépensées pour les travaux. On y draina, après que le sol eût été rendu imperméable avec de la terre glaise,

---

1. STATUES DE L'ESPLANADE DU BASSIN D'APOLLON. — A droite : *Empereur romain*, antique, ou soi-disant tel ; *Bacchus*, antique, ou soi-disant tel ; *Apollon*, copie de l'antique ; *La Clarté*, par Baldi, œuvre médiocre du XVII° siècle ; *Consul romain*, antique, ou soi-disant tel ; *Cléopâtre*, œuvre médiocre, qui semble d'origine italienne et dater de la fin du XVI° siècle. — A gauche : *Empereur romain* ; *Bacchus, Hercule, Leucothoé et Bacchus, Hercule, Junon*, antiques, ou soi-disant tels.

l'eau d'une foule de petits rus de la plaine de Gally, qui, joints au trop-plein des bassins du parc, l'alimentent encore aujourd'hui. En forme de croix, bordé d'une margelle de pierre et profond de 1 m. 80 à son centre, il mesure 1 670 mètres de long ; sa largeur moyenne est de 62 mètres, de 190 mètres à sa partie extrême. Il couvre 23 hectares, et son périmètre atteint 5 kilomètres et demi. Les deux bras de la croix sont de longueur inégale ; celui de Trianon, à droite, est de 400 mètres ; celui de la Ménagerie, à gauche, de 600 mètres. Il était, sous Louis XIV, décoré à sa tête de deux Chevaux Marins, qui émergeaient de l'eau, et qui furent payés à Tubi 8000 livres (32000) francs, en 1679 ; le groupe disparut sous Louis XV.

Toute une pittoresque et luxueuse flottille couvrait, sous Louis XIV, le Grand Canal. Dès 1669, une grande galiote dorée, ornementée par Mazeline et garnie de trente-deux petits canons, y voguait en compagnie de neuf chaloupes. En 1674, deux gondoles, expédiées de Venise, étaient offertes au roi par l'ambassadeur de la Sérénissime République. En 1675, deux yachts arrivaient d'Angleterre, après avoir passé la Manche et remonté la Seine jusqu'à Port-Marly, d'où ils étaient hissés jusqu'à Versailles, à grand renfort d'hommes et de chevaux. En 1679, une seconde galiote venait par mer, de Civita-Vecchia, en Italie, accompagnant la " flûte " marseillaise, chargée d'antiques, dont nous avons fait mention quelques pages plus haut. Elle contourna l'Espagne, arriva au Havre et remonta la Seine à son tour. Entre temps, s'étaient installés, à proximité du Grand Canal, des ateliers de construction, où les travaux de sculpture furent confiés à Tubi et à Caffieri. Il en sortit une magnifique galère, dont les canons furent fondus à l'Arsenal, par les Keller. D'autres embarcations, d'un moindre tonnage, furent exécutées à la Manufacture de meubles de la Couronne. Chaloupes, gondoles, galiotes et galère étaient ornées de tentes et d'étoffes de soie cramoisie, frangée d'or et brodée de fleurs de lys ; les mâts portaient des banderoles en damas rouge et blanc ; les cordages étaient de grosse soie, de couleur cramoisie et aurore. Le personnel de la flottille comptait une soixantaine d'hommes, matelots, charpentiers et calfats, et quatorze gondoliers vénitiens, qui firent souche en France et formèrent jusqu'à l'époque de la Révolution une petite colonie, ayant sa vie, son organisation et ses règlements spéciaux. Ils occupaient, avec leurs magasins et leurs agrès, les bâtiments qui existent encore et qui ont pris d'eux le nom de " Petite Venise ". Leurs gages annuels étaient de 4 800 livres (19 200 francs), et il s'y ajoutait

1 600 livres (6 400 francs) de gratification. Ils étaient chaussés d'escarpins et portaient veste, culotte, jarretières et bas de soie ; leurs boutons, dont une seule fourniture faite par Delaleu, mercier parisien, atteignait 2 415 livres (9 660 francs), étaient d'or. Les autres matelots étaient vêtus en rouge et bleu, plus simplement. Ce personnel était augmenté, à l'occasion, de matelots de la flotte de guerre et de forçats. En 1685, trois compagnies de soldats, faisant partie des équipages des frégates royales, sont mandées de Flandre et envoyées par Condé. " Ces trois compagnies, écrit Dangeau, font en tout deux cent soixante hommes. Tous ces soldats savent ramer ; il y en aura soixante par jour, qui seront toujours prêts quand le roi ou les courtisans voudront s'embarquer sur le Canal. "

Par cette voie, le roi et la cour se rendaient à Trianon ou à la Ménagerie, avec une escorte flottante de musiciens et de chœurs chantants. On collationnait, ou soupait, sur les bateaux ; les enfants royaux pêchaient à la ligne. Pendant les belles nuits de la saison d'été, la duchesse de Bourgogne s'embarquait sur sa gondole, avec ses dames, vers les deux heures du matin, et y demeurait jusqu'au lever du soleil. La dernière journée des fêtes de 1674, offerte par Louis XIV à Mme de Montespan, se termina par une fête de nuit sur le Grand Canal. On était au 31 août. Tout le long des rives, d'immenses décors, en toile transparente, qui s'éclairaient par derrière, figuraient des façades de palais, des statues et des termes, des pyramides, des poissons, des chevaux de feu. " Dans le profond silence de la nuit, nous conte Félibien, l'historiographe officiel, chez qui l'on sent percer une note émue qui lui est peu coutumière, on entendait les violons qui suivaient le vaisseau de Sa Majesté. Tandis que se déroulait leur symphonie, on entrevoyait l'eau blanchir sous les rames, qui la battaient mollement et à coups mesurés, traçant à sa surface de longs sillons d'argent. Nulle autre clarté n'éclairait la scène, que la lueur diffuse des transparents lumineux, faisant défiler leurs architectures fantastiques, d'une surhumaine beauté. "

Dès la Régence, le Grand Canal perdit la majeure partie de sa flottille, qui ne redevint jamais ce qu'elle était auparavant. Il servit, sous Louis XV, en 1759, à de curieuses expériences de pyrotechnie. Un joaillier, nommé Dupré, qui s'adonnait à l'étude de la chimie, avait inventé, nous racontent ses biographes, un nouveau feu grégeois, si rapide et si dévorant que nul ne pouvait l'éviter ni l'éteindre. C'était un liquide, enfermé dans des bouteilles de grès, qui se lançaient, tout enflammées, à l'aide d'un mortier. Des essais furent faits à l'Arsenal de Paris et au Havre. Dans cette ville, on en jeta dans l'eau, où le liquide brûla comme sur terre ; on en jeta sur les galets, qui "pétaient et sautaient comme dans la fournaise la plus ardente". Les expériences furent renouvelées à Versailles, sur le Grand Canal, en présence de Louis XV qui, après leur réussite, fit appeler Dupré dans son cabinet et lui acheta sa découverte moyennant 2 000 livres (6 000 francs) de pension et le cordon de Saint-Michel, à la condition que le secret n'en serait jamais révélé à personne, "dans l'intérêt supérieur de l'humanité". Nous étions cependant en pleine guerre de Sept Ans, et cette invention nous eût permis peut-être de détruire les flottes anglaises. Louis XV eut-il tort ou raison de sacrifier la victoire à un principe moral ? Question redoutable à laquelle on n'ose répondre. Mais il sied de rappeler ces souvenirs après la réplique que la dernière guerre s'est chargée de donner au séculaire idéal de l'âme française.

A la fin du règne de Louis XVI, le Grand Canal s'était envasé peu à peu, comme il arrive fatalement à toutes les eaux mortes, et il exhalait la fièvre. En octobre 1789, après que la royauté eut quitté Versailles, le comte d'Angivilliers, voulant profiter d'une absence qu'on ne prévoyait pas encore définitive, entreprit de le faire vider et curer. Mis à sec, le Canal, transformé en prairie, demeura en cet état jusqu'en avril 1808, date à laquelle l'eau y fut ramenée. Il a fallu procéder à un nouveau curage en 1892. Une escadrille de barques à rames, à tant de l'heure, et de canots à pétrole, qui effectuent soit le voyage de Trianon, soit le tour complet des rives, a remplacé démocratiquement les gondoles de Venise et la grande galère dorée, drapée de soie fleurdelysée.

L'ancienne MÉNAGERIE, qui était située à l'extrémité du bras gauche du Grand Canal, n'est plus aujourd'hui qu'un souvenir. Les ménageries étaient un ornement coutumier des résidences royales (il s'en trouvait à Fontainebleau et à Saint-Germain), et le goût en était venu en France des empereurs de Constantinople, qui entretenaient des parcs remplis de bêtes expédiées de l'Afrique et de l'Inde. Celle de Versailles, qui, par le luxe de son installation et la richesse de ses collections zoologiques, devait bientôt l'emporter sur toutes les autres, fut commencée dès 1663 et terminée en 1668 ; de nouveaux embellissements y furent faits de 1698 à 1700. Les travaux furent conduits par Le Vau, puis par Mansart. Les récits contemporains nous décrivent en détail la Ménagerie, commentés par de nombreuses estampes. Elle se composait d'un petit château,

formé de deux avant-corps carrés, à toitures aiguës, dont l'un renfermait une chapelle et auxquels se rattachait un élégant pavillon
octogonal, couvert d'un dôme ornementé, que surmontait un
lanternon. Le premier étage de ce pavillon était occupé par un salon
à huit pans, richement décoré de panneaux sculptés, par Du Goulon,
et de peintures (paysages, sujets mythologiques, jeux d'enfants),
exécutées d'après les dessins d'Audran, par Allegrain, Boulogne
l'aîné et Blanchard. Ce salon servait aux inévitables collations et
était extérieurement entouré d'un balcon de fer forgé, d'où le spectateur dominait cinq cours, qui rayonnaient en éventail et ren-
fermaient les animaux. Au rez-de-chaussée du pavillon avait été
aménagée une grotte en rocailles ; le sol y était percé de trous imper-
ceptibles, d'où jaillissait inopinément une multitude de petits jets d'eau
qui trempaient le visiteur. Une sixième cour, bordée de bâtiments
de ferme et close par une grille, faisait face à la grande allée, aujour-
d'hui *Allée de la Reine*, qui vient du parc et par où arrivaient les
carrosses. La gent emplumée était représentée par trois mille pigeons ;
par des tourterelles du Canada ; par des volailles de toutes espèces,
parmi lesquelles des poules sultanes et des canards d'Égypte ; par
des demoiselles de Numidie, ainsi nommées, nous dit Mlle de Scudéry, "à cause de leur bonne grâce", grandes et droites, avec leur plumage gris d'argent, leur poitrine noire et leurs yeux orangés ; par des
hérons, grues et cigognes ; par des pélicans, qui faisaient l'admiration
de La Fontaine ; par des autruches et par un corbeau blanc. Les animaux qui mouraient étaient empaillés. Pour la Bouche du Roi s'élevaient
des veaux, nourris avec du lait, au jus d'orange, et des jaunes d'œufs.
En 1698, Louis XIV avait donné la Ménagerie à la duchesse de
Bourgogne, qui vint, avec son entrain endiablé, y vivre parmi les
bêtes, y jouer à la fermière, traire les vaches, baratter du beurre qu'elle
expédiait ensuite à la table royale. En compagnie de son mari,
le duc de Bourgogne, de son beau-frère, le duc de Berry, et de quelques amies joyeuses, parmi lesquelles Mme de Dangeau, Mme de
Lorges et la fille de Mlle de La Vallière, devenue veuve du prince
de Conti, elle organisait des cavalcades rustiques, à dos d'ânes ou
de chevaux, les femmes à califourchon comme les hommes, "jambes
de-ci, jambe de-là, dit Dangeau, pour se tenir mieux" Après sa
mort, la mode cesse pour la cour de venir à la Ménagerie, qui continua cependant à recevoir de nouveaux pensionnaires, parmi lesquels,
sous Louis XV, des singes, un phoque et des animaux féroces, dont
deux tigres et des lions. En 1767, le poète Ducis obtenait de venir

Parterres du Nord et Vénus pudique, par Coysevox.

Parterres du Nord et premier Bassin des Sirènes.

Second Bassin des Sirènes.

Groupe central de Neptune et Amphitrite du Bassin de Neptune.

habiter avec sa sœur dans un des anciens logements et y composait, avec une ardeur recueillie, sa pâle imitation d'*Hamlet*. Sous Louis XVI, la foule parisienne qui venait, le dimanche, se promener à Versailles, ne manquait pas, après avoir visité le château, d'aller voir les animaux. En revenant, écrit Mercier, le petit peuple raconte l'histoire connue du Suisse de la Ménagerie. Ce portier à livrée royale avait l'emploi de donner tous les jours six bouteilles de vin de Bourgogne à un dromadaire. L'animal étant mort, le Suisse présenta un placet par lequel il demandait " la survivance du dromadaire ". Il était déjà question, à cette époque, de transférer au Jardin des Plantes de Paris les hôtes de la Ménagerie. La Convention reprit le projet, en 1793, mais Bernardin de Saint-Pierre, s'étant rendu à Versailles, ne trouva plus que cinq bêtes, dont un rhinocéros et un lion du Sénégal, avec son chien ; les autres avaient été tuées ou volées. Cet embryon fut cependant l'origine des collections zoologiques du Muséum actuel. Des ventes successives firent passer le domaine de la Ménagerie dans les mains de Sieyès, devenu sénateur de l'Empire, puis le rendirent à Napoléon et à Louis-Philippe. Seuls, les bâtiments de ferme avaient été entretenus et occupés par diverses exploitations rurales ; quelques restes en ont survécu. Le petit château, qui s'était dégradé, dont tous les ornements, tout le mobilier avaient été pillés ou dispersés, avait fini par s'écrouler. Il en subsistait encore, il y a quelques années, la grotte en rocailles, transformée en cave ; un dernier acte de vandalisme l'a fait, un beau matin, disparaître. — L'Escalier de pierre, en forme d'hémicycle, qui descendait de la Ménagerie au Grand Canal et où abordaient les gondoles, a été refait sous Louis-Philippe et alourdi de deux pesantes statues de Nanteuil.

Petit Parc et Grand Parc.

Le PETIT PARC borde le Grand Canal de ses hautes futaies et l'enveloppe de son paisible silence. Son mur, qui a subsisté, avec ses seize portes, englobe les Trianons, passe à l'extrémité du Grand Canal, revient vers la route de Chartres, escalade le bois et le plateau de Satory, pour redescendre sur Versailles, au delà du bois et de la butte du Cerf-Volant, qui dominent le quartier Saint-Louis. Si toute cette dernière partie du Petit Parc, qui couvrait dans son ensemble 1 738 hectares, a été trouée de part en part et défigurée, tant par le chemin de fer de Bretagne et ses dépendances que par les aliénations consenties à l'autorité militaire, il a conservé autour du Grand Canal le tracé de ses anciennes allées, ses étoiles et ses bosquets, et son caractère bien spécial, qui en fait une transition entre le parc absolu et la nature. Les arbres y poussent plus librement et plus haut, sur un sol que mouillent de petits rus marécageux, et, dans ses clairières semées de blé noir ou coupées de taillis, les faisans gloussent au crépuscule. L'*Allée de Bailly*, qui passe entre le bras droit du Grand Canal et la Terrasse de Trianon, pour s'en aller ensuite, à travers champs, rejoindre le village de Bailly et la route de Marly, a conservé son vieux pavé, tout heurté et bossué, creusé de deux larges ornières par les roues ferrées des carrosses.

Le GRAND PARC encerclait à son tour le Petit Parc. Il couvrait près de 7 000 hectares. Son mur, dont il est facile de suivre le tracé à l'aide d'une carte, commençait par se confondre, vers le Nord, avec celui de la forêt de Marly, qui était elle-même domaine royal, pour s'en détacher, à 10 kilomètres de Versailles, à Saint-Nom-la-Bretèche, courir ensuite, à travers plaines et vallées, vers Villepreux, Les Clayes, Trappes, Montigny, Voisins-le-Bretonneux, Magny-les-Hameaux et Châteaufort, d'où il se repliait vers Toussus-le-Noble, les Loges-en-Josas, Buc et le bois des Gonards. Presque partout détruit, il était percé de vingt-cinq portes, gardées chacune par un Suisse et dont quelques-unes ont subsisté, avec leur portail cintré et leurs logements d'habitation, transformés en ferme. Sur cette immense étendue, le Grand Parc englobait de nombreux villages, avec leurs paysans, le cours supérieur de la Bièvre, des terres labourées, des bois, les étangs de Bois d'Arcy et de Bois-Robert, aujourd'hui desséchés, ceux de Trappes et du Trou-Salé, qui alimentent encore en partie les bassins de Versailles. Les espaces découverts avaient été plantés de bouquets d'arbres, qui, stylisant le paysage dans la manière des tableaux du Poussin, mêlaient leur verdure à l'or des moissons et servaient en même temps de réserves pour le gibier.

Petit Parc et Grand Parc étaient utilisés en effet pour la chasse royale. On y élevait, dans les faisanderies, faisans et perdrix qui, chaque jour, étaient appelés à la pitance au son du tambour. Lorsque Louis XIV chassait, on lâchait devant lui plusieurs milliers de ces oiseaux. Il les faisait lever par ses chiens, que quatre de ses pages (ceux-ci tous de la noblesse) lui apportaient sur des coussins, et il les tirait à la volée. En 1750, Louis XV tuait encore, en trois heures, dans le Petit Parc, trois cent soixante dix-huit pièces et, dit le duc de Luynes, l'année n'était pas giboyeuse au tiers d'une année ordinaire. Les autres chasses étaient en plaine, celle du lièvre, celle du gibier d'eau sur les étangs et, dans les bois, celle des "bêtes fauves", daims, che-vreuils, cerfs, renards et sangliers. Le Grand Parc était repeuplé régu-lièrement de ces hôtes sauvages, capturés dans les diverses forêts de France par le " Capitaine des toiles ", à l'aide de " toiles " ou filets, mesurant jusqu'à 6 kilomètres d'envergure et qui, après une battue gé-nérale, se repliaient sur les animaux. Pour chasser le cerf, Louis XIV se servait d'un " soufflet ". C'était une sorte de cabriolet à capote pliante, qu'il conduisait bride abattue, avec une grande dextérité, et qui était attelé de quatre petits chevaux, montés chacun par un petit postillon, de neuf à quinze ans. Il chassait à cheval le renard et le sanglier. Six pages et son porte-arquebusier avaient pour emploi, dans ces chasses diverses, de lui présenter ses fusils chargés. Pendant l'hiver, il portait pendu au cou un manchon, pour se réchauffer les mains pendant les intervalles du tir.

Rappelons que la Chasse du Roi ne disposait pas seulement du domaine de Versailles, mais de presque toute la banlieue de Paris, et la plaine Saint-Denis pullulait d'un innombrable gibier, sacré pour le profane. C'est dans les bois de Meudon que chassait Louis XVI, le 6 octobre 1789, lorsqu'il apprit que le peuple de la capitale marchait sur Versailles.

Bosquets du Nord et Bassin de Neptune.

Du Bassin d'Apollon, remontant le Tapis Vert, on trouve à gauche le BOSQUET DES DÔMES, qui fait face à la Colonnade. Il se compose d'un rond de charmilles, au milieu duquel un bassin hexa-gonal s'encadre de balustres, en métal ornementé et doré, soute-nant une tablette de marbre rouge, d'où jaillissent des jets d'eau. Au centre du bassin se mire une vasque de marbre blanc, dont le pied est décoré de dauphins. Un second cordon de balustres, coupé d'escaliers, s'appuie à la charmille. Il est orné de statues et, sur son soubassement, de quarante-quatre bas-reliefs, figurant des *Trophées d'armes.* Ces beaux bas-reliefs sont de Girardon, qui s'y fit aider par Mazeline et par quelques autres sculpteurs ; les armes sont celles en usage chez les divers peuples du monde. Parmi les statues, il faut tirer hors pair l'*Acis* et surtout la *Galathée,* de Tubi, si pleine de grâce et de naturel, avec son jeune sourire et le joli mouvement de son corps, chaste et flexible, qui semble à la fois s'avancer vers son amant et s'en reculer [1].

1. STATUES DU BOSQUET DES DÔMES. — De droite à gauche : *Le Point du Jour,* par Le Gros, figuré par un jeune homme qui porte un flambeau ; *Ino,* par Raynol ; *Nymphe,* par Flamen ; *Arion,*

Tel est actuellement le bosquet, qui a subi divers remaniements. Commencé en 1675, sous la direction de Le Brun, il fut d'abord orné, au centre de son bassin, d'une statue en plomb doré, de Gaspard Marsy, représentant une *Renommée*, debout sur une sphère, et qui, de sa trompette levée, soufflait en l'air un jet d'eau. En 1677, Mansart éleva à droite et à gauche du bosquet deux petits Pavillons carrés, à colonnes, assez semblables à deux pagodes, et qui, tout en marbre blanc et rouge, se rehaussaient d'applications en métal doré, exécutées par l'orfèvre Ladoireau, le même auquel nous devons une partie des trophées de la Galerie des Glaces. Les toits, en forme de dômes quadrangulaires, portaient à leur faîte un groupe d'enfants. Ces deux charmants édifices, d'une grande richesse ornementale et d'une perfection de travail achevée, furent, semble-t-il, tant pour le château que pour le parc, le premier ouvrage de Mansart, qui était en même temps occupé à construire Clagny pour Mme de Montespan. En 1684, Louis XIV ordonna de remplacer par une vasque la statue de la *Renommée* et d'installer dans le bosquet le groupe du " Bain d'Apollon ", de Girardon, qui n'y demeura que quelques années et que nous retrouverons tout à l'heure.

Les deux pavillons de Mansart, les " Dômes ", comme on les appelait, subsistèrent durant tout le XVIIIe siècle. Ils se dégradèrent après la Révolution, furent démolis en 1820, et le bosquet acheva de se ruiner. Il a été en partie restauré en 1897. Un mélange de plomb et d'étain a remplacé, à ses balustres, le fer forgé qu'avait martelé, pour Louis XIV, le serrurier Delobel. Deux carrés de maçonnerie marquent sur le sol l'emplacement des pavillons disparus. Il serait loisible de les réédifier, à l'aide des estampes anciennes, du relevé architectural complet qui en existe et des restes importants qui en ont été retrouvés dans les magasins du château. La délicatesse du travail et la dépense qu'il entraînerait, pour un résultat qui ne soit pas indigne de l'œuvre primitive, ont empêché, jusqu'à ce jour, ce projet d'aboutir. Tel qu'il se présente, le Bosquet des Dômes forme encore un digne pendant à la Colonnade, avec ses ors et ses marbres à la claire et somptueuse harmonie.

Le BOSQUET D'ENCELADE se trouve un peu en arrière du Bosquet

avec sa lyre, par Raon ; un socle vidé marque ensuite la place d'une *Amphitrite*, exécutée d'après un modèle de Michel Anguier et qui est au Louvre ; *Galathée*, par Tubi ; *Flore* ou l'*Aurore*, qui se dégage des nuées du matin et tient des fleurs dans les plis de ses voiles, par Magnier ; *Acis*, jouant de la flûte, par Tubi. Les deux statues d'Acis et de Galathée se trouvaient d'abord dans la Grotte de Téthys (p. 211) ; leur disposition est ici défectueuse et la Flore de Magnier les sépare malencontreusement.

des Dômes et date de 1676. Ses vertes charmilles sont restées dégagées d'arbres, à l'ancienne mode. Elles entourent un bassin au milieu duquel émergent, d'un fouillis de pierrailles et de rocailles, la tête et le haut du torse du géant Encelade, ainsi que ses mains crispées. Fils du Tartare et de la Terre, Encelade tenta en vain d'escalader le Ciel ; Jupiter renversa sur lui le mont Etna, sous lequel le géant, à demi écrasé, demeura vivant. Chaque fois qu'il tentait de se retourner, le sol tremblait autour de lui et, quand il respirait un peu fortement, le cratère de l'Etna, qui n'était autre que sa bouche même, vomissait des flammes. Œuvre énergique et large, qui eût mérité le bronze, le plomb de Balthasar Marsy, autrefois doré, lui fut payé 1 600 livres (6 400 francs). L'agencement du bassin, avec ses petites rocailles, qui produisent une impression d'écrasement, est des plus habiles. Il va sans dire que ce ne sont pas des flammes, mais un jet d'eau que lance la bouche ouverte du géant. De petits bassins circulaires, ornés d'autres rocailles et chacun avec un jet, encadraient le bassin principal et ont disparu.

Le Bosquet de l'Obélisque, dit aussi *Bosquet de la Gerbe* ou *des Cent Tuyaux*, qui est au delà de celui d'Encelade, se compose d'un grand cercle d'arbres, dont le milieu est occupé par un bassin surélevé sur des glacis de gazon, entrecoupés de marches de pierre. Au centre de ce bassin, une gerbe de roseaux, figurés en plomb, lance par d'innombrables tuyaux une série de jets, de hauteur différente, qui forment une haute pyramide, ou obélisque liquide.

Le bosquet fut, sous cette forme, aménagé par Mansart, en 1706. Il s'y trouvait, jusqu'à cette époque, un autre bassin, ayant à son centre une sorte de terre-plein, où l'on passait par de petits ponts mobiles qui, une fois enlevés, laissaient enfermé le visiteur. Le bosquet, dont un tableau de J.-B. Martin nous montre cette ancienne disposition, qui datait de 1672, s'appelait alors la *Salle de Conseil*, de l'isolement cérémonieux où paraissaient être les gens sur leur îlot. On l'appelait aussi la *Salle des Festins*, ce même îlot ayant servi à des soupers royaux, notamment au cours des fêtes de 1674, où les arbres environnants s'éclairèrent de cent cinquante lustres de cristal. Le désir du nouveau chez Louis XIV, en même temps qu'une tendance générale à éliminer du parc tout ce qui s'y trouvait d'amusements un peu baroques, décidèrent, semble-t-il, de la transformation.

De l'Obélisque, on redescend vers le Bassin de Flore ou du Printemps, qui avec le Bassin de Cérés ou de l'Été, sert de pendant à ceux de Saturne et de Bacchus, rencontrés dans les bosquets du Midi. Le groupe de Flore, entourée de fleurs et d'enfants, est de Tubi ; celui de Cérès, où la déesse des moissons, tenant sa faucille à la main, est couronnée d'épis et à demi renversée parmi les gerbes, est de Regnaudin. D'autres plombs figurant des fleurs, fleurs des jardins pour Flore, fleurs des champs pour Cérès, couvraient autrefois la margelle des deux bassins, dont le décor, rappelons-le, était entièrement polychromé.

L'allée qui réunit les deux bassins longe à droite le Quinconce du Nord (p. 177), à gauche le BOSQUET DE L'ÉTOILE, qui a conservé l'ancien et curieux dessin de ses petites allées de charmilles, les unes rayonnant en étoile autour d'un carrefour central, les autres tournant en cercle autour de ce carrefour et formant avec les premières un enchevêtrement assez semblable à celui d'un labyrinthe. C'est un des plus anciens bosquets dessinés par Le Nôtre, et il fut le théâtre, durant la fête de 1668, de cette pantagruélique et bouffonne collation que nous avons racontée (p. 21). En 1671, ses allées furent garnies, par le treillageur Colinot, d'un décor de treillages, qui s'enguirlandèrent de chèvrefeuille et qui portaient à leur corniche des cache-pots de porcelaine blanche et bleue, ornés de fleurs. Au carrefour central, le rocailleur Berthier dressa un monticule de rocailles, d'où jaillissaient des jets d'eau, qui retombaient en gros bouillons, et le bosquet en prit le nom de *Bosquet de la Montagne d'Eau*. De place en place, en bordure des allées, d'autres petits bassins entourés de rocailles s'encadraient, avec leur jet, dans des niches pratiquées parmi les treillages ; au pied de ceux-ci, un ruisselet courait, en gazouillant, dans une goulette de gazon. Cette fine et charmante décoration, où se retrouve le goût délicat de Le Nôtre, dura peu. Dès 1684, les treillages étaient abattus et, en 1704, la Montagne d'Eau, dont l'inlassable caprice de Louis XIV avait déjà fait maintes fois modifier les jets, subit le même sort. Le bosquet redevint à peu près ce qu'il était à son début et ce qu'il est encore aujourd'hui, avec son charme ombreux, son intimité mystérieuse et la seule parure de quelques antiques, ou copies d'antiques, tout barbouillés de mousse, dont un *Ganymède et son aigle*.

Le ROND VERT fait suite au bosquet de l'Étoile. Simple cuvette gazonnée, ornée de quelques antiques délabrés, il occupe la place de l'ancien THÉATRE D'EAU, dont les effets d'eau furent longtemps considérés comme les plus beaux du parc. Dans un amphithéâtre de verdure jaillissaient deux cents jets puissants, dont les uns s'alignaient sous des arcades de feuillage, en forme de colonnade, dont les autres occupaient une sorte de scène, d'où ils rayonnaient en éventail, par trois allées qui s'enfonçaient dans la profondeur du bosquet. Deux tableaux de Cotelle et de nombreuses estampes, dont une de Rigaud, font comprendre mieux que toute description la grande et superbe allure de ce décor liquide, qui n'a trouvé un jour son rival que dans celui de Neptune. Le spectacle s'agrémentait ici de combinaisons différentes dans le jeu des jets, qui d'abord s'élançaient droits comme des cierges, puis se recourbaient en forme de berceaux, ou s'évasaient en figurant des corbeilles. D'autres encore dessinaient des aigrettes et des fleurs de lys, et ces divers aspects se combinaient entre eux, à leur tour, à l'infini. Le théâtre d'eau, ouvrage commun de Le Nôtre, du décorateur italien Vigarini et du fontainier Francine, fut inauguré en 1671, et la collation y fut servie au roi et à la cour, durant les fêtes de 1674, le 28 juillet. Il reçut, en 1677, ses derniers embellissements et constituait encore, au début du règne de Louis XV, la merveille hydraulique du parc ; l'estampe de Rigaud, si charmante et si vivante, avec les carrioles à grandes roues où se faisaient véhiculer à cette époque les dames de la cour, date de 1730 environ. Vingt ans après, le bosquet n'était plus qu'une ruine, ainsi que toute sa décoration sculpturale, qui faisait face aux jets et qui était l'œuvre des meilleurs artistes de Versailles.

A cette destruction sans excuse, imputable à l'incurie de Louis XV et de ceux qui le servaient, rien n'a survécu que le mignon BASSIN DES ENFANTS, situé en bordure de l'Allée de l'Été. Un délicieux plomb de Hardy, qui sculpta la frise d'enfants de l'Œil-de-Bœuf (p. 134), y représente une baignade d'enfantelets mutins, garçons et fillettes, les uns groupés sur une petite île, les autres s'ébattant dans l'eau, d'où émergent leurs formes rondelettes ou graciles.

Le BOSQUET DES BAINS D'APOLLON, où nous ramène l'Allée de l'Été, s'adosse à la Descente de Latone et se différencie complètement des autres bosquets, dont il est le dernier en date. Aménagé sous Louis XVI, après l'abatage général des arbres du parc, en 1774, et lors de la replantation qui eut lieu durant les années qui suivirent, il fut dessiné par le célèbre peintre Hubert Robert, dans le nouveau style paysager, dont il est une des meilleures productions. Si le non-sens de ce style, qui prétend être la nature et qui ne l'est pas, est indéniable, si nous devons à la dégénérescence de cette réaction contre notre ancien jardin français nos pitoyables jardins modernes, leurs rochers en ciment, leurs lignes molles et sans style, leur ornementation désordonnée et le plus souvent absurde, il n'est que juste d'admirer ici l'œuvre d'un homme de talent et un décor dont l'ampleur n'est pas indigne de Versailles.

Située sur une butte dont un petit étang baigne la base, une grotte artificielle de rochers, qu'encadre une végétation luxuriante et touffue, élève dans la verdure sa haute voûte, aux piliers à peine dégrossis en forme de colonnes. C'est l'entrée du palais de Téthys. Fine tache blanche se détachant sur la roche brune, le groupe de marbre du *Bain d'Apollon*, par Girardon, nous montre le dieu du Jour qui, sa course achevée, s'apprête à paraître devant son épouse. Jeune et beau, sa lyre à son côté, et si légèrement assis qu'on sent se trahir en lui l'immatérialité divine, il est entouré de Nymphes occupées à sa toilette. L'une lui lave les pieds dans un bassin ; une autre lui boucle les cheveux ; une troisième verse sur sa main qu'il tend le parfum d'un flacon ; trois autres portent des aiguières. Perdu dans un rêve, le regard du dieu va au delà de ses gracieuses servantes, demi-nues comme lui ; il songe, hâtif, à Téthys qu'il aime. Ce groupe célèbre, que complètent deux groupes accessoires, l'un de Guérin (à droite), l'autre de Gaspard Marsy, très supérieur au précédent, et figurant l'un et l'autre les *Chevaux d'Apollon* pansés par des Tritons, est un de ceux qui ont le plus voyagé dans le parc. Exécuté au début du règne de Louis XIV, par Girardon, à qui fut adjoint Regnaudin, pour trois des Nymphes, il orna d'abord la Grotte de Téthys (p. 21). Après la démolition de celle-ci, nous le rencontrons dans le Bosquet des Dômes, où il demeura jusqu'en 1704. Il fut, à cette époque, transporté dans le Bosquet du Marais, qui précéda le bosquet actuel, et finalement utilisé dans le décor où nous le voyons. Apollon y symbolise, une fois de plus, Louis XIV et, sur l'aiguière d'une des Nymphes, est représenté le Passage du Rhin. Téthys, que le dieu aspire à rejoindre, pour se délasser avec elle de ses travaux, c'est officiellement Marie-Thérèse ; c'était, pour toute la cour, Mlle de La Vallière, dont il était amoureux lorsque l'œuvre fut commandée. Fait pour être vu de près, le groupe qui, comme tous les ouvrages de Girardon, vaut par le charme et la finesse du modelé, souffre de l'éloignement forcé où il se trouve.

Le Bosquet du Marais, qui occupait, avons-nous dit, l'emplacement du bosquet actuel, datait de 1671. Mme de Montespan, qui était à l'aurore de sa faveur, en avait, pour faire sa cour à Louis XIV, esquissé l'idée. Il comportait pour motif principal une pièce d'eau rectangulaire, figurant un marais, au milieu duquel s'élevait, d'une touffe de roseaux, un *Arbre métallique*, qui jetait de l'eau par toutes ses branches. D'autres roseaux, lançant de l'extrémité de leurs épis des milliers de petits jets, encadraient la pièce d'eau. Quatre hérons étaient debout aux quatre angles, avec un jet dans le bec, et un cercle de cygnes barbotait autour de l'arbre. Cet arbre fut d'abord de simple fonte, avec des branches et des feuilles de fer-blanc ; en 1682, il fut refait en bronze doré, ainsi que son feuillage, qui représenta celui d'un chêne. Les roseaux, les uns peints en vert, les autres dorés, étaient de fer-blanc, de même que les hérons et les cygnes, qui étaient peints en blanc. De ce curieux et minutieux décor, qui était dans la même note que celui du Labyrinthe, il est difficile de juger aujourd'hui, aucun spécimen du genre n'étant venu jusqu'à nous. L'ornementation se complétait, à droite et à gauche de la pièce d'eau, de deux étagères de marbre, en forme de *Buffets* ; sur leurs tablettes, des montures de métal doré, savamment agencées et percées de petits trous, figuraient, lorsque l'eau en tombait, des vases transparents, verres, aiguières, carafes, " qui, dit Félibien, semblaient de cristal de roche garni de vermeil ". Outre un tableau de Cotelle, une fine estampe de Silvestre, d'une scrupuleuse précision, nous montre, dans tous ses détails, l'ensemble du bosquet, avec les deux grilles armoriées qui en fermaient l'entrée.

Tant que dura la fortune de Mme de Montespan, le Bosquet du Marais fut jalousement entretenu et l'objet de laudatives admirations. Puis, quand la favorite eut cessé de plaire, il subit le même sort qu'elle et, en 1704, Louis XIV le faisait jeter bas. Un nouveau décor de charmilles fut dessiné par Mansart et reçut alors, sous de lourds et riches baldaquins de plomb doré, les trois groupes du Bain d'Apollon, ramenés du Bosquet des Dômes. De cet état intermédiaire, que nous montrent quelques autres estampes et un tableau de P.-D. Martin, rien non plus n'a subsisté.

Sortant du Bosquet des Bains d'Apollon à l'opposé de l'Allée de l'Été, on débouche sur un carrefour qui précède les Parterres du Nord et où sont rangés, en imposante assemblée, cinq beaux *Termes* de marbre, aux graves figures, représentant des Orateurs et des Sages antiques [1].

1. TERMES DU CARREFOUR DES BAINS D'APOLLON. — *Apollonius*, par Melo, et *Isocrate*, par Granier, à droite et à gauche de l'entrée du bosquet. *Théophraste*, par Hurtrelle ; il tient une brassée de pavots, qui sont la fleur du sommeil, car il gourmandait les gens qui dormaient trop. *Lysias*, par De Dieu. *Ulysse*, par Magnier ; il tient une fleur, talisman que lui donna Mercure contre les enchantements de Circé.

De ce carrefour, l'*Allée des Trois-Fontaines* remonte à droite, bordée de statues sur un de ses côtés, vers la Terrasse de Latone [1]. Elle descend à gauche, en longeant l'ancien Bosquet des Trois-Fontaines, vers le Bassin de Neptune.

Le BASSIN DE NEPTUNE, avec ses vastes proportions, la grandiose beauté de sa parure, l'importance et la féerie du jeu de ses eaux, est une œuvre unique au monde. Son dessin est celui d'une demi-lune, dont l'arc de cercle se déploie en éventail et dont la base est formée par un mur de soutènement, de 160 mètres de long, qui porte toute la décoration sculpturale. Le Nôtre en donna les plans, en 1678 ; puis, étant parti en Italie, l'année suivante, il laissa Mansart diriger les travaux, dont le gros œuvre fut terminé en 1682. En 1683 et 1684, une première partie de l'ornementation fut mise en place. Elle comprenait les Mascarons, figurant des têtes de Tritons, par où l'eau retombe dans le bassin, et les vingt-deux beaux *Vases* de plomb de la tablette supérieure, qui sont de onze décors différents, répétés en double. Leurs anses sont faites ou ornées de homards, ou " écrevisses de mer ", de lézards, de dragons, de têtes de monstres, de serpents, de coquilles à volutes, de têtes de lion et de rinceaux variés ; ils portent à leurs flancs des masques de fleuves, de faunes, de tritons et de satyres, des têtes d'Esculape et des masques tragiques, dont les bouches laissent s'échapper l'eau dans des plateaux ou des vasques. L'exécution de ces vases fut répartie entre vingt-deux des sculpteurs coutumiers de Versailles et, le jeudi, 17 mai 1685, les eaux jouèrent pour la première fois. La dépense totale s'élevait, à cette date, à 322 405 livres (1 289 620 francs). Vers le même temps, des projets pour un groupe où figureraient Neptune et Amphitrite, et qui s'appuierait au mur de soutènement du bassin, étaient demandés à divers sculpteurs ; peut-être même des maquettes de plâtre furent-elles, selon l'usage, présentées sur place à Louis XIV. Mais la fantaisie du monarque, qui se porta ailleurs, la multiplicité des travaux entrepris à cette époque, tant à Versailles qu'à Trianon et à Marly, puis le resserrement des finances qui se produisit au déclin du

1. STATUES DE L'ALLÉE DES TROIS-FONTAINES (en bordure des Parterres du Nord). — *Le Poème pastoral*, par Granier ; il est représenté par une bergère court vêtue, couronnée de fleurs des champs et tenant d'une main son bâton pastoral, de l'autre une flûte de Pan. *La Terre*, par Massou ; elle tient une corne d'abondance, un lion est à ses pieds. *La Nuit*, par Raon ; des pavots sur sa tête, un hibou à ses pieds, elle porte d'une main un flambeau, de l'autre elle relève sa robe semée d'étoiles. *L'Afrique*, par Sibrayque, qui commença la statue, et Cornu, qui la termina; les lèvres lippues, elle est coiffée, non sans noblesse, de la dépouille d'une tête d'éléphant. *L'Europe*, par Mazeline, coiffée d'un casque, appuyée sur un bouclier, un trophée d'armes à ses pieds : elle passe pour avoir emprunté à Mme de Montespan son port élégant et sa mine altière.

règne et la nécessité reconnue de faire grand, ou de ne rien faire, eurent pour conséquence finale de laisser les choses en l'état.

Les travaux ne furent repris que sous Louis XV, en 1738, sous la conduite de Gabriel, qui modifia légèrement les lignes de la pièce d'eau, en les simplifiant, et qui posa les cinq groupes géants dont se compléta la décoration commencée. Le groupe central, signé de Sigisbert Adam, 1740, représente *Neptune et Amphitrite*. Neptune tient au poing son trident, une néréide tend à Amphitrite une branche de corail. Leur trône marin est formé par une vaste coquille, que domine la tête fantastique d'un monstre écailleux, aux ailerons acérés, à la croupe épineuse, frère de celui que nous dépeint Racine et que, sur l'ordre du dieu des mers, les flots vomirent soudain devant le char d'Hippolyte. Lambert-Sigisbert Adam était âgé de trente-cinq ans lorsqu'il exécuta cet important morceau sculptural et, quoiqu'il ait seul signé, il fut aidé dans son travail par ses deux frères plus jeunes, Nicolas-Sébastien et François-Gaspard Adam. Il reçut en bloc la somme dérisoire de 45 000 livres (135 000 francs), qu'il n'était pas encore parvenu à se faire entièrement payer deux ans après, quoiqu'il se fût endetté des principaux frais. Le groupe de droite, signé de J.-B. Le Moyne, 1740, nous montre *l'Océan*, chevelu et barbu, à demi couché sur un lit d'algues, en compagnie d'un crabe et d'une licorne aux replis onduleux, au nez menaçant, sur laquelle il s'accoude familièrement, en vieil ami. Le groupe de gauche, signé de E. Bouchardon, 1739, figure *Protée*, autre divinité de la mer, avec un gros poisson dont il maintient la bouche ouverte ; il repose sur une coquille retournée, d'où émergent, ahuries, d'autres têtes de poissons. — Les deux autres groupes, représentant chacun un *Dragon marin conduit par un Amour*, marquent les angles en retour du bassin et sont aussi de Bouchardon; les deux enfants divins matent gravement, avec un ruban en guise de guides, les brutes massives qu'ils chevauchent. Ces cinq groupes pèsent ensemble 144 845 kilogrammes. Leur coulée, ouvrage magnifique pour l'époque, fut exécutée par le fondeur Montheau. Si l'on ajoute à leur poids 19 800 kilogrammes pour les vingt-deux vases, 39 400 kilogrammes pour les autres ornements (masques, mascarons, coquilles), et tout le plomb employé aux canalisations, on arrive au total de 351 745 kilogrammes pour l'ensemble du bassin.

Une restauration générale du Bassin de Neptune, qui était à demi ruiné, a eu lieu de 1883 à 1889, par les soins de l'architecte Alfred Leclerc. La canalisation et les effets d'eau ont été rétablis, à peu de chose près, tels qu'ils étaient au XVIII° siècle. Vases et groupes étaient jadis dorés ; leur plomb se présente aujourd'hui avec un ton gris-perle, qui n'est pas sans finesse, mais n'est plus cependant l'ancienne splendeur.

Une curieuse question s'est depuis longtemps posée au sujet du Bassin de Neptune. On s'est demandé pour quelle raison cette conque énorme et superbe, et toute sa parure sculpturale, " tournaient le dos " au château. Et il semble bien que, si le bassin, virant sur lui-même, se développait, au contraire de ce qui est, face à l'Allée d'Eau et à la descente des Parterres du Nord, l'effet produit eût été supérieur. Un décor sans pareil aurait fermé, de ce côté, la ligne du parc. Le désir d'utiliser, symétriquement à l'Orangerie et à la Pièce d'Eau des Suisses, la pente naturelle du terrain, ainsi que la volonté de faire fuir de toutes parts la perspective autour du château, entraî-nèrent, semble-t-il, le tracé adopté. Peut-être aussi toute la beauté qui pouvait sortir de l'œuvre entreprise ne fut-elle pas dès l'abord prévue. L'erreur décorative, et le fait est rare à Versailles, n'en demeure pas moins évidente.

Trois marbres ornent l'hémicycle gazonné qui encadre le bassin : une *Bérénice*, le bras levé, par Lespingola, et une aristocratique *Faustine*, par Frémery, l'une et l'autre d'après l'antique ; entre les deux statues, le groupe de *La Renommée écrivant l'histoire de Louis XIV*, dont Le Brun avait fourni l'esquisse, et qui fut exécuté à Rome, par Domenico Guidi. La Renommée ailée, éternellement jeune, foule aux pieds l'Envie ; elle tient une plume de la main droite et de l'autre le médaillon du roi, posé sur un livre que le Temps agenouillé porte sur ses épaules ; d'autres médaillons repré-sentent Alexandre, César et Trajan, émules de Louis XIV. Les traits du Grand Roi avaient été sculptés par Girardon ; ils furent grattés en 1792 et refaits sous la Restauration. Ce groupe marque avec la statue de Curtius, située à l'extrémité de la Pièce d'eau des Suisses, l'axe transversal du parc, qui mesure 1 850 mètres de l'un à l'autre point. La grille qui ouvre sur la ville est de 1855, ainsi que les petits groupes de pierre de ses pilastres, *Enfants et Dragons*, par Lechesne.

Le BASSIN DU DRAGON, circulaire et de 40 mètres de diamètre, occupe le centre de l'esplanade à laquelle s'appuie le Bassin de Neptune. Contemporain de la jeunesse de Louis XIV, il figure sur les plus anciennes estampes du parc, parmi les petits arbres à peine poussés. Sa décoration, exécutée par les frères Marsy, était en place pour la fête de 1668, et Félibien nous apprend déjà qu'elle représentait un dragon qui, les ailes ouvertes, la tête renversée, était entouré de dauphins et de cygnes, se sauvant apeurés. Des enfants montés sur les cygnes, tout en fuyant, décochent des flèches vers le monstre qui, atteint par l'une d'elles en pleine poitrine, lance vers le ciel, de sa gueule ouverte, un énorme bouillon d'eau en guise de sang. Ce dragon symbolisait l'Hydre de la rébellion, terrassée par Louis XIV, vainqueur de la Fronde. Le jet était alimenté par une pompe à chevaux, qui amenait l'eau de l'étang de Clagny dans la Tour d'Eau (p. 33), située sur l'emplacement de la rue des Réservoirs actuelle. Des vases de cuivre doré, contenant de petits arbrisseaux, ornaient la margelle du bassin. Les plombs des Marsy disparurent au milieu du XVIIIe siècle. Ceux que nous voyons ont été reconstitués en 1889. Un peu réduits du groupe original, ils sont l'œuvre, très vivante, du sculpteur Tony Noël.

A droite et à gauche du Bassin du Dragon, s'ouvrent dans la charmille l'ancien Bosquet des Trois-Fontaines et celui de l'Arc de Triomphe.

Le Bosquet de l'Arc de Triomphe fut aménagé par Le Nôtre et par Le Brun, de 1678, année du traité de Nimègue, à 1683. Dominant les degrés de marbre d'une fontaine, le superbe groupe de plomb de *la France triomphante* rappelle les allégories glorieuses de la Galerie des Glaces. La France, sereine et casquée, une lance à la main, est assise sur un char et entourée de trophées d'armes. En dessous d'elle, deux figures symboliques représentent l'Espagne et l'Empire germanique, dont le lion et l'aigle sont écrasés par les roues du char. L'ensemble du groupe et la statue de la France sont de Tubi ; l'Espagne et l'Empire sont de Coysevox et de Prou. Montant la pente du bosquet, on rencontrait ensuite deux autres fontaines : à droite la *Fontaine de la Victoire*, à gauche la *Fontaine de la Gloire*, où une Victoire, de Mazeline, et une Gloire, de Coysevox, étaient assises, l'une sur un globe fleurdelysé, l'autre sur un globe céleste. Les deux statues tenaient chacune dans leur main tendue une couronne de lauriers, à travers laquelle passait un jet d'eau. Au sommet du bosquet s'élevait, exhaussé sur des gradins de marbre blanc, un *Arc de Triomphe*, en fer forgé, qui était l'œuvre du serrurier Delobel et qui se composait de trois portiques en arc plein, surmontés d'un fronton triangulaire. Des ornements en cuivre ciselé et doré, rinceaux, fleurs de lys et coquilles marines, étaient appliqués sur le fer. Quatre *Obélisques* aigus, quatre " aiguilles ", également en ferronnerie, complétaient ce décor original, qui montre quelle variété était recherchée dans l'ornementation des bosquets et dans la matière employée. Des tuyaux invisibles suivaient l'ossature de l'édifice et, lors du jeu des eaux, l' " Arc de fer ", comme on l'appelait, se transformant en arc liquide, se mettait à ruisseler de toutes parts. Les jets et les bouillons écumants se brisaient dans le fer forgé et retombaient en pluie sur le sol, pour y former de larges nappes d'eau, qui descendaient en cascades sur les gradins de marbre ; trois autres jets fusaient en hauteur sous les trois arches de l'arc. Les Obélisques subissaient une transformation semblable.

Le bosquet, que nous montrent un tableau de Cotelle, sous Louis XIV, et une estampe de Rigaud, sous Louis XV, fut bien entretenu au cours du XVIIIe siècle, restauré en 1732, puis en 1787. Il subit ensuite l'abandon et la ruine, comme tant d'autres, et l'Arc de Triomphe, longtemps considéré comme un chef-d'œuvre d'art, fut abattu en 1801. Il ne reste plus aujourd'hui de l'ancienne décoration que le groupe de la France triomphante, restauré en 1883 ; mais les canalisations n'ont pas été rétablies et la fontaine qu'il surmonte est à sec. A cette même époque, le bosquet reçut une décoration nouvelle, de bustes et de statues provenant des réserves du château, dont le groupe de *Méléagre tuant le sanglier de Calydon,* ainsi que les deux plombs d'*Ésope* et de l'*Amour,* qui se trouvaient autrefois à l'entrée du Labyrinthe (p. 181). Ces plombs, primitivement polychromés, ont conservé des restes de couleur. L'Ésope, avec son corps difforme et sa face plébéienne qu'éclaire un regard tout pétillant d'intelligence, est d'un curieux réalisme, unique parmi les statues du parc. Il est coiffé d'un bonnet, de couleur rouge, et ses bas retombent, de ses chausses, sur ses mollets. Un élégant *Hémicycle* à l'antique, en marbre blanc, marque, un peu moins haut sur le terrain, la place de l'ancien Arc de Triomphe, dont les plans et dessins ont subsisté et fourniraient à une éventuelle mais coûteuse reconstruction toutes les précisions désirables.

De l'ancien BOSQUET DES TROIS FONTAINES, qui était symétrique avec celui de l'Arc de Triomphe, rien n'a subsisté qu'un petit bois retourné à l'état de nature. Ce fut d'abord l'emplacement du BERCEAU D'EAU, qui datait de 1672, et que nous ne connaissons que par de rares estampes. De chaque côté d'une allée de charmilles, était disposée une rangée serrée de jets d'eau inclinés, qui se recourbaient les uns vers les autres, en forme de berceau. Les ajustages étaient si bien combinés que, de cette voûte cristalline, pas une goutte de liquide ne retombait sur le promeneur. Dès 1677, en même temps que commençaient les travaux de l'Arc de Triomphe, Le Nôtre remaniait sa première œuvre, en l'élargissant, et le Berceau d'Eau faisait place aux " Trois Fontaines ". Trois bassins, utilisant la pente du terrain, se superposaient, devant le regard du visiteur, sur trois esplanades successives, reliées entre elles par des plans inclinés et des cascatelles. Des jets, de hauteurs différentes, saillaient des bassins, les uns droits, les autres cintrés, et dessinaient ensemble de savantes arabesques ; d'autres décrivaient une grande arcade, qui rappelait le souvenir du Berceau d'Eau. Nul autre ornement au bosquet que des " beautés champêtres ", petits ifs, banquettes et gradins de gazon, treillages, paravents de charmilles et quelques rocailles. Des Trois Fontaines, ruinées à la fin du XVIIIe siècle, rien n'existait plus en 1804.

L'Allée d'Eau, ombragée de hauts marronniers, dont les arceaux semblent ceux d'une cathédrale de feuillage, remonte vers les Parterres du Nord, que domine le château. On l'appelle communément l'*Allée des Marmousets*. L'idée de sa décoration, qui est une des plus célèbres du parc, est de Claude Perrault, le médecin-architecte. Le Brun, selon sa coutume, fournit les esquisses. Vingt-deux petits bassins de marbre blanc, d'un seul bloc, sont ornés chacun d'un groupe de trois enfants, que surmonte une vasque de marbre rouge. Un jet d'eau jaillit de la vasque et retombe en pluie dans le bassin. Les groupes d'enfants sont de bronze vert. Ces petits bonshommes, ces " marmousets ", sont tous, garçons et fillettes, plus charmants les uns que les autres ; ils sont l'œuvre de Le Gros, Le Hongre, Le Rambert, Mazeline et Buirette, le sculpteur aveugle, qui palpait avec ses doigts les formes qu'il modelait ensuite. Il y a sept bassins de chaque côté de l'allée même ; quatre à droite et quatre à gauche de la demi-lune de charmilles qui encadre le Bassin du Dragon. Ils furent établis en deux séries : ceux de l'allée, de 1668 à 1670 ; ceux de la demi-lune en 1678. Les groupes furent d'abord de plomb doré, ainsi que les vasques, qui étaient chargées de fleurs et de fruits, de Le Hongre et Massou. En 1688, afin d'assurer leur durée, ils furent fondus en bronze, par ordre de Louvois, utile mesure qui, plus générale, nous eût conservé tant d'œuvres du parc, détériorées ou détruites. Les cuvettes des bassins, qui étaient de pierre, furent alors remplacées par des cuvettes de marbre, à 330 livres pièce (1 320 francs) ; il en fut de même pour les vasques, qui furent payées

60 livres (240 francs) et dont l'ancienne ornementation de fleurs et de fruits disparut. C'est l'état actuel[1].

Le Bain de Diane, auquel nous amène l'Allée d'Eau, est un petit bassin rectangulaire, encastré dans la pente du sol, et où se mire un bas-relief de Girardon, qui représente *Diane et ses Nymphes* se baignant parmi les roseaux. L'œuvre est infiniment jolie, avec ses chastes nudités, le moelleux et la douceur des chairs et la caresse de sa patine verte et rose. C'est la fonte originale, si rare pour les plombs du parc, que nous avons sous les yeux ; le métal fut jadis doré au feu, et c'est sous l'influence de la nappe d'eau qui, lors du jeu des eaux, recouvre le bas-relief d'un voile transparent, qu'il a pris les tons délicats que nous admirons. Quatre autres bas-reliefs complètent les précédents, un petit et un grand de chaque côté. Les deux grands représentent deux *Fleuves*, par Le Gros ; les deux petits, par Le Hongre, deux *Enfants*, portant sur leur tête une corbeille de fleurs. Ils sont encadrés de *Termes* rudes et expressifs, taillés dans le mur de soutènement du bassin, et qui se rattachent à l'art de la Renaissance ; leurs têtes ricanantes de satyres et leurs sabots de bouc sont de bronze. On ignore le nom du sculpteur. Six petits bas-reliefs, *Nymphes*, *Enfants sur Dauphins* et *Poissons*, de Le Gros et de Le Hongre, ornent les faces latérales du bassin, qui fut terminé en 1670.

A droite et à gauche du Bain de Diane, contre la charmille, deux statues de marbre (*le Colérique*, de Houzeau, le bras levé et la figure convulsée, accompagné d'un lion, et *le Sanguin*, de Jouvenet, représenté par un Faune jouant de la flûte, en compagnie d'un bouc qui broute des raisins) faisaient partie de la série des " Tempéraments de l'Homme ", imaginée par Le Brun, quelque chose comme les *Caractères* de La Bruyère traduits en sculpture. L'idée nous paraît bien abstruse aujourd'hui.

La Fontaine de la Pyramide, où, des Bains de Diane, monte une

---

1. Groupes d'enfants de l'Allée d'Eau (en partant de la Demi-Lune du Dragon). — Les groupes se répètent à droite et à gauche. — 1 et 2. *Trois Fillettes*, dont l'une tient un perdreau, par Buirette. — 3 et 4. *Trois Garçons*, semblant regarder l'eau qui tombe de la vasque, par le même. — 5 et 6. *La Chasse*, par Mazeline ; trois garçons, dont l'un tient une pique, dont le second porte un lièvre au bout d'un bâton, dont le troisième caresse un chien. — 7 et 8. *La Pêche*, par le même ; deux fillettes et un garçon, qui tient dans ses bras un gros poisson. — 9 et 10. *Trois petits Termes*, qui sourient, engainés dans leurs piédestaux rigides, par Le Rambert. — 11 et 12. *Trois petits Satyres*, délicieux, avec leurs cuisses velues et frisées, leurs pieds de chevreau et leur ceinture de feuilles de vigne, par Le Gros. — 13 et 14. *Trois petits Musiciens*, dont l'un joue du tambourin, l'autre du flageolet, le troisième de la flûte de Pan, par Le Rambert. — 15 et 16. *Trois Garçons*, appuyés au tronc d'un arbre, par le même. — 17 et 18. *Deux Amours et une Fillette*, par Le Hongre. — 19 et 20. *Trois petits Danseurs*, gracieux et légers, par Le Gros. — 21 et 22. *Trois petits Tritons*, portant des coquilles et des coraux, et dont le corps se termine en queue de poisson, par le même.

ALLÉE D'EAU — ENFANTS AUX POISSONS.

LE BAIN DE DIANE, PAR GIRARDON.

GALATHÉE,
PAR TUBI.

ENCELADE, PAR B. MARSY.

L'HIVER,
PAR GIRARDON.

BRONZES DES PARTERRES D'EAU : LA GARONNE, PAR COYSEVOX. — NYMPHE
DES EAUX, PAR LE GROS. — LA SAÔNE ET LE RHÔNE, PAR TUBI.

courte rampe, précède les Parterres du Nord. Ce fut Claude Perrault qui en donna le dessin général, en même temps que celui des Bains de Diane et de l'Allée d'Eau. Le Brun esquissa les motifs et Girardon exécuta. L'ouvrage est de tous points parfait, tant par son charme décoratif et son svelte équilibre que par le soin de sa facture, qui en fait presque un morceau d'orfèvrerie. La fontaine s'élève au centre d'un bassin circulaire, formé par d'énormes blocs de marbre, dont le seul transport, par bateau, de Paris à Sèvres, et, par voitures, de Sèvres à Versailles, coûta plus de 4 000 livres (16 000 francs). Elle se compose de quatre vasques superposées, qui vont en diminuant de diamètre, de façon à présenter l'aspect d'une petite pyramide conique. La vasque inférieure est supportée par des consoles figurant des pattes de lion ; autour d'elle tournent dans l'eau, où ils semblent nager de leurs doubles queues de poissons, de grands Tritons, au jovial sourire. D'autres petits Tritons soutiennent sur leurs mains enfantines et sur leur tête la seconde vasque. Des dauphins portent la troisième sur leurs queues retroussées. La quatrième s'appuie sur des homards et porte elle-même un vase ornementé, qui marque le faîte de la Pyramide. L'eau jaillit du vase et retombe ensuite de vasque en vasque. Coulée en plomb vers 1670, la fontaine fut surmoulée en 1684, ainsi que les bas-reliefs du Bain de Diane, qui devaient être également fondus en bronze, lorsque cette opération fut effectuée pour les marmousets de l'Allée d'Eau. Le projet n'eut pas de suite. Elle a été restaurée en 1822, puis en 1892 ; les plombs anciens ont été conservés.

Les PARTERRES DU NORD, avec leurs petits ifs tondus, leurs plates-bandes fleuries et leurs encadrements de buis, ont gardé leur ancien dessin, tracé par Le Nôtre. Ils s'appuient à la haute masse de l'Aile du Nord, que domine le toit magnifique de la Chapelle. Vers l'extrémité de l'aile apparaît une disgracieuse toiture vitrée, qui est celle de la Salle de l'Opéra, transformée, en 1871, en Salle du Sénat. De ce même côté, l'Opéra présente une petite façade, du style Louis XV, néo-grec, qui fait face au Grand Réservoir. — Le *Grand Réservoir* ou *Réservoir de l'Aile*, borde, de son mur de soutènement, la sombre *Allée du Nord*. Il fut inauguré le 16 mai 1685, et c'est lui qui alimente, en majeure partie, le jeu des eaux de Neptune.

Les Parterres du Nord sont délimités, vers l'Allée d'Eau, par une ligne de statues, dont la plus intéressante, voisine de la Fontaine de la Pyramide, est celle de l'*Hiver*, de Girardon. Un grand vieillard, aux traits creusés, aux membres amaigris, se chauffe au feu de marbre d'un brasero ; il se replie, frileux, sur la flamme qui monte vers lui, inclinée par le vent. Une sorte de détresse l'enveloppe. C'est le même symbole de la Vieillesse, image de l'Hiver, frimas du ciel et neige des années, que Girardon nous a déjà montré avec le vieux Saturne, au bassin de ce nom. Mais l'œuvre est ici plus expressive et plus belle [1]. Un peu en avant de ces statues, les deux BASSINS DES COURONNES, circulaires, sont ornés chacun d'un groupe de plomb de *Sirènes et Tritons*, nageant à fleur d'eau, et qui soutenaient autrefois une couronne royale, dont tous les fleurons lançaient des jets, en forme de gerbe. Les groupes originaux, datant de 1670 environ, étaient de Tubi et de Le Hongre ; déjà modifiés sous Louis XIV, ils ont été plusieurs fois refondus, et l'eau n'y jaillit plus que d'un simple cercle de lauriers.

Montant l'allée centrale des parterres, on arrive à un escalier de marbre, qui communique avec la Terrasse du Château et qui est encadré, à son faîte, des deux statues accroupies de la Vénus pudique et de l'Aiguiseur. La *Vénus pudique* est une œuvre toute gracieuse de Coysevox, qui l'exécuta à Rome, en 1686, d'après l'antique, interprétation personnelle des modèles d'après lesquels il travailla. La déesse, une jambe repliée sous elle, croise chastement ses bras sur sa chair nue ; elle a pour symbole une tortue, toujours prête, dès la moindre alerte, à rentrer dans sa maison d'écaille. *L'Aiguiseur* est un antique célèbre, dont l'original se trouve au musée de Florence ; il représente un homme en train d'affiler un couteau sur une pierre, d'un geste simple et naturel. La Vénus de Coysevox et l'Aiguiseur, copie de l'Italien Foggini, 1674, étaient autrefois de marbre ; abritées au Louvre, les deux statues primitives ont été remplacées par leur double en bronze vert, qui est une incomparable fonte des Keller. Sur la tablette de marbre qui, de ce côté, délimite les Parterres du Nord, sont rangés quatorze vases de bronze, de sept modèles différents, les pendants de ceux qui bordent les Parterres du Midi (p. 170). Modelés par Ballin et, pour l'un d'eux,

---

1. STATUES DES PARTERRES DU NORD. — A droite de la Fontaine de la Pyramide : *L'Hiver*, par Girardon. *L'Été*, par Hutinot, représenté une fois de plus par Cérès. *L'Amérique*, par Guérin ; elle tient un arc et porte, à la mode indienne, une coiffure et une jupe de plumes ; sur son dos, un carquois ; à ses pieds, un crocodile et la tête coupée d'un " visage pâle " ou homme blanc. *L'Automne*, par Regnaudin, figuré selon l'usage par Bacchus. — A gauche : *Le Poème satirique*, par Buyster, représenté par un homme qui porte de petites cornes de satyre. *L'Asie*, par Roger ; elle tient un vase de parfums ; à ses pieds, un turban. *Le Flegmatique* (de la série des " Tempéraments "), par Lespagnandelle ; il se croise les bras et est accompagné d'une tortue. *Le Poème héroïque*, par Drouilly ; jeune homme vêtu à la romaine, couronné de lauriers et une trompette à la main. — Ces statues furent exécutées en séries, sous la direction de Le Brun, de même que celles qui bordent l'Allée des Trois-Fontaines sur le côté droit des Parterres ; elles étaient destinées à un premier projet de décoration des Parterres d'Eau ét sont de mérite inégal. Leur prix moyen fut de 5 000 livres pièce (20 000 francs).

par Anguier, fondus par Duval, ils présentent la même décoration recherchée, la même maîtrise de facture, que nous avons déjà admirées. Trois vases de marbre, deux en marbre veiné d'Égypte, le troisième orné de branches de vigne et de quatre têtes de bélier aux cornes entrelacées, sont (de gauche à droite) de Mazière, Rousseau et Hurtrelle.

Dans l'angle des Parterres du Nord qui précède le vestibule de la Chapelle, se trouvait, pendant la première période du règne de Louis XIV, la fameuse GROTTE DE TÉTHYS, dont les contemporains nous ont laissé d'enthousiastes descriptions, un peu teintées d'exagération, semble-t-il, et que diverses estampes nous montrent avec toute la précision souhaitée. C'était un bâtiment rectangulaire qui, vu de face, avec son toit plat, ses bas-reliefs et ses trois hautes portes cintrées, présentait assez bien l'aspect d'un petit arc de triomphe. Les bas-reliefs, de Gérard Van Opstal, d'Anvers, avaient pour motif principal le *Coucher d'Apollon*, dont le char s'enfonce dans les ondes. Les portes n'étaient fermées que par des grilles de fer, à barreaux, payées 4 523 livres (18 092 francs) au serrurier Mathurin Le Breton, qui permettaient de voir dans l'intérieur de la grotte ; la grille centrale était ornée d'un Soleil d'or, entouré de rayons. Intérieurement, la grotte, qui mesurait 18 mètres de long et 13 m. 50 de large, était pavée d'une mosaïque blanche et noire, décrivant de grandes rosaces. Ses murs et son plafond, qui était formé de trois coupoles voûtées, étaient entièrement tapissés de rocailles, de coquilles, de nacres, de coraux et de pétrifications marines, dessinant toute une architecture étrange, toute une ornementation patiente, chatoyante et multicolore, où l'œil distinguait le chiffre du roi, des soleils, des lyres, des guirlandes de fleurs, des poissons, des oiseaux, des mascarons fantastiques, un Fleuve couché sur son urne, des Tritons et des Néréides. C'était le palais sous-marin de Téthys. Pour mobilier : une table de marbre rouge ; des candélabres et des torchères figurant des algues, des miroirs encastrés dans les murs et se faisant face, qui multipliaient la salle à l'infini. Dans ce décor, pour lequel ils avaient été exécutés, s'encadraient les trois groupes de marbre blanc du " Bain d'Apollon ", de Girardon et Regnaudin, de Guérin et des Marsy, qui ornent aujourd'hui le bosquet de ce nom (p. 200), ainsi que les deux statues d'Acis et de Galathée, de Tubi, que nous avons retrouvées au Bosquet des Dômes (p. 195). Telle était la grotte au repos. Il suffisait de tourner un robinet pour que l'eau, que contenait un réservoir placé sur le toit du bâtiment, entrât en danse folle. De la table de marbre, qui soudain se transformait en vasque, sortait un jet furieux, qui montait se briser contre la voûte et en retombait en avalanche. Le limpide cristal ruisselait du candélabre et des torchères, coulait à flots de l'urne du Fleuve, se déversait de la bouche ricanante des mascarons. De la mosaïque du sol, qui était percée de trous comme une écumoire, il fusait en pluie renversée et serrée. En un instant, les gens, sur qui s'abattait et se croisait ce déluge, étaient transpercés jusqu'aux os et, même sortis, de petits jets, que l'on voit figurés sur l'estampe de Pérelle, les poursuivaient encore autour de la grotte. Cette douche (sans doute, alors, s'enrhumait-on moins facilement qu'aujourd'hui) faisait partie du programme de la visite. Elle nous paraîtrait fort déplaisante et, lorsque La Fontaine visita la grotte en compagnie de Boileau, de Molière et de Racine, ce fut aussi l'opinion des quatre amis qui, raconte le spirituel fabuliste, prièrent celui qui les conduisait " de réserver ce plaisir pour le bourgeois et pour l'Allemand " L'eau mettait en marche, simultanément, un Orgue hydraulique, qui reproduisait, avec des modulations variées, des gazouillis et des roulades, le chant des oiseaux.

Le goût de ces grottes était venu d'Italie, à l'époque de la Renaissance, et elles étaient nombreuses en France. Il s'en trouvait une à Meudon, célébrée par Ronsard, deux autres à Fontainebleau et plusieurs à Saint-Germain, dont la *Grotte d'Orphée*, aménagée sous Henri IV, par Francine le père. Le petit Louis XIII, nous conte le médecin Héroard, n'aimait pas y être mouillé ; il n'y pénétrait qu'attiré par des pois sucrés qu'on lui tendait et à condition de tenir dans sa main la clef des robinets. Un peu plus grand, il ne tarda pas à s'enhardir et s'amusa, à son tour, à mouiller son père. Lorsqu'il se maria, à quinze ans, avec la fille du roi d'Espagne, il mouilla tous les Espagnols de la suite de sa princesse. On rencontrait encore une de ces grottes à Vaux, chez Fouquet, et une autre à Versailles même, à la Ménagerie.

Celle de Téthys fut considérée comme la merveille du genre. Claude Perrault s'était chargé d'en dresser les plans, d'en dessiner jusqu'aux moindres ornements ; la décoration de coquilles, confiée au rocailleur de L'Aulnay, qui toucha pour son travail 20 619 livres (82 476 francs), n'était pas seulement une œuvre bizarre, mais une œuvre d'art, d'un grand caractère, ainsi que nous en pouvons juger par les reproductions gravées qui nous sont parvenues. Commencée en 1665, terminée dans son ensemble en 1668, la grotte ne reçut ses groupes et ses statues que vers 1675. Elle était condamnée dès 1684. La construction de l'Aile du Nord nécessitait sa destruction ou son déplacement. Mais, à mesure que le goût français, se dégageant de l'influence italienne, prenait une tenue plus serrée, tous ces amusements hydrauliques, dont faisaient partie l'Ile d'Amour, la Salle du Conseil, l'arbre du Marais, le Berceau d'Eau, apparaissaient un peu puérils, malgré le talent qui s'y dépensait, et étaient éliminés du parc, les uns après les autres. La Grotte de Téthys fut donc, sans plus, jetée bas.

La visite du parc est terminée. "Du haut de l'escalier qui est entre l'*Aiguiseur* et la *Vénus pudique*, on se retourne, dit l'*Itinéraire de Louis XIV*, pour avoir une vue d'ensemble des Parterres du Nord, des Bassins des Couronnes, de la Fontaine de la Pyramide et de ce qu'on peut découvrir de Neptune. Après quoi, on sort par où l'on est entré. "

Le jeu des Eaux.

L'eau qui fuse ou qui coule est la vie des bassins et des fontaines ; elle est l'âme même qui les anime. Elle est la voix qui susurre ou qui rit, qui chante ou qui clame, lente ou rapide, tempétueuse ou joyeuse, calme ou déchaînée. Sans l'eau qui fuse ou qui coule, bassins et fontaines sont pareils au violon qui dort, à la harpe qui se tait, à la flûte retombée des lèvres.

Nous avons parlé (p. 33) des immenses travaux exécutés pour fournir d'eau les bassins de Versailles : pompe de Clagny, machine de Marly, essai de dérivation de l'Eure, drainage des eaux pluviales. L'hydraulique du parc, canalisations, tuyautages, petits et grands jets, que Louis XIV faisait régler devant lui et dont il ordonnait de modifier à son gré la grosseur, tout ce qui constituait en un mot les effets d'eau, fut l'œuvre des ingénieurs florentins, François et Pierre Francini, dits les Francine, à qui leur père, Thomas Francini, appelé en France par Henri IV, avait légué sa charge d'Intendant général des eaux et fontaines de France. Ils avaient eu pour collaborateurs Denis Jolly, maître de la pompe du Pont-Neuf, qui distribuait dans Paris l'eau de la Seine, et le fontainier Claude Denis.

C'est le drainage des eaux pluviales, tel qu'il fut établi par Vauban, de 1675 à 1683, sur les plans de l'abbé Picard et de Römer, complétés par Gobert, Intendant des bâtiments, qui alimente encore en grande partie les bassins. L'eau provient des hauts plateaux qui avoisinent Versailles et qui s'étendent, les uns entre Rambouillet et Saint-Cyr, les autres entre la vallée de la Bièvre et celle de l'Yvette, jusqu'à Palaiseau. Elle est recueillie par un réseau de rigoles gazonnées, d'un développement total de 125 kilomètres, et par vingt-trois étangs, qu'elles font communiquer entre eux. La superficie de ces étangs, dont les trois plus beaux sont ceux de Trappes, du Trou-Salé et de Saclay, est de 686 hectares, leur contenance de 8 180 000 mètres cubes. Mais il faut compter avec les années de sécheresse. L'eau arrive à Versailles : soit aux *Réservoirs de Gobert*, établis à l'extrémité de l'avenue de Sceaux et d'une capacité de 45 000 mètres cubes ; soit aux *Réservoirs de Montbauron*, qui se trouvent au centre de la ville et peuvent absorber 115 000 mètres cubes, et qui reçoivent également les eaux souterraines de la vallée de la Seine, envoyées par la m chine actuelle de Marly.

L'eau parvient de là dans le parc, aux *Réservoirs de l'Aile du Nord* p. 209), de 6 000 mètres cubes, ou à ceux *des Parterres d'Eau*, de 45 000 mètres cubes, creusés sous le sol, à droite et à gauche des Parterres d'Eau. Ces deux groupes de réservoirs la distribuent à leur tour aux divers bassins par une canalisation souterraine, de plomb et de fonte, qui suit le même tracé que sous Louis XIV L'eau des bassins supérieurs, courant sous terre pour en ressortir à nouveau, repasse, après son emploi, dans les bassins inférieurs. Elle va se perdre finalement dans le Grand Canal, qui se déverse lui-même dans le ru de Gally, celui-ci dans la Mauldre, la Mauldre dans la Seine. Les eaux jouaient, sous Louis XIV, quand le roi se promenait dans le parc, aux principales fêtes religieuses de l'année, ou lorsqu'en l'absence du monarque des étrangers de marque visitaient Versailles. Pendant l'été, lors des séjours de Louis XV, les divers bassins et fontaines qui sont visibles du château, Parterres d'Eau, Bassins des Couronnes, la Pyramide, Latone et Apollon, jouaient chaque jour, de dix heures du matin à huit heures du soir. Il y a "Grandes Eaux" aujourd'hui tous les premiers dimanches du mois, de mai à septembre inclus, de 4 h. 30 à 5 h. 30 de l'après-midi. La dépense d'eau est, chaque fois, de 6 000 mètres cubes.

Malgré d'irréparables destructions et quoiqu'il ne subsiste que 607 jets, des 1 400 qui existaient au temps du Grand Roi, le spectacle du jeu des eaux est encore d'une émouvante splendeur, d'une puissance qui impressionne. Massée sur la Terrasse du Château, la foule observe, avec une curiosité attentive, le premier éveil des bassins et suit d'elle-même la marche voulue. Elle regarde, amusée, les fontainiers qui vont et viennent, avec leurs grandes clefs. Ce sont d'abord les Parterres d'Eau qui s'animent, chacun avec sa gerbe de 10 mètres de haut, qu'entourent des jets courbes, formant corbeille. Presque aussitôt, aux Fontaines de Diane et du Point du Jour, les bêtes de bronze qui se bataillent se mettent à vomir, en tous sens, des jets entre-croisés ; l'eau, qui se heurte, écume et mousse en bouillonnements affolés. Le Bassin de Latone suit de près et tortues, iguanes, grenouilles, paysans, faisant converger leurs soixante-dix jets sur la déesse, la recouvrent d'une voûte liquide.

Descendant ensuite vers la Salle de Bal, nous y souhaiterons trouver un instant de solitude pour jouir du charme intime de ses cascatelles d'argent, qui recouvrent, comme une gaze pailletée, les gradins en escalier de ses rocailles champêtres. Sur les talus gazonnés qui encadrent les rocailles, l'eau murmurante se précipite, dans des " goulettes ", en ruisselets rapides. De sveltes jets jaillissent, en blanches aigrettes, des torchères de plomb, dont ils sont la flamme. — Entouré, comme les autres Bassins des Saisons, d'un cercle de grands arbres, le Bassin de Bacchus détache sur leur sombre verdure son clair panache, qui fuse vers le ciel bleu, pour retomber ensuite sur les épaules ruisselantes du dieu des raisins. Parfois, débordant des branches, un rayon de soleil vient allumer une éclatante escarboucle au faîte de la gerbe liquide, ou, se décomposant dans ses mille gouttelettes, y fait luire tout à coup les sept couleurs de l'arc-en-ciel. — A la Colonnade et aux Dômes, l'eau claironne, somptueuse, parmi les marbres. Elle s'épanouit, dans toute sa puissance, au Bassin d'Apollon, le seul aujourd'hui qui, dans une note diverse, peut rivaliser encore avec Neptune. Trois énormes gerbes, l'une de 19 mètres de haut, les deux autres de 15 mètres, y sont pareilles à des geysers d'Islande, à des volcans d'eau en éruption. Apollon, son char, ses chevaux, ses Tritons, se silhouettent, fantomatiques, dans une buée transparente et ténue, que promène jusqu'aux rives du bassin le souffle du vent.

Revenant vers le Bosquet d'Encelade, nous y trouvons un jet de 23 mètres, qui bondit, vertical, de la bouche renversée du géant, et revient s'écraser sur sa face. De petits bouillons d'eau fusent entre les doigts monstrueux de sa main et parmi les pierrailles qui parsèment le bassin. Ce sont les " solfatares " de l'Etna, sous lequel Encelade gît prisonnier. — C'est une hauteur de 25 mètres qu'atteint, au Bosquet de l'Obélisque, le feu d'artifice de sa gerbe centrale, encadrée d'une multitude serrée de jets ténus et fluets, issus comme elle des roseaux de plomb qui décorent le milieu du bassin. — Comme le bosquet lui-même, l'hydraulique se prévaut, au Bosquet des Bains d'Apollon, du style paysager et du goût intégral de la nature. Dédaigneuses des agencements artificiels du Bosquet des Rocailles et de ses goulettes de marbre, des cascatelles y dévalent en serpentant, des pentes du rocher, parmi les herbes folles, les plantes et les fleurs sauvages, et s'en vont se perdre dans le petit étang, parmi de vrais roseaux.

Nous gagnerons, de là, la Fontaine de la Pyramide. L'eau, qui s'y dégorge avec abondance et y déborde de vasque en vasque, la fait ressembler à un vase qui bout, ce qui lui a valu son sobriquet populaire de "Pot-Bouillant". Puis, par le Bain de Diane et par l'Allée d'Eau, où la bande joyeuse des Marmousets semble rire et se trémousser sous la pluie qui ruisselle autour d'eux, mettant des éclats luisants sur leurs corps de bronze, nous redescendrons vers le Bassin du Dragon, dont le jet, haut de 27 mètres, le plus élevé du parc, vient directement des réservoirs de Montbauron, et vers Neptune, qui est le dernier acte de la fête, l'apothéose de toute cette gloire de l'eau. Déjà, sur le vaste amphithéâtre gazonné qui fait face au bassin, la foule, fourmilière aux mille têtes, s'est massée, et la plupart des autres fontaines se sont tues. Et voilà que, simultanés, quarante-quatre jets, de 21 mètres de haut, se mettent à jaillir, tant des vingt-deux vases de plomb que des intervalles qui les séparent. Ils forment, si l'atmosphère est calme, autant de grands cierges blancs, pleins de majesté, autant de lances liquides et rigides, que domine le jet voisin et plus puissant du Dragon. A la moindre brise, on voit ces fantômes légers s'enfler soudain et flotter dans l'air, comme une rangée d'étendards. En dessous d'eux, fusent en largeur, du groupe central de Neptune et d'Amphitrite et des deux groupes de Protée et de l'Océan, trois énormes et magnifiques bouquets écumeux, qui se composent de trois faisceaux de gerbes inclinées. D'autres jets droits partent du milieu du bassin ; les Deux Dragons de Bouchardon crachent chacun un long jet courbe. De tous côtés l'onde se déchaîne en tempête. Puis les gerbes s'affaissent, les jets retombent sur eux-mêmes, avec des sursauts semblables aux derniers halètements d'une poitrine. Tout s'apaise et se meurt, le silence reprend possession du parc et la foule hâtive se déverse en ville, vers son chemin de fer, son tramway, ou son dîner.

CHAPITRE IV
LES TRIANONS

Le Grand Trianon.◦*Parc du Grand Trianon.*◦*Musée des Voitures.*◦*Le Petit Trianon.*◦*Jardins et Hameau du Petit Trianon.*◦*Les Jeux et les Ris des "Ombres heureuses".*

Le Grand Trianon.

ON se rend au Grand Trianon : soit en barque, par le Grand Canal ; soit par le parc, à travers des Bosquets du Nord ; soit par l'avenue de Trianon, qui a son point de départ près du Bassin de Neptune et qui se raccorde en ville au boulevard de la Reine. Cette belle avenue, plantée d'ormes, et que suivait le carrosse royal, longe à droite l'ancien et vaste *Pré des Crapauds*, aujourd'hui prairie verte, où paissent des vaches, et qui est semée de bouquets d'arbres. Malgré le desséchement du sol, des brouillards bleuâtres y traînent encore à la fin du jour.

Alors que Versailles n'était qu'un simple hameau, il ne se trouvait non plus sur le terrain de Trianon que quelques charmilles, entourant une humble et très ancienne église, dédiée à Notre-Dame de Trianon, "*Divæ Mariæ de Trienno*". Louis XIV, en 1668, fit raser le tout et, deux ans après, s'élevait le *Trianon de Porcelaine*. C'était, en pendant avec la Ménagerie, qui se trouvait à l'autre extrémité de la croix du Grand Canal, un luxueux pavillon de plaisance, de forme rectangulaire, se composant d'un rez-de-chaussée, surmonté de combles dorés, et qui était entièrement tapissé, tant au dehors qu'à l'intérieur, de faïences de couleur, "à la manière, dit Félibien, des ouvrages de Chine". Une partie des faïences venait de Delft ; les autres étaient fabriquées dans une manufacture établie à Saint-Cloud. Le blanc et le bleu y dominaient, avec des notes jaunes. Intérieurement, le pavillon comprenait un salon central, de 22 pieds sur 19 (7 mètres sur 6), communiquant avec deux petits appartements parallèles, chacun d'une chambre, d'un cabinet avec une volière, en saillie extérieure, et d'une garde-robe. Le Trianon de Porcelaine était, pour le souverain, un lieu de repos dans sa promenade. Il servait à des concerts de musique, aux soupers et aux collations, qu'il eût été surprenant de ne point voir paraître en cette affaire. Quatre petits pavillons, de même style, étaient autant d'annexes culinaires, "pour travailler aux confitures et aux entremets, pour faire le rôt, préparer les potages, les entremets et les hors-d'œuvre, et pour dresser le fruit ". C'était aussi, pour Louis XIV, un lieu de rendez-vous galant ; il y recevait Mme de Montespan, alors reine de son cœur, et que Marie-Thérèse, toujours soucieuse de complaire à son mari, amenait elle-même, à l'occasion, dans son propre carrosse. En arrière des bâtiments et encadré de longs berceaux de treillages, s'étendait un *Jardin des Fleurs*, œuvre du célèbre Le Bouteux, vrai jardin de féerie, où près de deux millions de pots, employés à garnir les parterres, en changeaient l'aspect du jour au lendemain, parfois entre le matin et le soir. Les fleurs étaient, presque toutes, à fortes senteurs : jasmins d'Espagne, narcisses, jacinthes, lis, héliotropes, œillets, tubéreuses. Les orangers eux-mêmes et divers arbrisseaux du Midi fleurissaient en pleine terre, grâce à un système des serres mobiles, d'un agencement ingénieux, qui se démontaient au printemps et se remontaient pour l'hiver. C'était le Jardin des Parfums. Le Bouteux touchait par an 17 500 livres (70 000 francs), pour lui, ses garçons jardiniers et tous frais d'entretien, plus 500 livres (20 000 francs) pour le soin des bassins, qui étaient, eux aussi, revêtus de faïences. Ce premier Trianon vécut jusqu'en 1687, date à laquelle Louis XIV commanda de le remplacer par le palais actuel. Nous ne le connaissons plus que par des plans et des estampes, précises d'ailleurs, et avec lui disparut un aspect intéressant de l'art du XVIIe siècle. Le même mode de décoration se retrouvait à Marly, également détruit et où des débris de ces faïences ont été recueillis dans la vase des anciens bassins.

Le PALAIS DE TRIANON, qui ne prit que plus tard le nom de Grand Trianon, fut construit de 1687 à 1688, par Mansart, qui s'adjoignit son neveu Robert de Cotte. Inspiré, dans ses grandes lignes, du style italien, mais bien français dans son détail, il ne comporte qu'un rez-de-chaussée, de plain-pied du côté de l'arrivée, surélevé de marches du côté des jardins, et formant deux longues ailes, reliées entre elles par un *Péristyle* à jour, aux colonnes de marbres vert et rose. De hautes portes-fenêtres cintrées sont séparées par des pilastres de marbre blanc et ornées, à leur cintre, de bas-reliefs figurant une coquille et des fleurs. Les toits plats, formant terrasse, sont bordés de balustres qui portaient autrefois des vases, des cassolettes à têtes de bélier, des corbeilles de fleurs et des groupes d'enfants, le tout abattu depuis la Révolution. Cinquante-six sculpteurs, les noms coutumiers de Versailles, s'adonnèrent ensemble, Louis XIV ayant voulu être rapidement servi, à ces divers motifs ornementaux, aux bas-reliefs des fenêtres, aux chapiteaux des colonnes et des pilastres. Treize autres sculpteurs se chargèrent des ouvrages intérieurs, boiseries et corniches. Domenico Cucci fit les cuivres ciselés. Le mobilier, avec ses étoffes de damas de soie cramoisi, ses tapis de Perse et de Turquie, ses potiches de Chine et ses bibelots de l'Inde, fut installé durant les années qui suivirent. De nombreux tableaux furent exécutés par Le Brun, Mignard, les Coypel, Jouvenet, Gilbert de Sève, les Boulogne, Allegrain, Cotelle, J.-B. Martin, Claude Lorrain, ainsi que par les peintres de fleurs, Antoine et J.-B. Monnoyer et Blain de Fontenay. — Les travaux étaient à peine terminés que Louis XIV réclamait des logements supplémentaires, pour quelques privilégiés de la cour qu'il désirait héberger près de lui. Mansart éleva alors, avec habileté, en retrait de l'aile droite et de manière à ne pas rompre la symétrie de la première construction, une aile nouvelle, voilée sous de grands arbres, et qui fut appelée TRIANON-SOUS-BOIS. Composée d'un rez-de-chaussée et d'un premier étage, cette annexe est bâtie en pierre de taille, dans un style très simple, qui n'est pas exempt d'élégance, et qui transite déjà vers le style Louis XV.

Comme Marly, qui devait le supplanter complètement vers la fin du règne, Trianon était destiné à servir, à portée de Versailles, de lieu de détente de l'étiquette. Louis XIV y dîna (c'est-à-dire déjeuna) pour la première fois, sans apparat, le 22 janvier 1688, en compagnie de Mme de Maintenon et de quelques autres dames. Puis vinrent d'autres dîners, les collations, des soupers, des bals, le jeu, des ballets, la comédie et l'opéra, mais toujours en petit comité et avec un nombre restreint d'invités. On s'en retournait d'abord à Versailles le jour même, et ce n'est qu'à partir de 1694 que le Grand Roi commença à coucher à Trianon. Outre son frère (Monsieur), il amena avec lui, cette année-là, ses trois filles : la princesse de Conti, fille de Mlle de La Vallière, la duchesse de Bourbon-Condé et la duchesse d'Orléans, femme du futur Régent, filles de Mme de Montespan, qui faisaient entre elles excellent ménage. Les trois princesses, âgées de vingt-huit, vingt et un et dix-sept ans, étaient fort éprises de liberté et couraient le parc, toutes seules, pendant la nuit. Certain soir, s'étant procuré des pétards, elles se divertirent à les faire éclater sous la fenêtre de Monsieur, qui en sursauta dans son lit, non sans effarement, et s'en plaignit le lendemain, avec aigreur, à Louis XIV. Les coupables furent vertement réprimandées. Une autre fois, ces jeunes personnes, ennemies de la gêne, firent demander des pipes au corps de garde des Suisses et entreprirent de les fumer. L'odeur du tabac se répandit jusqu'à la chambre du roi, qui ne laissa pas d'en être offusqué et rappela de nouveau ses filles à une tenue plus digne de leur rang. Le duc et la duchesse de Bourgogne étaient, comme la plupart des autres membres de la famille, logés à Trianon-sous-Bois. Pendant les belles nuit d'été, la duchesse se promenait, aux étoiles, sur les terrasses des toits, ou se laissait voguer sur le Grand Canal, jusqu'au lever du soleil. Le Grand Dauphin avait son appartement au rez-de-chaussée de l'aile gauche. Il y eut d'ailleurs, selon l'usage, maints remaniements intérieurs, maints déménagements d'une aile ou d'une pièce à l'autre. Mme de Maintenon habita à proximité du roi.

Après avoir d'abord délaissé Trianon, Louis XV s'y vint brusquement installer, le 13 décembre 1744, à la suite de la mort de la duchesse de Châteauroux. Le palais, bâti pour l'été et depuis longtemps inhabité, avait grand besoin de réparations ; il fallut y installer des cheminées, là où elles manquaient, et lui donner un peu plus de confortable. Son chagrin évaporé, Louis XV conserva un goût marqué pour Trianon, qu'il continua à faire accommoder, et il y donna, près de lui, un appartement à Mme de Pompadour, en 1749. Le parc s'étendit vers la droite, agrandi de nouveaux jardins, où s'éleva, de 1762 à 1768, une autre demeure plus intime, qui fut désignée sous le nom de " Petit Trianon ". C'est celui-ci qui fut surtout en faveur sous Louis XVI et Marie-Antoinette.

En 1805, Napoléon fit remeubler à son usage l'ancien palais de Louis XIV, le " Grand Trianon ", vidé sous la Révolution. Il s'y retira, sombre et fatal, le 16 décembre 1809, aux heures douloureuses de son divorce avec Joséphine. L'épouse répudiée s'en était allée, de son côté, à la Malmaison, où ils se revirent tous deux, après une dizaine de jours. Le plus dur de la crise était dès lors passé et le 26, l'Empereur rentrait à Paris. Il revint séjourner à Trianon, avec Marie-Louise, du 21 juin au 10 août 1810, en juillet et août 1811, puis du 7 au 22 mars 1813. La belle bibliothèque qu'il y avait rassemblée fut pillée par les Prussiens de Blücher en 1815.

En 1818, Wellington fut reçu à dîner, au Grand Trianon, par Louis XVIII. Le 30 juillet 1830, détrôné et fuyant, Charles X, chassé de Paris, s'y arrêtait durant quelques heures, avec la duchesse de Berry, pour reprendre, une fois de plus, sa course à l'exil. Louis

Philippe restaura, remania et, selon sa coutume, défigura tant soit peu le palais; il y coucha, le 10 juin 1837, le soir de l'inauguration du Musée de Versailles, et y résida à plusieurs reprises; il s'y reposa, une dernière fois, comme Charles X, dans sa fuite du 24 février 1848. Le beau péristyle à jour qui relie les deux ailes, et qui n' repris que depuis quelques années son état primitif, avait été, pour les commodités du service, transformé par Napoléon Ier en galerie vitrée. C'est là que, le 10 décembre 1873, le maréchal Bazaine, accusé d'avoir, en octobre 1870, livré Metz aux armées allemandes, fut condamné à mort par un conseil de guerre, présidé par le duc d'Aumale. On sait qu'une grâce, bientôt suivie d'une évasion, laissèrent le coupable impuni.

A l'extérieur, sauf la perte des motifs décoratifs de ses toits, le Grand Trianon a conservé le même aspect qu'il présentait sous Louis XIV. Intérieurement, toutes les boiseries et toutes les dorures des XVIIe et XVIIIe siècles ont été, ainsi que les corniches sculptées des plafonds, badigeonnées en gris sous Louis-Philippe. Le mobilier actuel a été, en majeure partie, mis en place en 1850 et provient du Garde-Meuble de Paris. Il s'y trouve quelques beaux objets antérieurs à la Révolution, tables de l'époque de Louis XIV, consoles de style Louis XV et Louis XVI, porcelaines de Chine, et des tableaux qui vont de Cotelle à Boucher et à Hubert Robert. Tous les autres meubles sont du Premier Empire. Certains d'entre eux constituent, avec leurs soies ardentes, leur acajou rouge, leurs vertes malachites et leurs riches applications de cuivres ciselés et dorés, cariatides à la mode d'Égypte ou figurines grecques, des spécimens admirables de l'art de Percier et de Fontaine. Leur seul tort est d'être disparates avec le décor où ils se retrouvent et, sans doute, sauf dans la partie des appartements qui a conservé le souvenir direct de l'Empereur, s'élimineront-ils peu à peu. Trianon, comme Versailles, doit être rendu à la royauté.

La *Cour d'Entrée* est enclose, du côté de l'arrivée, par un petit fossé. Vers la gauche sont les anciens *Communs*, aujourd'hui bureaux du conservateur. En face de soi, on voit apparaître, encadrées de marbre, les glauques et profondes verdures du parc.

L'*Aile Gauche*, par où débute la visite, est desservie par un long corridor, qui amène au *Salon des Glaces*, décoré, comme la Grande Galerie de Versailles, de glaces carrées, à biseaux, qui en tapissent les murs. Cette décoration, bien typique, date de Louis XIV et fait de la pièce une des plus intéressantes du palais. La cheminée date de Louis XVI. Ce salon et les quatre pièces qui suivent composèrent le PREMIER APPARTEMENT DE LOUIS XIV. Il devint, en 1705, APPARTEMENT DE MONSEIGNEUR (le Grand Dauphin), nom sous lequel il est ordinairement désigné. Madame Mère, mère de Napoléon, puis Louis-Philippe l'ont ensuite habité. — La *Chambre de Monseigneur*, d'abord chambre de Louis XIV, a conservé, comme les pièces suivantes, ses anciennes boiseries, dédorées. Elle devint chambre de Madame Mère, dont on voit encore le somptueux lit à dais, en bois doré, qui devint lit conjugal de Louis-Philippe (il en porte le chiffre) et de sa femme, la reine Marie-Amélie. Une planche, glissée entre le matelas et le sommier, du côté du lit où couchait l'époux, rappelle la simplicité de mœurs du Roi-Citoyen qui, comme un soldat au camp, se plaisait à dormir sur la dure. — Suivent l'*Antichambre*, le *Salon de la Chapelle*, où l'autel était placé dans un renfoncement, au fond de la pièce, et la *Salle des Princes* ou *des Seigneurs*, qui correspondait à l'Œil-de-Bœuf de Versailles.

L'Aile Droite est la plus importante. On y trouve d'abord le *Salon des Colonnes* ou *Salon Rond*, du style élégant de Robert de Cotte, aux colonnes cannelées, qui fut transformé en Chapelle sous Louis XV; les dessus de portes convexes sont de cette époque. Il servait, sous Louis XIV, d'Antichambre aux APPARTEMENTS DE RÉCEPTION, qui font suite, et dont la plupart des pièces portaient un nom symbolique. Ce sont : le *Salon de Musique*; le *Grand Salon*, qui formait deux pièces (*Antichambre des Jeux*, pour le jeu, et *Chambre du Sommeil*, avec des lits de repos); le *Cabinet du Couchant*, qui forme, sur les parterres, l'angle de la façade principale et de la Grande Galerie et est exposé, comme les pièces qui précédent, au soleil couchant; le *Salon Frais*, qui était ombragé de grands arbres touffus et qui ouvrait, comme le *Salon des Sources*, sur le bosquet de ce nom (p. 226). — Du Salon Frais se replie, en retour sur les parterres du parc, la *Grande Galerie*, éclairée par onze fenêtres, qui servait aux fêtes et qui a gardé, sauf les dorures, sa décoration ancienne et ses boiseries. Elle était et est encore ornée de la précieuse série des tableaux de Cotelle, de J.-B. Martin, d'Étienne et de Gabriel Allegrain, qui nous font connaître l'aspect des constructions et du parc de Versailles sous Louis XIV. Les toiles de Cotelle sont traitées surtout avec une grâce charmante, dans le style mythologique ; elles nous montrent les divers bosquets, où dieux et déesses descendent de l'Olympe, pour s'y ébattre. Nous les avons plus d'une fois mentionnées. — La galerie se termine au *Salon des Jardins*, d'où un escalier de pierre, avec une rampe de fer forgé datant de Louis XVI, descend vers les parterres et d'où part l'aile de Trianon-sous-Bois. Sauf une Chapelle, sans intérêt, qui date de Louis-Philippe, les anciens appartements n'y ont pas été défigurés. Ils servent aujourd'hui de dépôt de meubles.

Revenant au Salon Frais et à celui des Sources, on continue par l'ancien APPARTEMENT DE MME DE MAINTENON, qui s'éclaire sur le Jardin du Roi (p. 226). Il se compose de cinq petites pièces, coupées en hauteur par un entresol, également habitable, et que leur exiguïté même rend faciles à chauffer. Aussi Louis XV les prit-il pour son usage, lors de son premier séjour à Trianon, en décembre 1744 ; le roi de Pologne, Stanislas Leczinski, père de Marie Leczinska, les habita ensuite ; puis Mme de Pompadour. Elles devinrent enfin l'APPARTEMENT DE NAPOLÉON Ier ET DE MARIE-LOUISE, à l'époque du baptême du Roi de Rome (1811) ; leur décoration et les meubles, en partie rapportés, datent de cette période. On y trouve : l'*Antichambre*, dont les tentures jaunes ont été refaites ; le *Cabinet de travail* de Napoléon, dont les tentures bleues sont anciennes ; la *Salle de Bains*, où un divan recouvre la baignoire ; la *Chambre de Marie-Louise*, dont le lit, très court, en orme moucheté, avec des applications de cuivre doré et un beau couvre-lit de soie, est un magnifique spécimen du style Empire et provient du château de Meudon ; le *Salon Jaune*, orné d'une table en mosaïque romaine, offerte par le pape à Napoléon. On ignore où se trouvait la chambre de l'Empereur. — L'Entresol qui surmonte ces pièces, faisait partie de l'appartement ; il a gardé ses boiseries du XVIIIe siècle et ses cheminées de marbre, qui datent de Louis XV. Très bas de plafond, il est éclairé, en jour renversé, par la partie supérieure des fenêtres du rez-de-chaussée, qui forment comme autant de soupiraux s'ouvrant au ras du sol, pour se terminer à la hauteur de la ceinture. Nous nous accommoderions mal, aujourd'hui, d'une semblable lumière, qui, si l'on veut lire dans un livre, oblige à s'asseoir sur le plancher.

On tourne sur l'autre pan du Jardin du Roi. Sur l'emplacement des pièces que l'on rencontre exista d'abord une Salle de Spectacle, où les filles de Louis XIV dansèrent un ballet, le 7 février 1689, en présence de Jacques II, roi d'Angleterre, et de sa femme. Cette salle fut détruite vers 1704, lorsque le Grand Roi décida de donner à son fils son appartement de l'aile gauche et se fit aménager cette partie du palais. De ce DEUXIÈME APPARTEMENT DE LOUIS XIV ont subsisté : l'*Antichambre du Roi*, avec une riche cheminée de marbre violet, datant de Louis XV ; la *Chambre du Roi*, défigurée sous Louis-Philippe et garnie, pour la reine d'Angleterre, Victoria, qui n'y vint pas, de meubles de mauvais goût. Une petite antichambre et le corridor de sortie occupent les anciens *Cabinets du Roi*.

Parc du Grand Trianon.

Le PARC DU GRAND TRIANON est comme le palais, l'œuvre de Mansart et a été peu modifié. Mais la plupart des statues qui l'ornaient ont disparu ; celles qui demeurent sont mutilées et dévorées par les mousses. Entretenu seulement en partie, peu fréquenté et tout ouaté de silence, il offre un charme mélancolique et puissant, avec ses arbres touffus, enguirlandés de lierre, ses bosquets que reprend la nature, ses allées herbues où croissent, au premier printemps, les blancs perce-neige et les orchidées sauvages, aux clochettes tachetées de rose. Parfois, un vol de ramiers passe dans les branches, en claquant des ailes avec un bruit d'éventail que l'on ouvre et referme. Les bassins, à l'eau sombre, dorment immobiles, mouchetés de roux par les feuilles tombées, et marbrés de plaques bleues, qui sont des reflets du ciel.

En face du palais et dégageant devant lui la lumière, s'étendent d'abord des *Parterres de Fleurs*, ayant pour fond de décor les glauques verdures du Grand Quinconce. — Ils communiquent, vers la gauche, avec la TERRASSE et la RAMPE DU FER-A-CHEVAL, d'où l'on domine la branche transversale du Grand Canal, qui aboutissait autrefois à la Ménagerie. C'est ici que la cour arrivait par eau à Trianon. A la vesprée du 16 juillet 1699, Louis XIV était assis sur cette même terrasse. Il regardait, nous conte Dangeau, s'avancer les gondoles qui portaient ses trois filles, le duc et la duchesse de Bourgogne, et les personnes de leur suite. Un yacht, que l'on faisait approcher le plus que l'on pouvait, était chargé de musiciens, dont Louis XIV demeura, jusqu'à huit heures du soir, à écouter les symphonies. Le beau temps l'eût engagé volontiers à s'embarquer. Mais Fagon intervint pour l'en dissuader, par prudence contre un rhumatisme malin qui semblait vouloir, depuis peu, s'attaquer à Sa Majesté. Tout le monde soupa à Trianon et veilla durant une partie de la nuit.

Gagnant le *Grand Quinconce*, planté de tilleuls, qui fait suite aux parterres, on trouve au delà le beau BASSIN DU PLAFOND D'EAU ou DU MIROIR, avec ses deux *Dragons*, de style chinois, par Hardy, ses deux plans d'eau superposés et son décor admirable de grands arbres,

Le Grand Trianon, vu du côté de l'Arrivée.
Estampe de J. Rigaud.

L'ancien Trianon de Porcelaine qui précéda le Grand Trianon actuel
Estampe de Pérelle.

GRAND TRIANON : LE PÉRISTYLE.

GRAND TRIANON : BASSIN DU PLAFOND D'EAU OU DU MIROIR.

— Du Plafond d'Eau on incline, à droite, vers la somptueuse fontaine du BUFFET, qui affecte la forme d'un buffet-étagère, disposition déjà rencontrée à Versailles dans l'ornementation de l'ancien Bosquet du Marais. Elle fut dessinée par Mansart, qui, selon ses préférences personnelles, différentes, avons-nous dit, de celles de Le Nôtre, y fait triompher le marbre, comme base même de la construction, où le plomb n'intervient plus qu'en applications dorées. Trois étages de tablettes, de marbre blanc et de marbre rouge, reposent, avec leurs vasques élégantes, dans un petit bassin de marbre blanc, en demi-cercle, où se mire la fontaine. Au sommet de celle-ci, *Neptune et Amphitrite*, entre deux lions, soutiennent une grosse coquille d'où l'eau se déverse. Ce motif décoratif rappelle, semble-t-il, les projets ébauchés à Versailles, à cette même époque, pour le Bassin de Neptune. D'autres plombs représentent, en bas-reliefs, le *Triomphe d'Amphitrite*, des *Canards* d'une vivante facture, les faces joufflues de *Zéphyr* et de *Borée*, émergeant d'une collerette de nuages, et des fleurs de tournesol, au large modelé, où l'observation de la nature est exacte et précise. Ces sculptures sont de Van Clève pour les animaux, de Mazière, Granier, Poirier, Le Lorrain, Le Moyne, Hardy et La Pierre, pour les autres ouvrages de plomb où de marbre. Le Buffet et le jeu de ses eaux ont été restaurés de nos jours. — Au delà du Buffet, on gagnerait, à travers les anciens bosquets, le mur de clôture du parc, qui s'ouvre sur *l'Allée* et sur *l'Etoile des Ha! Ha!*, par une série de fossés en saut-de-loup, dits " Ha! Ha! ", d'où l'on découvre le parc extérieur, ou Petit Parc, ses grands ormes, ses tirés pour le gibier, ses champs et ses moissons. Ces fossés, destinés à dégager l'horizon autour des jardins et des parcs, furent empruntés, comme disposition, à l'architecture militaire du moyen âge ; ils devinrent surtout à la mode au cours du XVIIIe siècle. Bâillant au ras du sol, ils ne sont visibles qu'au même instant où le pied, semble-t-il, est prêt à s'y poser. Les cris d'effroi des jolies promeneuses en paniers, qui craignaient d'y choir, leur ont valu leur nom sonore et charmant.

Du Buffet, reprenant l'allée qui ramène vers Trianon-sous-Bois, on trouve, un peu à gauche, l'AMPHITHÉÂTRE, qui s'élève, par des compartiments de gazon, vers un hémicycle de charmilles, planté de marronniers. Vingt-quatre *Bustes* de marbre, copies de l'antique, s'y alignent sur leurs socles, départagés en deux moitiés par une colonne où se pose un autre buste. Ils mirent leur blancheur dans un bassin circulaire, où un groupe de plomb figure, assises autour d'une corbeille de fleurs, *Quatre Nymphes*, auxquelles leur svelte jeunesse a voulu le surnom populaire des " Quatre Pucelles ". — Tout proche, un autre bassin, rectangulaire, est orné d'un beau plomb, énergique et souple, *Faune et Panthère*, d'un des Marsy. Il fait face à un escalier de pierre et à une petite terrasse, dont le balcon de fer forgé date de Louis XV, qui terminent, de ce côté, Trianon-sous-Bois.

Contournant le palais, on rencontre une pelouse, avec des sapins, qui occupe la place de l'ancien BOSQUET DES SOURCES. " Les Sources, écrivait la Palatine, le 21 juin 1705, sont un petit Bosquet si touffu qu'en plein midi le soleil n'y pénètre pas. Il y sort de terre plus de cinquante sources, qui font de petits ruisselets, larges d'un pied à peine et que, par conséquent, on peut tous enjamber. Ils sont bordés de gazon et forment de petites îles, suffisamment larges pour y mettre une table et des chaises, de façon à pouvoir y jouer à l'ombre." Il y avait vingt et une de ces petites îles. Le bosquet fut détruit en 1775, lorsque le parc du Grand Trianon subit, comme celui de Versailles, une replantation générale. — A cette même époque, fut pareillement culbuté le JARDIN DU ROI, rétabli de nos jours, avec son bassin rond et ses parterres de buis, qui fait suite au Bosquet des Sources et qu'encadrent les deux anciens appartements de Mme de Maintenon et de Louis XIV. Sur un tertre gazonné, la petite *Fontaine de l'Amour*, en plomb et bronze accouplés, est une œuvre charmante de Gaspard Marsy. Elle se compose de vasques superposées, en forme de coquilles, supportées par des touffes de roseaux et de plantes aquatiques, et que surmonte un Amour assis sur un dauphin. Cette fontaine, qui faisait partie d'une série de huit autres, se trouvait d'abord dans le parc de Versailles, au Bosquet du Théâtre d'Eau, détruit sous Louis XV. Elle a été restaurée. — Du Jardin du Roi, un pont, construit sous Napoléon Ier, permet de passer dans le jardin français du Petit Trianon (p. 234), tandis qu'une porte, ouverte dans le mur du parc, ramène à l'esplanade qui précède le Grand Trianon.

Musée des Voitures.

Le MUSÉE DES VOITURES occupe, à gauche de cette porte, un petit bâtiment construit en 1851, sur l'emplacement d'un ancien corps de garde. La pièce la plus importante en est le *Carrosse du sacre de Charles X*, énorme voiture dorée qui, avec ses peintures décoratives, ses fastueuses sculptures, ses larges roues cloutées, la curieuse suspension de ses ressorts de cuir, son toit en dôme et le haut siège de son cocher, donne bien, malgré ses retouches, l'impression de ce qu'étaient les carrosses de l'ancienne cour. Il servit, en 1856, au baptême du Prince Impérial, et c'est alors qu'il fut remanié. Les peintures furent refaites; un groupe de Renommées soutient, sur le toit, la couronne impériale, et l'Aigle de Napoléon a remplacé partout les Armes de France. Plus fine, la *Calèche de baptême du duc de Bordeaux* (1820), futur comte de Chambord, devint, en 1853, la voiture de mariage de Napoléon III et de l'impératrice Eugénie. De riches *Chaises à porteurs* rappellent le souvenir de Marie Leczinska et de Marie-Antoinette. Des *Traîneaux* des XVIIe et XVIIIe siècles, dont l'un en forme de bête, glissaient, pendant les gelées, sur le Grand Canal, tirés par des chevaux ou poussés à bras d'homme. Le goût des courses en traîneaux fut remis à la mode par Marie-Antoinette, durant l'hiver de 1776. Malgré l'opposition de Louis XVI, de joyeuses randonnées furent organisées jusqu'à Paris, descendirent les Champs-Élysées et coururent les boulevards. Les chevaux portaient sur leur tête des panaches blancs; les harnais étaient garnis de sonnettes et de grelots. Les princes conduisaient eux-mêmes et les femmes étaient masquées. Le froid était intense, et les Parisiens manquaient de bois pour se chauffer. Ils trouvèrent mauvais que les puissants du jour vinssent ainsi s'amuser à leur barbe, et ils ne se gênèrent pas, au passage des cortèges, pour exprimer leur sentiment.

Le Petit Trianon.

L'appartement que Louis XV s'était fait aménager au Grand Trianon demeurait sans confortable. La disposition du palais s'opposait à des remaniements plus importants, à un resserrement plus intime. Il était plus simple d'élever à proximité une construction nouvelle et plus moderne, qui fut le Petit Trianon.

Dès 1749, les jardins avaient commencé à s'étendre au delà du parc de Mansart et Mme de Pompadour, qui usait sa vie et son ingéniosité à distraire son royal amant, y avait commandé d'établir une *Petite Ménagerie*. Celle-ci, tandis que l'ancienne Ménagerie de Louis XIV recevait surtout, désormais, les bêtes exotiques ou curieuses, serait uniquement consacrée aux animaux domestiques et d'utilité pratique. Il y eut Vacherie, avec des vaches de Hollande, Laiterie et logement de la laitière, Bergerie pour les moutons, Poulailler et volière pour les poules et pour les pigeons. La mode de ces gracieux volatiles faisait fureur, et une colonie en avait été installée sur les toits de Versailles, au-dessus des Cabinets du Roi. Gabriel dessina ces divers bâtiments, que complétèrent un " Salon Frais " aujourd'hui disparu, pour déguster le laitage, et un élégant Pavillon octogone, pour la conversation, terminés en 1753. Dans ce décor, Mme de Pompadour, entourée de quelques amies, jolies femmes, se présentait à Louis XV en bergère d'opéra, dans le costume conventionnel et gracieux que nous montrent les tableaux de Boucher : jambes nues et pieds nus, dans des sandales à la grecque ; jupes courtes à retroussis, corsage de soie, largement échancré à la poitrine ; cheveux bouclés, piqués de fleurs, et chapeau plat de paille fine, à longs rubans ; dans la main, une houlette. Cet amusement dura quelques années, et la Petite Ménagerie s'augmenta d'un *Potager*, émule du grand potager de Versailles, et qu'organisa l'Irlandais Claude Richard. Claude était un homme d'une valeur supérieure, comme avait été La Quintinye, et poussait l'amour de ses plantes jusqu'à coucher dans les serres, à côté d'elles.

En 1759, ce fut le tour d'un *Jardin Botanique*, autre création à la mode chez les princes et les grands seigneurs de l'époque. Bernard de Jussieu, déjà célèbre, fut chargé de l'installer et y pratiqua d'intéressantes expériences. Il reçut plusieurs fois la visite de Louis XV, qui vint, en simple particulier, s'enquérir de ses travaux et causer avec lui. Claude Richard fut le collaborateur de Bernard de Jussieu et prit, après son départ, la direction du jardin ; il correspondit avec Linné et reçut Adanson. Antoine Richard, fils de Claude, voyagea à travers l'Europe, en Afrique et en Asie Mineure, afin de rapporter des graines et des boutures précieuses.

En 1762, sur l'initiative de Mme de Pompadour, Gabriel dressa les plans de la maison d'habitation, dont la construction ne se termina qu'en 1768. La marquise était morte en 1764, et ce fut en compagnie de Mme du Barry que Louis XV inaugura le Petit Trianon, en 1770. Il avait alors soixante ans. Il y devait sentir, quatre ans après, les premières atteintes de la petite vérole infectieuse qui l'emporta. La dépense avait été de 736 056 livres (2 208 168 francs), 16 sous et 6 deniers, pour le palais et son ameublement, dont 500 livres pour les sonnettes. En y ajoutant le coût des jardins et de leurs dépendances, on trouve un total approximatif, de 1 400 000 livres (4 200 000 francs).

Devenue reine, Marie-Antoinette, tout éprise d'indépendance personnelle, demanda aussitôt à Louis XVI de lui donner le Petit

Trianon. Sans songer à l'inconséquence de son acte, elle prit la place encore chaude de Mme du Barry et pendit la crémaillière dans l'ex-"Palais de Vénus", le 6 juin 1774, le jour même de la levée des scellés apposés sur les papiers de Louis XV. Les gazettes portèrent le fait à la connaissance du public, en l'enjolivant de propos plus ou moins amènes, et chacun en jasa. Elle poussa même l'insouciance, ou son plaisir de vengeance du passé, jusqu'à coucher dans le lit de la favorite déchue. Mais où le scandale devint pire, ce fut quand on apprit qu'elle avait fait accepter au roi de ne venir chez elle que lorsqu'il y serait invité, et qu'admis à se promener dans les jardins, à déjeuner ou à souper avec sa femme, à assister à la comédie ou aux fêtes qu'elle donnait, ce débonnaire époux s'en retournait ensuite, docilement, coucher seul à Versailles. Les règlements intérieurs furent édictés "de par la Reine", dont toute la domesticité prit la livrée rouge et argent, en place de celle du Roi, rouge, blanche et bleue. On ne parla plus, dans le public, du Petit Trianon, mais du "Petit Vienne" ou du "Petit Schœnbrunn", et ces noms, d'ailleurs fort innocents, se retrouvent jusque dans les comptes administratifs ; ce n'est que plus tard, devant la haine populaire, que Marie-Antoinette les interdit, comme une insulte. La maison subit intérieurement quelques retouches, reçut en partie de nouveaux meubles, fut munie d'un paratonnerre, et d'autres jardins furent créés. Le règlement des dépenses, qui n'eut lieu que le 31 août 1791, donna, pour le tout, 1 649 529 livres (3 299 058 francs) ; la somme réelle, en faisant état de divers mémoires non comptés, n'alla pas loin, semble-t-il, de 2 millions de livres (4 millions de francs). Lorsque la cour était à Versailles, Marie-Antoinette venait presque chaque jour au Petit Trianon, y séjournait souvent durant un mois entier, et c'est son souvenir que rappelle le mobilier qui a été remis en place.

Le Palais du Petit Trianon est une jolie construction de pierre, carrée de forme, à toits plats. On y retrouve, comme à Versailles, un rez-de-chaussée très sobre, servant de base à un premier étage, à grandes fenêtres, qui est l'étage principal, et que surmonte un second étage, ou attique, beaucoup plus bas. La façade principale, qui regarde vers le Grand Trianon, est flanquée de colonnes cannelées, à chapiteaux corinthiens, et précédée d'une terrasse, d'où un escalier extérieur descend directement du premier étage vers le jardin. L'ensemble est simple et fin, dans un resserrement marqué vers le style antique. Sur les balustrades du toit, ni vases, ni statues.

La Cour d'entrée, par où l'on aborde la maison, a conservé ses murs tapissés de charmilles et ses deux guérites de pierre, pour les deux gardes qui y montaient la faction.

Au rez-de-chaussée se trouvaient à droite une Salle de Billard, à gauche une salle des gardes ; le reste était occupé par le service. Un *Escalier*, en pierre blanche, monte vers le premier étage. Il est garni d'une superbe rampe en fer ouvragé, de Gamain l'aîné, exécutée sous Louis XV, et où le dur métal a été pétri et modelé comme une cire ; aux lyres et aux caducées qui l'ornementent est venu s'ajouter ensuite le chiffre doré de la femme de Louis XVI. Dans la cage de l'escalier pend, à un cordon de soie, une délicieuse lanterne de bronze, qui date également de Marie-Antoinette ; elle a pour montants des faisceaux de flèches et est ornée d'attributs champêtres ; à l'intérieur, de petits Satyres assis portent un bouquet de douze lumières.

Le premier étage s'ouvre par une *Antichambre* qui a conservé, sauf pour deux panneaux, ses boiseries de l'époque de Louis XV. Les dessus de portes ont été peints par Natoire, pour Louis XV et pour Mme de Pompadour, qui y paraissent sous l'image de *Télémaque et Calypso*. — La décoration de boiseries de la SALLE À MANGER, exécutée d'après les dessins de Gabriel, est des plus remarquables. C'est une œuvre de pleine transition où, à côté des têtes qui rient, jeunes et gaies, des guirlandes de feuillage et des entassements de fruits, poires, pommes, grenades, grappes de raisins, d'un art souple et bien français, apparaissent, la patte levée, les Chimères rigides du style néo-grec. Ces sculptures ont été exécutées par Guibert. Les boiseries, qui, comme celles des autres pièces, ont été badigeonnées depuis d'un ton gris uniforme, étaient autrefois d'un vert d'eau pâle, tirant sur le bleu ; sur ce fond les ornements se détachaient en blanc rehaussé d'or. C'est dans ce décor que Louis XV inaugura le Petit Trianon avec Mme du Barry, par le souper, semble-t-il, du 9 septembre 1770, où fonctionnèrent pour la première fois les " tables volantes " du sieur Loriot, architecte, homme inventif, qui s'était fait connaître, en 1756, par un procédé de fixage du pastel. Au signal donné, une trappe s'ouvrait dans le plancher et une grande table ronde, escortée de quatre autres plus petites, dites " servantes " ou " postillons ", montait du rez-de-chaussée toute dressée, devant les convives. A chaque service, le centre de la table principale rentrait dans le sol, et il ne demeurait que le pourtour, où se trouvaient les assiettes ; une rose en métal, ménagée dans l'épaisseur du cercle, déployait alors ses pétales et comblait le vide. Les mets ayant été renouvelés, la rose se repliait et leur livrait passage. Quant aux postillons, ils allaient et venaient d'une seule pièce. Le repas terminé, le tout disparaissait, et les lames du parquet reprenaient leur place. Nul valet ne troublait ainsi, de sa présence indiscrète, l'intimité amoureuse et bachique de la réunion. Loriot reçut de Louis XV une gratification de 12 000 livres (36 000 francs) et un logement au Louvre. On voit encore, dans le plancher, l'emplacement de la trappe et, au rez-de-chaussée, les piliers qui supportaient, avec ses contrepoids, le mécanisme de la table. Une seconde table, semblable, fonctionnait dans le Petit Salon, qui est voisin. En 1778, Marie-Antoinette fit placer sur les murs de la salle deux tableaux que nous y retrouvons et qui avaient été exécutés à Vienne, sur sa demande ; ils représentent un *Ballet dansé à Schœnbrunn*, par ses frères et sœurs et par elle, alors qu'elle était âgée de dix ans. — Le PETIT SALON, qui était petite salle à manger sous Louis XV, a reçu de jolis meubles de l'époque de Marie-Antoinette, mais qui sont autres que les siens. Une copie d'un pastel de Kocharsky passe pour le portrait du *Petit Dauphin*, mort au Temple. La cheminée de la pièce, ainsi que plusieurs de celles qui furent posées au second étage, provient de l'hôtel d'Évreux, à Paris, que Louis XV fit reconstruire pour Mme de Pompadour et qui est aujourd'hui l'Élysée. Trois trumeaux, de Lépicié et de Natoire, qui datent de Louis XV, sont d'un art sensuel et charmant. — Le SALON DE COMPAGNIE, ou GRAND SALON, est, avec la Salle à Manger, la pièce la plus intéressante. Ses belles boiseries, décorées de fleurs, fleurs des champs et lis royaux, sont de Guesnon et Clicot. La cheminée de brèche violette, a été sculptée par Guibert. Les sièges de bois sculpté, recouverts de soie brochée, rose et verte, sont au chiffre de Marie-Antoinette ; ceux qu'ils ont remplacés étaient garnis de damas cramoisi. Deux vases en bois pétrifié, montés sur bronze et datés de Vienne, 1780, faisaient partie des bibelots familiers de la reine ; un clavecin rappelle son goût pour la musique. Les dessus de porte (*la Danse, la Balançoire, Repos et Concert champêtre*) ont été peints par Pater.

Les pièces qui suivent sont coupées en deux, dans la hauteur, par un étage entresolé, qui leur est superposé. Le BOUDOIR, ancien Petit Cabinet de Louis XV, d'où un escalier montait à l'entresol supérieur, a été remanié pour Marie-Antoinette, en 1776, par son architecte Mique, qui a donné le dessin des boiseries et de la fine cheminée de marbre blanc. Les sièges, dont un lit de repos, étaient garnis d'étoffe de soie bleue, avec applications de broderie et de dentelle, de soie blanche et de franges de perles. Devant les fenêtres s'élevaient du sol, pour les clore, des glaces mouvantes, manœuvrées à l'aide de poulies, et dont le mécanisme fut payé 24 470 livres (48 940 francs). Sur la cheminée est posé un buste de la reine, brisé à la Révolution. — La CHAMBRE A COUCHER de Marie-Antoinette, ancien cabinet de Louis XV, a conservé ses boiseries primitives, de Guibert, qui étaient tendues de mousseline et de broderies de soie, aux vives couleurs. Si le lit actuel, lit étroit qui rappelle que Marie-Antoinette coucha toujours seule à Trianon, est de provenance inconnue, la courtepointe, avec ses fleurs de soie rapportées, a bien été exécutée pour un de ses lits. Elle porte son chiffre et celui du roi. Les chaises et une table en marqueterie sont marquées pareillement à son chiffre, seul ou enlacé avec celui de Louis XVI. La petite et charmante pendule est décorée des aigles d'Autriche. La commode a des cuivres ciselés par Gouthière. — La *Salle de Bains* est l'ancienne Bibliothèque botanique de Louis XV.

L'entresol qui se trouve au-dessus de ces pièces était occupé, sous Louis XV, par une Antichambre, une Chambre à coucher, à la disposition du roi, et un Cabinet. Marie-Antoinette y eut sa *Bibliothèque*, dont il ne demeure que les ferrures des armoires. Les livres qui la composaient étaient reliés en veau, assez grossièrement, et marqués sur le plat aux armes de la reine, sur le dos, des lettres C. T. (château de Trianon). On les retrouve à la Bibliothèque municipale et à la Préfecture de Versailles. Bibliothèque de parade, de grave apparence (morale, histoire, sciences et arts, littérature, théâtre, tous les classiques), dont Marie-Antoinette n'ouvrit jamais un volume. Quelques romans à la mode, que lui lisait l'une de ses femmes, avaient seuls pour elle quelque attrait.

Le second étage, vers lequel continue l'escalier principal et que dessert un autre escalier intérieur, est entièrement démeublé, mais a conservé la plupart de ses boiseries, contemporaines de Louis XV. Il se compose d'une suite de belles pièces, dont le seul défaut serait, à notre goût moderne, le peu de hauteur des fenêtres, qui ont dû se plier au style extérieur de la construction. Toutes indépendantes les unes des autres, ces pièces ouvrent sur un corridor central, dont elles s'isolent discrètement par des doubles portes. De petits cabinets obscurs, qui les avoisinent, servaient aux chaises percées. D'autres cabinets vitrés, prenant air et jour sur le corridor,

Jardins du Petit Trianon : le Belvédère.

Jardins du Petit Trianon : le Temple de l'Amour.

Petit Trianon : Grand Salon.   Théatre du Petit Trianon.

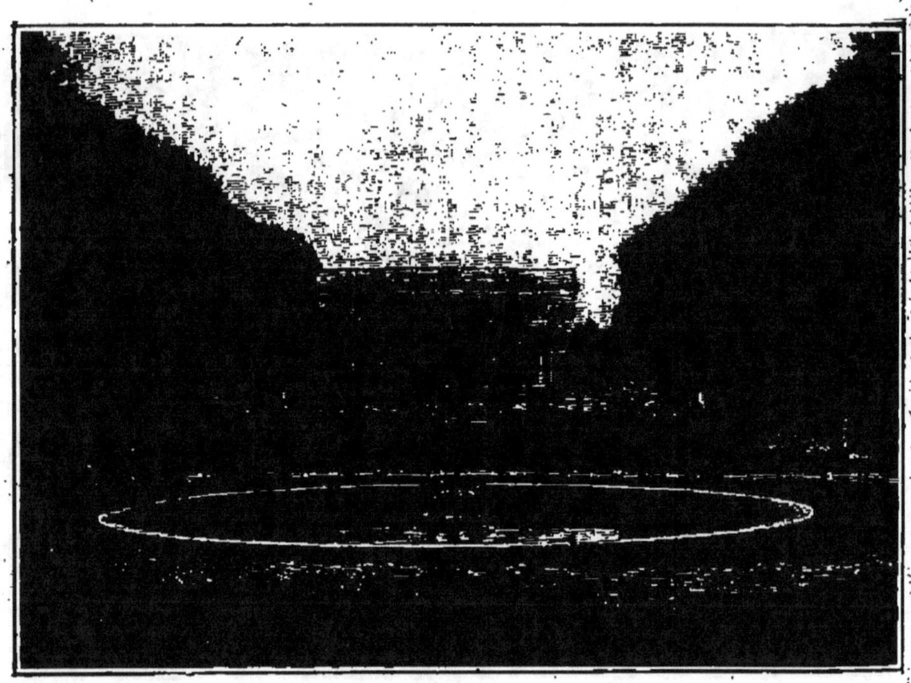

Le palais du Petit Trianon, vu du côté du Jardin Français.

étaient à l'usage des valets et des femmes de service. C'est ici que Louis XV et Mme Du Barry avaient leur chambre et que le roi donnait à coucher à quelques familiers. C'est ici qu'il recevait, comme dans les "nids à rats" de Versailles, les amantes d'un jour, dont le distrayait Mme de Pompadour et, après elle, Mme du Barry. Marie-Antoinette logea à cet étage les enfants royaux, en compagnie de leur gouvernante, Mme de Polignac, ainsi qu'une ou deux amies et sa belle-sœur, Mme Élisabeth. Elle installa au Grand Trianon le reste de sa nombreuse société.

A gauche de la cour d'entrée du Petit Trianon, on aperçoit le clocheton de la CHAPELLE, construite en 1772 et portée sur les comptes pour 68 000 livres (205 500 francs). Bien conservé, sauf l'empâtement des peintures, l'intérieur, de forme rectangulaire et de style néo-grec, est lambrissé. Le retable de l'autel encadre une jolie toile de Vien, d'un fin dessin et d'un chaud coloris, qui figure *Saint Thibaut* recevant, à l'abbaye des Vaux-de-Cernay, la visite de Louis IX et de sa femme, Marguerite de Provence ; le saint présente un lis aux deux époux, qui sont vêtus à la mode du XVIIIe siècle. Le clocheton de la chapelle, en bois, de style Louis XV, offre, comme les clochers de l'église Saint-Louis, à Versailles, l'aspect d'un petit minaret oriental, surmonté d'une boule autrefois dorée.

Attenants à la Chapelle, les anciens *Communs* prirent surtout de l'importance lors des séjours de Marie-Antoinette à Trianon. Ils furent alors agrandis par Mique et se composent d'une longue et double file de bâtiments bas, bordant une cour intérieure et couverts d'ardoises. Là, se trouvaient les cuisines, dont l'organisation était presque aussi complexe qu'à Versailles, le corps de garde des Suisses, le bûcher, un garde-meuble, le poste de la pompe à incendie, les écuries et les remises. Dans les combles couchaient les femmes de la reine, ses coiffeuses, ses lingères, ses cochers et ses postillons. Insuffisants encore à contenir tout le matériel et tous les gens de service nécessaires lors des fêtes et des spectacles, ces Communs étaient augmentés, à l'occasion, de maisons de bois, qui se montaient et se démontaient en un tour de main.

En 1785, Louis XVI ayant donné à sa femme le château de Saint-Cloud, cette nouvelle résidence se partagea avec le Petit Trianon la faveur de la reine. Elle avait, en 1788, complètement accaparé l'inconstante.

Nous avons parlé (p. 70) du sort de la maison sous la Révolution, qu'elle traversa, somme toute, sans grand dommage, et de la dispersion de son contenu. Les bibelots personnels de Marie-Antoinette furent en partie vendus aux enchères ; les plus beaux furent envoyés au Louvre. Le Petit Trianon fut habité, en 1806, par Pauline Borghèse, sœur de Napoléon, puis, sous Louis-Philippe, par le duc et la duchesse d'Orléans, fils et belle-fille du roi. En 1867, l'impératrice Eugénie, femme de Napoléon III, qui fut une des premières protagonistes de la remise en valeur de l'art du XVIIIᵉ siècle, organisa au Petit Trianon une exposition d'objets ayant appartenu à Marie-Antoinette, ou présumés tels. Ce sont eux, augmentés de quelques autres, que nous y avons retrouvés.

Jardins et Hameau du Petit Trianon

Les jardins du Petit Trianon comprennent deux parties : le Jardin Français et le Jardin Anglo-Chinois. — Le JARDIN FRANÇAIS est celui qui s'étend vers le Grand Trianon et qui date de Louis XV. Le centre en est marqué par le Pavillon Octogone, dit aussi PAVILLON DE CONVERSATION ou PAVILLON FRANÇAIS, petit édifice d'une élégance et d'une distinction achevées, élevé par Gabriel de 1749 à 1753, en même temps que les divers bâtiments de la Petite Ménagerie de Mme de Pompadour. Il se compose d'un rez-de-chaussée à hautes fenêtres et à portes vitrées, couronné de balustres, où des groupes d'enfants alternaient avec des vases, qui font défaut aujourd'hui. A l'intérieur, restauré en 1890, quatre Cabinets, qui servaient de boudoir, de garde-robe, de cuisine et de réchauffoir, rayonnent autour du Salon, de forme octogonale, dont le sol est dallé d'une marqueterie de marbre, et où une frise circulaire, blanche et or, courant à la base du plafond, représente en bas-reliefs des animaux de basse-cour, cygnes, canards, pigeons, dindons, coqs et poules. Huit colonnes corinthiennes soutiennent le plafond, en coupole, où un aigle, souverain des oiseaux et emblème du roi, éployait autrefois ses ailes. C'est ici que Mme de Pompadour recevait Louis XV, costumée en bergère, et lui faisait les honneurs de son poulailler et de ses volières, de sa vacherie et de sa laiterie, qui avoisinaient le pavillon. Une partie de ces bâtiments subsistent encore.

Le jardin fut tracé par Claude Richard, en 1749, et remanié par lui en 1761, lors de la construction du palais du Petit Trianon. Avec ses lignes de tilleuls, taillés par le faîte, afin qu'ils n'atteignent pas une hauteur excessive, avec ses petits bassins, ronds ou carrés, avec ses charmilles tournantes, qui ne dépassent pas le niveau de l'épaule, et l'intimité gracieuse des allées qu'elles décrivent, il est aux grands parcs du XVIIe siècle ce que les Petits Appartements de Louis XV sont à la Galerie des Glaces. C'est un spécimen précieux de l'art des jardins à cette époque, art de transition, qui s'humanise comme l'architecture elle-même, tout en conservant son inspiration française. Quant au *Jardin Botanique*, d'abord attenant au Jardin français, après avoir été déplacé une première fois et transporté de l'autre côté du palais, il fut culbuté par Marie-Antoinette, pour l'aménagement du Jardin Anglo-Chinois. Une partie de ses arbres et ses fleurs furent utilisés dans le nouveau jardin, où peut-être survivent encore quelques cyprès et quelques cèdres. Le reste fut expédié au Jardin des Plantes de Paris.

Le JARDIN ANGLO-CHINOIS — dit *anglais* comme appartenant au style paysager, en honneur alors en Angleterre ; dit *chinois* pour les constructions légères dont il s'orne et se parsème, à l'instar des jardins du Céleste Empire — fut commencé par Marie-Antoinette dès sa prise de possession du Petit Trianon. La passion du " goût de la Nature " est alors irrésistible et s'affirme jusque dans la toilette. La reine inaugure ces coiffures monstrueuses, sur lesquelles s'échafaudent des montagnes en miniature, des prairies émaillées de fleurs, des forêts et des rochers où serpentent des ruisseaux argentins, figurés par des gazes pailletées. Tous les particuliers bouleversent et renouvellent leurs jardins, et il est question de sacrifier le parc même de Le Nôtre.

Le 26 juillet 1774, Marie-Antoinette réclame plans et projets à Gabriel, qui propose, entre autres ornements, une Ruine empruntée aux monuments célèbres de Balbeck. Car la ruine antique, elle aussi, fait fureur. L'Italien Bettini offre un Volcan qui, à l'imitation du Vésuve, lancera des flammes, grâce à un foyer souterrain, alimenté au charbon. Un tracé du paysage est demandé à Antoine Richard, qui succédera bientôt à son père dans la direction des jardins. Mais rien ne satisfait la reine. Elle s'adresse finalement à un amateur réputé, le comte de Caraman, qui s'est dessiné, pour lui-même, un jardin paysager, à Roissy, et un autre à Paris, attenant à son hôtel de la rue Saint-Dominique. Le plan Caraman fut adopté. Antoine Richard en assura l'exécution pour ce qui concernait le jardin proprement dit. Mique de Nancy, Gabriel ayant pris sa retraite sur ces entrefaites, se chargea de l'architecture. De petites maquettes furent présentées à l'agrément de la souveraine, comme il se pratiquait déjà sous Louis XIV. Les rochers et les constructions étaient de mastic et de cire ; de la laine verte, de la raclure de corne et de la mousse figuraient arbres, allées et gazons ; de petits morceaux de glaces imitaient l'eau.

Les travaux furent commencés à l'automne de 1775, avec 100 000 livres seulement (200 000 francs), refusées d'abord par Turgot et accordées par Necker, sur la volonté formelle de Louis XVI, à qui sa jeune femme s'était plainte avec emportement. Poussés activement à partir de 1777, ils ne se terminèrent qu'en 1782. Ils furent repris en 1783, pour la construction du hameau paysan, qui vint s'adjoindre au Jardin Anglo-Chinois et former avec lui l'ensemble ravissant qui est parvenu jusqu'à nous. Tout ici, pouvait écrire le prince de Ligne, est "parfait et juste", et la postérité a ratifié son éloge. La presque totalité des arbres, dont beaucoup de résineux, toujours verts, et d'exotiques, a été renouvelée en 1830.

Accédant au jardin par la porte qui s'ouvre, à droite, dans la cour d'entrée du Petit Trianon, on rencontre d'abord la RIVIÈRE, qui serpente dans une vaste prairie, aux grandes herbes folles, et qui ne tarde pas à enlacer un îlot où s'élève, sous les ramées touffues d'un petit bois, le TEMPLE DE L'AMOUR. D'inspiration antique, ce délicieux édicule en pierre blanche, de forme circulaire, construit en 1778 et qui coûta 41 593 livres (83 186 francs) 17 deniers, non compris le plomb de la toiture, est l'œuvre de Mique et du sculpteur Deschamps. Douze minces colonnes corinthiennes soutiennent une coupole à caissons ornementés, sous laquelle l'*Amour adolescent*, de Bouchardon, souple et nu, le regard railleur, se taille un arc dans la massue d'Hercule. La statue originale, en marbre blanc, qui datait de 1746, est aujourd'hui au Louvre et une copie l'a remplacée.

D'une longue et filandreuse *Élégie* (fait curieux, la poésie fut, à cette époque, toujours inférieure aux autres formes de l'art), où le poète Bertin nous a décrit les jardins de Trianon, quelques vers heureux de forme et de sentiment, doucement émus comme un pastel, peuvent se détacher :

> " *Aimable Trianon, que de transports divers*
> *Vous inspirez aux âmes amoureuses !*
> *J'ai cru voir, en entrant sous vos ombrages verts,*
> *Le séjour des Ombres heureuses.*
>
> . . . .
>
> *Mais, à travers ces bois religieux,*
> *Quelle élégante colonnade,*
> *En marbre blanchissant, s'élève dans les cieux ?*

> *C'est le Temple d'Amour, c'est l'enceinte sacrée*
> *Que réserve à son fils la reine de ces lieux.*
> *Deux saules chevelus en défendent l'entrée*
>   *A tout mortel audacieux.*
> *De l'enfant, sur l'autel, respire la statue.*
> *C'est lui-même ! On le voit, foulant un bouclier,*
> *Et le casque d'Alcide, et sa lance rompue,*
> *Courber en arc poli sa noueuse massue*
> *Et, d'un souris malin, déjà nous défier.*
>   *A l'approche du sanctuaire,*
>   *Saisi d'un tremblement heureux,*
> *Trois fois, du marbre saint j'ai baisé la poussière*
> *Et fait fumer, trois fois, un encens précieux.*
>   *Puis, couronnant ses beaux cheveux*
>   *D'un feston de myrte et de lierre,*
> *Aux pieds du dieu charmant j'ai déposé mes vœux*
>   *Et fait tout bas cette prière :*
> *Amour ! Amour ! Éternise nos feux !* "

Au delà du Temple de l'Amour, la rivière se replie vers le Petit Lac et le Belvédère, où nous la retrouverons tout à l'heure.

Continuant la même allée, on arrive au HAMEAU, qui se compose d'un groupe de maisons paysannes, disséminées autour d'un étang où elles mirent leurs crépis jaunes et rouges et leurs toits de chaume, en un décor d'opéra-comique. Le " Jardin Pastoral " avait succédé au jardin anglais dans la faveur publique, et le prince de Condé avait devancé la cour en se faisant aménager, à Chantilly, un pseudo-hameau, avec ferme, moulin et cabaret rustique. Il était de mode de s'intéresser au laboureur, à l'homme qui sème et moissonne le pain de l'humanité. La bête livide de La Bruyère, courbée sur son sillon, s'était transformée, dans les tableaux de Greuze et dans les livres de Rousseau, en une sorte d'être idéal, modèle de toutes les vertus et participant aux plus purs bonheurs. Sous Louis XIV même, le paysan avait joué parfois sa partie, dans les amusements des grands. Le 3 septembre 1700, la duchesse de Guiche, recevant la Dauphine dans son château de Puteaux, lui avait offert une fête champêtre, où villageois et villageoises des environs avaient diverti les assistants de leurs évolutions, de leurs chants et de leurs danses ; une grande beuverie et quelques poignées de monnaie les en avaient récompensés.

Mique présenta à Marie-Antoinette, en 1783, ses plans et ses croquis, au sujet desquels Hubert Robert fut appelé en consultation. Les travaux durèrent jusqu'en 1786, année où, le 21 septembre, Louis XVI fut, pour la première fois, invité par sa femme à déjeuner avec elle au hameau. Antoine Richard avait dirigé les plantations.

Le BOUDOIR, petite maison basse, emmitouflée de lierre et de vigne vierge, qui servait à la reine de retraite intime, et le MOULIN, avec sa roue à palettes, que le ruisseau tari ne fait plus tourner, précèdent la MAISON DE LA REINE. Celle-ci, qui se développe en demi-cercle, est la plus importante des constructions. Haute d'un étage, elle se compose de deux corps de logis, reliés entre eux par des arcades, que surmonte une galerie couverte. — Derrière elle se dissimule une chaumine, qui servait de RÉCHAUFFOIR ou Cuisine.

Passant ensuite sur un petit pont de pierre, jeté sur le bras de rivière qui sert de déversoir à l'étang ou GRAND LAC, on rencontre à gauche la LAITERIE DE LA REINE, dont les murs extérieurs s'ornent de bustes de marbre et qui s'appuie à la TOUR DE MARLBOROUGH. Cette tour, dont le soubassement repose sur un rocher baigné par l'étang, est en bois dans sa partie supérieure et se termine par un balcon circulaire, d'où l'on domine tout le paysage. Son nom rappelle le souvenir du célèbre général anglais et celui de la complainte composée en son honneur, en 1722, qui avait été rajeunie par Beaumarchais, pour le *Mariage de Figaro*, et que la nourrice même du Dauphin chantait au-dessus du berceau de son royal nourrisson.

Au delà de la Laiterie, on trouve à droite, un peu en retrait, deux nouvelles chaumines. L'une est la MAISON DU COLOMBIER, dont le *colombier*, ou pigeonnier, se voit encore dans les combles, et qui abritait, à son rez-de-chaussée, le *poulailler*; l'autre est la MAISON DU GARDE, où logeait le Suisse Jean Bersy, et qui communiquait, par un souterrain, avec le fossé d'enceinte du jardin. Une troisième chaumine, qu'habitait le garçon-jardinier Bréval, a disparu.

Enfin, à quelque distance et suffisamment éloignée pour que lesnobles hôtes du hameau ne fussent point offusqués de ses relents, la FERME abritait la *Vacherie*, la *Fromagerie*, des *Étables* pour moutons, chèvres et porcs, ainsi que les niches à lapins. Ses bâtiments encadraient une cour, à laquelle on accédait par deux Portails de pierre, dont un seul a subsisté.

Avec leurs toits, couverts de chaumes de joncs et de tuiles brunes, avec leurs auvents contre les intempéries, leurs murs crépis de jaune ou imitant l'aspect de la pierre crevassée et de la vieille brique, avec leurs poutres apparentes et leurs petites vitres serties de plomb, ces diverses maisons se rattachent au type classique de la maison normande.

Si l'aspect extérieur en était uniformément rustique, l'intérieur de celles qui servaient à l'usage de la maîtresse de céans et de ses invités offrait toute l'élégance et tout le confort désirables. Le corps de logis de droite de la Maison de la Reine comprenait, au rez-de-chaussée, une *Salle à manger* et un *Cabinet de jeu*, pour le trictrac, décoré d'un papier chinois, à fond vert, et d'un parquet de marque-terie. Le premier étage était occupé par une *Antichambre*, de style chinois, et par un *Grand* et un *Petit salon*; le grand salon était orné d'une corniche d'ordre corinthien, d'une cheminée de marbre blanc veiné, de cadres de glaces, sculptés par Deschamps, et tendu de tapisseries. Dans le corps de logis de gauche se trouvaient, au rez-de-chaussée, un *Billard* et, au premier étage, cinq pièces, dont une *Bibliothèque*. Un peu partout dans la maison étaient accrochées des gouaches, reproduisant les principales espèces de fleurs rares, cultivées dans l'ancien jardin botanique. Le boudoir était aménagé avec la même recherche de bien-être, ainsi qu'une des chambres du Moulin. La Laiterie était munie de tables et d'étagères en marbre blanc, dont les garnitures de porcelaine, terrines, tasses, beurriers, brocs, plateaux, exécutées à moule perdu, portaient le chiffre de la reine.

Dans une de ces maisons, on ignore laquelle, Marie-Antoinette avait réuni toutes les menues et charmantes maquettes, exécutées pour les jardins et les constructions du Petit Trianon. Dans une autre, furent installées, en 1788, sept figures de cire, de grandeur naturelle, représentant les *Ambassadeurs Indous* de Tipôo-Saheb, roi de Mysore, qui venaient d'être reçus avec honneur à Versailles et qui avaient été logés au Grand Trianon. Les ambassadeurs étaient au nombre de trois, dont un beau vieillard, de haute taille et à barbe blanche, et ils étaient figurés fumant leur pipe. Trois serviteurs et un inter-prète complétaient le groupe. Tous ces intérieurs sont vides aujour-d'hui, et l'on n'y retrouve que quelques tentures, datant du Premier Empire et de la princesse Pauline.

Les autres maisons du Hameau étaient réservées aux animaux et au personnel qui en prenait soin, à ces paysans véritables, en compagnie de qui on se complaisait à vivre, dont on s'amusait à regarder de près les travaux. Car, si le costume s'était simplifié et si une robe de percale, un fichu et un bonnet de mousseline avaient remplacé les retroussis de satin, pas plus que Mme de Pompadour, Marie-Antoinette et ses amies n'ont jamais trait une vache, ni encanaillé leurs mains à panser le bétail. Relever les œufs, une corbeille au bras, fabriquer ou filtrer un modeste fromage blanc, mettre en forme le beurre qu'on leur apportait tout baratté, déguster le lait encore tiède, caresser les bêtes et leur donner du pain ou du grain, suffisait au bonheur de ces gracieuses personnes.

A la Ferme logeait, avec sa femme et ses enfants, le fermier Valy Bussard, venu de Touraine, aux appointements de 125 livres par mois (250 francs). Il avait sous ses ordres un valet de ferme à 56 livres par mois, un petit vacher à 50 livres par trimestre et une servante à 200 livres par an. Trois garçons-jardiniers, un faucheur, un taupier, un ratier et un fureteur, un commissionnaire pour les courses, le Suisse Bersy, un garde-bosquet et un invalide, qui était chargé des rondes de surveillance, complétaient la colonie. Les vaches étaient de race suisse; les poules, d'espèces diverses, venaient en partie du Mans et du pays de Caux. Un bouc, qui s'était montré notoirement insuffisant, " car, déclare Valy à la reine, sur sept chèvres il n'y en a pas une de pleine ", fut révoqué de ses fonctions et remplacé par un autre, que le messager public amena de Fribourg, dans une petite carriole mise à la traîne de sa voiture. C'était un bouc blanc, à quatre cornes et d'humeur douce, accompagné de sa mère, qui mit bas deux chevreaux en cours de route. L'étang, qu'animait une escadrille de canards, fut peuplé, pour la pêche, de 2 349 carpes, qui recevaient par an pour 950 livres de pain, et de 26 brochets, qui se nourrissaient eux-mêmes aux dépens des carpes. Un batelet peint en gris, où flottait le pavillon blanc et bleu de la reine, était amarré au pied de la Tour de Marlborough.

Le décor ambiant différait de ce qu'il est aujourd'hui et n'a pris qu'au cours du siècle dernier l'aspect de jardin anglais que nous lui voyons. Les maisons du hameau s'élevaient au milieu d'enclos, entourés de haies vives, parsemés de peupliers et plantés d'arbres fruitiers (50 noyers, 400 cerisiers, 200 pruniers, 500 poiriers, 100 pêchers, 200 abricotiers), de fraisiers (800 touffes), de framboisiers et de groseilliers (200 pieds). Des légumes, choux de Milan, choux-fleurs, haricots, y étaient cultivés. Il y avait aussi une prairie, où s'ébattaient les poules, sous un grand filet, et des champs labourés dont le grain était broyé au Moulin, où une roue beaucoup plus petite a remplacé l'ancienne. Ferme et cultures constituaient une exploitation rurale complète, dont les comptes, qui nous sont en

Hameau du Petit Trianon : le Moulin.

Hameau du Petit Trianon : Grand Lac et Maison de la Reine.

Hameau du Petit Trianon : Laiterie et Tour de Marlborough.

partie demeurés, n'accusent, du 1er juillet 1785 au 1er octobre 1791, qu'un déficit insignifiant de quelques milliers de livres.

Le paysage se complétait, par-dessus le fossé qui clôture seul le jardin, de perspectives ménagées entre les arbres sur la campagne environnante et sur le petit village de Saint-Antoine-du-Buisson. Celui-ci, qui semblait, avec ses vraies chaumières et sa champêtre église, faire partie du hameau, se rattachait au décor par la *Porte Saint-Antoine*, qui existe encore et qui dominait le tout. Construite par Mique, en pierre jaune, répondant à la couleur des crépis, elle affecte la forme d'un petit arc de triomphe antique. De style ionique, elle est ornée, au cintre de son arche, d'une énorme et superbe peau de lion, flatteur et railleur emblème de l'inoffensif Louis XVI.

Contournant ensuite l'étang, on rencontre, sur sa rive opposée, des cyprès de la Louisiane, dont les racines ressortent du sol, pareilles à des pilotis, et un gentil vallon herbu, qu'arrosait un ruisselet, aujourd'hui tari. Ce vallon, que l'on remonte, ramène, à son extrémité, au jardin anglo-chinois et à une butte agreste, plantée de buis arborescents et d'ifs non taillés, qui ne laissent filtrer entre leurs ramures qu'un jour métallique et noirâtre. C'est la Montagne de l'Escargot. De petites allées conduisent à son sommet, d'où l'horizon se dégageait autrefois. — En arrière de la butte, une étroite et obscure ravine cache une petite Grotte, faite de rochers naturels, cimentés entre eux. L'intérieur, où l'on descend par un escalier raboteux, en est presque noir. Sur le sable du sol, une source prenait autrefois naissance. Dans cette grotte, où la Révolution ne manqua pas de découvrir un des " repaires de débauche " de Marie-Antoinette, un lit de mousse sèche était entretenu pour la reine et une mince fissure, qui existe encore, ménagée dans l'épaisseur du rocher, permettait d'observer toute l'enfilade de la ravine, sans être vu.

Une seconde butte, au delà, domine le Petit Lac et porte le Belvédère. — Le Belvédère, édifié par Mique, de 1778 à 1781, et dont la dépense monta à 64 990 livres (129 980 francs), sur un devis prévu de 25 900 livres, est, comme le Temple de l'Amour, une menue et toute charmante construction, d'inspiration antique. On y accède par des marches, encadrées de quatre paires de Sphynx, coiffés de turbans à l'égyptienne, ou couronnés de roses. Huit fenêtres et portes-fenêtres alternent, sur ses huit pans, et quatre bas-reliefs rectangulaires, de Deschamps, reproduisent une fois de plus les motifs allégoriques des Saisons. Celui de l'*Hiver*, qui rappelle la statue célèbre de Girardon et nous montre, accroupi dans les plis de son manteau, un vieillard qui se chauffe à la flamme d'un brasero, est des plus remarquables. Par l'énergique et expressive sobriété de ses lignes et de sa facture, il n'est pas loin de la pure beauté de l'art grec. A l'intérieur, les murs du Belvédère sont revêtus de stuc, comme ceux des maisons d'Herculanum et de Pompéi, et décorés de fresques ténues, où se mêlent trépieds, thyrses, caducées, chapeaux de jardin, colombes se becquetant, poignards croisés (symbole des cœurs transpercés) et, à l'exclusion de la fleur de lys, l'aigle d'Autriche ; un singe lutine des poissons dans un bocal ; un écureuil grignote des fruits. C'est merveille que tant de fragile délicatesse soit parvenue jusqu'à nous. Au pied du Belvédère, sur le petit lac, qui alimente la rivière dont le cours serpentant s'en va vers le Temple de l'Amour, se voit encore l'accostage de pierre où une barque était amarrée. — Vers la droite du Petit Lac, s'élève le ROCHER, formé de blocs artificiels simulant un paysage suisse, et qui rappelle, avec moins de grandeur, le décor des Bains d'Apollon, dans les bosquets de Versailles. Il n'avait pas fallu moins de sept maquettes de la grotte, afin de contenter Marie-Antoinette. Il en fallut quatorze pour le rocher, auquel on travailla durant trois ans. C'était se donner beaucoup de mal pour peu de chose, prendre bien du tracas pour imiter ce que la nature, là où il lui plaît, fait beaucoup mieux elle-même. L'eau courante, destinée à animer cette puérile fantaisie, ne fut jamais en quantité suffisante. Elle manque presque complètement aujourd'hui.

En arrière du Belvédère se trouvait une petite *Orangerie*, qui existe encore. Elle borde le joli *Jardin Charpentier* qui, planté en 1850 par le jardinier de ce nom, s'enorgueillit justement de sa riche collection de rhododendrons et d'azalées d'Amérique. — Mitoyennes avec le jardin Charpentier, les *Pépinières de Trianon*, pour arbres et arbustes ornementaux, aménagées sous Louis XV par les soins de Claude Richard, furent renouvelées sous Charles X par le botaniste Massey. Elles fournissent annuellement 13 000 sujets, destinés au Palais et aux Jardins nationaux. Durant la crise alimentaire de la dernière guerre, elles ont servi, avec le concours d'ouvriers agricoles venus d'Annam, à la production de plants et des semis de légumes. Le *Bassin du Trèfle*, qu'elles enclosent, a été creusé sous Louis XIV, pour alimenter les bassins et les jets du Grand Trianon.

Les jeux et les ris des "Ombres heureuses"

Du Belvédère, passant un pont rustique en bois, accroché au Rocher, on redescend vers le jardin français, que précède le THÉÂTRE. Construit en un an pour Marie-Antoinette, après quelques spectacles donnés sur des scènes volantes, il fut terminé en juillet 1779. De toutes les salles de théâtre de Versailles, c'est, avec celle de l'Opéra, la seule qui ait subsisté. La dépense, qui marchait de pair avec beaucoup d'autres, fut comprimée par Mique à 141 200 livres (282 400 francs) 4 sols 6 deniers, meubles et tentures non compris.

Du dehors, ce n'est qu'une bâtisse sans ornements, voilée d'arbres, et voisine d'une série de Communs, anciennes dépendances de la Petite Ménagerie de Louis XV. Seule, la porte est décorée de deux colonnes ioniques, surmontées d'un fronton où se voit un enfant tenant une lyre. A l'intérieur, qui ne s'ouvre plus que rarement, une humidité froide vous saisit. Un vestibule en demi-cercle donne accès à deux Salons et à la Salle. Celle-ci, qui compte trois cents places, comprend deux étages de loges, précédées de deux balcons, et un parterre. Les tentures des loges, de moire bleue, et celles des sièges, de velours de même couleur, ont été arrachées et vendues à la Révolution ; elles ont été rétablies, en rouge, par Louis-Philippe, qui a fait aussi modifier le profil du premier balcon. Le reste est intact. Le plafond de Lagrenée, aux tonalités douces, bleues et roses, représente l'inévitable *Apollon entouré des Grâces et des Muses*. Les voussures qui le supportent sont percées d'œils-de-bœuf et ornées de figures d'enfants, tenant des guirlandes de fleurs et de fruits ; dans un médaillon, au-dessus de la scène, le chiffre de Marie-Antoinette. Dans la salle, aux consoles qui portent le second balcon, apparaît, en réplique, la peau de lion de Louis XVI. En avant et de chaque côté de la scène, un gracieux groupe de femmes, vêtues à l'antique de draperies collantes qui moulent leurs formes jeunes, soutient une girandole où s'étageaient les bougies, parmi les fleurs de soleil, les roses et les lis. Ces sculptures, comme l'ornementation de la salle, ne sont, hélas ! que de carton-pâte doré, indigne des artistes qui ont mis là leur talent. Dans le gâchis financier, toujours croissant, il a fallu faire vite et pauvrement. Le bois peint simule le marbre qui, comme le bronze, a manqué et, quel que soit le charme élégant, si plein de souvenirs de cette petite salle, une impression un peu misérable s'en dégage. Elle est comme l'image de déclin de la royauté. La scène, par contre, très profonde et bien aménagée, permet un déploiement de figuration considérable et tous les effets scéniques d'un grand théâtre.

Ce fut le 1er août 1780 que Marie-Antoinette monta sur les planches. La troupe d'amateurs dont elle était le chef de file se composait, en première ligne, du comte d'Artois, son beau-frère, spirituel et polisson, avec qui, encore enfant, elle jouait la comédie en cachette ; du comte hongrois Valentin Esterhazy, qui commandait en France un régiment de hussards ; du comte d'Adhémar, ancien officier à l'armée, un vieux beau, habile à parvenir, nommé ambassadeur à Londres en 1783, ce qui ne l'empêchait point de passer à Versailles le meilleur de son temps ; du baron de Besenval, lieutenant-colonel au régiment des Gardes Suisses, cinquante ans, cheveux grisonnants, belle tenue, d'une audacieuse galanterie avec les femmes, fort maître de lui et de ses actes, sous les rondes allures d'un fils de l'Helvétie ; du comte Rigaud de Vaudreuil, l'homme le plus séduisant de la cour, maître de camp d'un régiment de dragons, brave et emporté, franc comme l'or, gentilhomme et magnifique, aimant à s'entourer d'artistes et d'écrivains, et protecteur de Beaumarchais ; puis encore du comte Jules de Polignac qui, dans la vie, avait pour principal mérite d'être le mari de sa femme, la comtesse Jules de Polignac, née Gabrielle-Yolande-Martin de Polastron. Captivante et gracieuse, au jugement de tous, la comtesse était l'amie de cœur de la reine, qui s'enfermait avec elle durant des heures entières, l'embrassait avec passion, se jetait à ses genoux, lorsqu'elle craignait de l'avoir fâchée, et la nomma, en 1782, gouvernante des Enfants de France. Les rôles marqués furent dévolus à la comtesse Diane de Polignac, sœur du comte, laide et qui s'habillait mal, mais qui était pétrie d'esprit et savait avoir son succès, même auprès des hommes. Quelques professionnels des théâtres royaux donnèrent à l'illustre troupe des leçons de diction et de mise en scène ; M. Campan, beau-père de Mme Campan, et qui exerçait à Trianon les fonctions peu absorbantes de bibliothécaire, tint l'emploi de souffleur.

Il y eut, en cinq ans, huit représentations : cinq en 1780 ; une par année en 1782, 1783 et 1785. Quatorze pièces furent représentées, comédies de salon ou paysanneries, et petits opéras-comiques. Dans *la Gageure imprévue* de Sedaine, qui fit partie du premier spectacle, Marie-Antoinette tenait le rôle de *Gotte*, la servante ingénue, et débutait par ces mots : "Nous autres domestiques...". Puis elle se mettait à broder des manchettes pour le valet Lafleur, que jouait le comte d'Artois. J.-J. Rousseau (il était mort en 1778) eut les honneurs de la scène royale avec son *Devin du village*, où la reine joua Colette.

Dans *le Sabot Perdu*, pièce à ariettes, de Piis et Barré, Babet (Marie-Antoinette) lutte longtemps contre Colin, son amoureux (le comte d'Artois, semble-t-il, car quel autre que lui eût osé ainsi lutiner la reine ?), qui prétend l'embrasser à toute force et finit par y parvenir. Et Babet de s'écrier :

> " *Dans l'plaisir où qu'ton cœur s'épanche,*
> *C'n'est pas agi' d'eun' magnière franche.*
> *Comment te pardonnai*
> *De m'prendre ainsi c'que j't'allions donnai ?* "

Le dernier spectacle, qui eut lieu le 19 août 1785, fut le plus intéressant, avec *le Barbier de Séville* de Beaumarchais. Vaudreuil avait usé de toute son influence sur la reine pour faire représenter cette comédie fameuse, qui soulevait alors, au point de vue politique, les plus ardentes polémiques. Il y tenait lui-même le rôle du comte Almaviva et Marie-Antoinette y jouait Rosine ; le comte d'Artois incarnait Figaro. Beaumarchais, qui sortait à peine de Saint-Lazare, assistait à la représentation, et généreuse était la revanche qui lui était accordée.

Il avait été convenu que ces divers spectacles n'auraient d'autres assistants que le roi et sa sœur (Mme Élisabeth), son autre frère, le comte de Provence, et ses deux belles-sœurs. Mais, comme il était à prévoir, les acteurs s'ennuyèrent bientôt de jouer devant des sièges vides, et Marie-Antoinette eut l'idée imprévue de garnir la salle avec des gens de service, simples Gardes du Corps, femmes de chambre, domestiques, huissiers et autres subalternes. Dans son esprit, ces gens-là ne comptaient pas. Ils comptaient trop, au contraire. Quoique défense leur fût faite de traduire par aucun signe leurs sentiments, quels qu'ils fussent, on pense à quelles réflexions ils pouvaient se livrer. Pour une Mme Campan, sincèrement attachée à sa maîtresse, combien de regards ironiques, combien d'oreilles hostiles étaient aux aguets ! Et ce n'était pas un spectacle ordinaire de voir le petit-fils de Louis XIV applaudissant sa femme, qui s'exhibait en servante devant ses valets. Peu à peu cependant, les amies de la reine, comme la princesse de Lamballe, et les habitués de la cour se plaignirent d'être tenus à l'écart. Les invitations s'étendirent à un certain nombre de privilégiés, parmi lesquels l'ambassadeur d'Autriche, et Marie-Antoinette connut les bravos d'un public. Par derrière, on critiqua aussi, comme il est de règle, avec toute la malignité désirable, et ce fut le revers de la médaille. A partir de 1786, le " Théâtre de la Reine " se transporta à Saint-Cloud, et la petite salle, qui avait servi, entre temps, à des représentations de gala données par l'Opéra, la Comédie Française et la Comédie Italienne, se ferma. Elle n'a été utilisée depuis qu'en de rares circonstances, sous Louis-Philippe ou de nos jours.

Les fêtes organisées par Marie-Antoinette dans les jardins du Petit Trianon furent nombreuses. Cinq surtout furent importantes. La première fut celle du 3 septembre 1777, " offerte au Roi par la Reine " (c'étaient les rois qui offraient jadis des fêtes à leur femme ou à leur maîtresse), pour l'inauguration du Jardin Anglo-Chinois, qui commençait à prendre forme. Le scénario en était une foire populaire. Des baraques de planches, enguirlandées de fleurs et construites sur les pelouses, figuraient des boulangeries, charcuteries, rôtisseries et pâtisseries, que tenaient les dames de la cour. Une guinguette, avec des berceaux de treillages, était servie par Marie-Antoinette, costumée en limonadière. Sur un théâtre en plein vent, une parade grotesque attirait les promeneurs. La foire se prolongeait pour le public, au dehors des jardins, par des boutiques de petits marchands, venus de Versailles et de Paris, et par d'autres parades de danseurs de corde et de bateleurs. Près du palais avait été installé, par Mique, un *Jeu de bagues chinois*, dont la disposition était à peu près semblable à celle de nos manèges de chevaux de bois. Sur une plate-forme circulaire, qui tournait autour d'un mât central, soutenu par quatre Chinois, des dragons à cornes de cuivre, peints de couleurs éclatantes, servaient de montures aux cavaliers et alternaient avec des paons, que chevauchaient les dames. Un vaste parasol conique recouvrait le tout, dominé par une girouette ornée de monstres fantastiques. Lorsque le mécanisme, mû à bras d'hommes, entrait en mouvement, d'innombrables clochettes se mettaient à carillonner. Les bagues, pendues à des carquois, se cueillaient avec des lances. Les musiciens des Gardes Françaises, travestis en Chinois, formaient l'orchestre. Le soir, 2 600 lanternes à verres de couleur s'illuminèrent, pour clôturer la fête, qui passa comme ayant coûté près d'un demi-million de livres (un million de francs). Le jeu de bagues fut conservé et s'embellit par la suite ; il revint, au total, à plus de 80 000 livres (160 000 francs). Son ossature existait encore en 1805, époque où il fut restauré pour l'amusement de Pauline Borghèse.

En juin 1778, afin de célébrer la convalescence de Marie-Antoinette, qui se relevait de sa rougeole, il y eut fête nocturne. Les fossés qui entourent le jardin furent remplis de fascines embrasées, qui formaient un cercle de feu, dont on ne voyait pas la flamme, mais seulement l'immense lueur rougeâtre, pareille, dit Grimm, à celle d'une aurore. Dans les massifs de fleurs et d'arbustes, des centaines de lampions dissimulaient leurs terrines derrière des planches peintes en vert et semblaient autant de sources invisibles de clarté. Dans un bosquet, le duc de Guines, ce gros homme spirituel, qui voulait à toute force paraître mince et qui possédait, pour chacun de ses costumes, deux séries de culottes, les unes destinées aux jours où il devait s'asseoir, les autres à ceux où il resterait debout, jouait de la flûte, habillé en paysan, sur le passage de la reine. Plus loin, deux faunes lui répondaient, l'un avec un cor, l'autre avec un hautbois. Des divinités champêtres chantaient des chœurs, dérobées sous les feuillées. La foule, amassée hors de l'enceinte, tâchait de deviner ce qui se déroulait dans ce demi-jour mystérieux, à l'abri de ce rideau de feu, et n'hésitait pas à colporter que "la compagnie des Réjouis", comme l'appelait Soulavie, "trouvait plaisant de se livrer, sous des habits de peaux de bêtes, aux amours des cerfs et des biches".

Une seconde fête nocturne, du même style, fut offerte par Marie-Antoinette, le 30 juillet 1781, à son frère, l'empereur d'Autriche, venu, pour la deuxième fois, la voir à Trianon. Ce furent les mêmes embrasements de fascines, les mêmes lueurs diffuses dans les bosquets. Le Temple de l'Amour détachait sa colonnade sur les flammes et les fumées, tandis que des barques chargées voguaient tout autour, sur la rivière. Des cordons lumineux profilaient la silhouette du Belvédère. Le rocher, qui l'avoisine, était démesurément grandi par quelques-uns de ces transparents en toiles peintes, éclairés par derrière, dont nous avons déjà trouvé l'usage sous Louis XIV, et qui représentaient ici des amoncellements de roches. Joseph II ne put échapper au charme pénétrant de cette fête, à la distinction raffinée qui s'en exhalait, à "l'espèce de douceur de vie" qui, comme il l'écrivait, s'épandait autour de lui. C'étaient bien là ces Champs Élyséens, ce "séjour des Ombres heureuses", dont parle Bertin dans son élégie. Même fête encore, à quelques variantes près, le 6 juin 1782, en l'honneur du czaréwitch de Russie, qui voyageait sous le pseudonyme de "comte du Nord" et devait régner, sous le nom de Paul Ier, après la mort de Catherine II.

Ce fut enfin, le 21 juin 1784, la fête offerte au "comte de Haga", qui n'était autre que le roi de Suède, Gustave III. L'illumination des jardins (630 transparents, figurant des arbres et des rochers, et 6 400 fagots brûlés pour le seul embrasement du Temple de l'Amour) se doubla d'un pantagruélique festin, qui rappela les énormes ripailles du temps du Grand Roi. Les tables d'honneur, où prirent place le roi, la reine et leur hôte, avec ceux qui y furent priés, furent dressées dans les deux salles à manger et dans le grand salon du palais. D'autres tables en occupèrent le rez-de-chaussée ; d'autres encore une partie du Grand Trianon. Il y eut, pour chaque table, jusqu'à cent quarante-quatre plats de présentés, dont le reliquat servit à nourrir, deux jours durant, le personnel entier de la cour, petit et grand, jusqu'aux jardiniers, concierges, Suisses, cochers, garçons d'écurie, valetaille des deux sexes et de tout ordre. Chacun eut sa part de la curée. Les "Ombres heureuses" s'étaient souvenues qu'elles avaient un estomac.

Marie-Antoinette, qui, nous l'avons dit, avait peu à peu, depuis quelques années, délaissé Trianon pour Saint-Cloud, s'y retrouva, une dernière fois, dans l'après-midi du 5 octobre 1789. Le temps était couvert et triste. Elle s'était assise dans sa grotte, au pied de la Montagne de l'Escargot, et c'est là que, par la petite allée qui suit la ravine, elle vit venir vers elle un page de son service, qui apportait un billet. Un officier de la maison du roi lui mandait que l'émeute déferlait de Paris sur Versailles et la priait de rentrer en hâte au château. Nous avons conté (p. 66) les événements qui suivirent et le retour dans la capitale, dès le lendemain, de toute la famille royale. La Révolution qui, quatre ans après, tranchait le col blanc de la femme de Louis XVI et se livrait à ces boucheries de femmes que Michelet a si péniblement tenté d'excuser, n'épargna pas davantage l'architecte de la reine. Mique, accusé d'avoir pris part à un complot ayant pour but de sauver Marie-Antoinette, et jeté en prison, fut décapité, ainsi que son fils, le 7 juillet 1794. Antoine Richard traversa indemne la tourmente ; mais il s'était ruiné, pour complaire à sa souveraine, en payant de son propre argent les ouvriers qui travaillèrent aux jardins du Petit Trianon. Il mourut, le 28 juin 1807, à soixante-douze ans, en laissant dans la misère sa femme et trois enfants.

Le temps, aujourd'hui, a amorti toutes ces tristesses, éteint tous ces deuils, et Marie-Antoinette s'est ici, tout entière, survécue à elle-même. Sa présence emplit encore ces lieux, où elle entraînait dans son orbe une cour pétrie par elle à son image. Plus que celui de Louis XV et de Mme du Barry, son souvenir anime le petit palais construit par Gabriel. Dans le brouillard vaporeux du matin où la brume dorée du soir, son léger fantôme voltige toujours en ces calmes jardins, dont elle fut l'âme, qui ont conservé, parmi tant d'orages, leurs fragiles constructions, leur aspect luxuriant, leur atmosphère heureuse, et qui, complétant à Versailles le parc de Le Nôtre, sont la grâce à côté de la majesté.

BIBLIOGRAPHIE

Les Plaisirs de l'Isle Enchantée, 1664. — *Description de la Grotte de Versailles* (Grotte de Téthys), 1679. — *Plans, Profils et Élévation de la ville et du château de Versailles, avec les bosquets et fontaines*, 1716. — *Le Grand Escalier de Versailles ou Escalier des Ambassadeurs*, 1721.

MADELEINE DE SCUDÉRY. *La Promenade de Versailles*, 1669. — JEAN DE LA FONTAINE. *Amours de Psyché*, 1669. — FÉLIBIEN DES AVANTS (A.). *Description de Versailles*, 1674 et 1685. — CHARLES PERRAULT. *Le Labyrinthe de Versailles*, 1679. — COMBES. *Explication historique de ce qu'il y a de plus remarquable dans les Maisons royales de Versailles*, 1681. — FÉLIBIEN (FR.). *Description de Versailles*, 1703 ; *La Chapelle de Versailles*, 1711. — A.-N. DEZALLIER D'ARGENVILLE. *Voyage pittoresque des Environs de Paris*, 1749-1779. — SÉBASTIEN MERCIER. *L'An 2440, Rêve s'il en fut jamais* ; *Tableau de Paris*, 1781-1790. — MEYER (traduit par Dumouriez). *Fragments sur Paris*.

*
* *

Mme CAMPAN. *Mémoires*, publiés en 1823. — CHARLES PERRAULT. *Mémoires*, 1842. — J.-A. LE ROI. *Journal de la Santé du Roi Louis XIV*, 1862. — DUC DE LUYNES. *Mémoires*, 1862. — MARQUIS DE DANGEAU. *Journal*, 1864. — Mme DU HAUSSET. *Mémoires*, 1867. — LE MÉDECIN HÉROARD. *Journal de la Jeunesse de Louis XIII*, 1868. — Mme VIGÉE-LEBRUN. *Souvenirs*, 1869. — DUC DE SAINT-SIMON. *Mémoires*, 1872. — COMTE D'HÉZECQUES. *Souvenirs d'un Page*, 1873. — COMTE DE CHEVERNY. *Mémoires*, 1886.

*
* *

VATOUT. *Le Palais de Versailles*, 1837. — J.-A. LE ROI. *Histoire des rues de Versailles*, 1854-1868. — EUDORE SOULIÉ. *Le Musée Impérial de Versailles*, 1859-1861. — DELEROT. *Ce que les poètes ont dit de Versailles*, 1870. — J. GUIFFREY. *Comptes des Bâtiments du Roi*, 1881-1896 ; *Inventaire du mobilier de la Couronne sous Louis XIV*, 1885. — DESJARDINS. *Le Petit Trianon*, 1885. — DUSSIEUX. *Château de Versailles*, 1885. — A. TERRADE. *Le Théâtre de la Reine au Petit Trianon*. — P. DE NOLHAC. *Le Château de Versailles sous Louis XV*, 1898 ; *La Création de Versailles*, 1901 ; *Les Jardins de Versailles*, 1906 ; *La Chapelle Royale de Versailles*, 1910 ; *Histoire du Château sous Louis XIV*, 1911 ; *Au XVIIIe siècle*, 1918 ; *Études sur la Cour de France : La Reine Marie-Antoinette*, 1890 ; *Marie-Antoinette Dauphine*, 1898 ; *Louis XV et Mme de Pompadour*, 1900 ; *Louis XV et Marie Leczinska*, 1902 ; *Le Trianon de Marie-Antoinette*, 1914 ; *Nattier, Peintre de la Cour de Louis XV*, 1905 ; *Mme Vigée-Lebrun, Peintre de Marie-Antoinette*, 1908. — FENNEBRESQUE. *La Petite Venise*, 1899. — A. JEHAN. *La Ville de Versailles*, 1900 ; *Le Labyrinthe de Versailles*, 1901. — MELCHIOR DE VOGUE. *L'Histoire à Versailles*, novembre et décembre 1901 (*Revue des Deux Mondes*). — GUSTAVE GEFFROY. *Versailles (Musée)*. — L. DESHAIRS. *Petit Trianon, Grand Trianon*, 1907. — G. BRIÈRE. *Versailles (Architecture et Décoration)*, 1907-1909. — BARBET. *Les Grandes Eaux de Versailles*, 1907. — A. PÉRATÉ. *Versailles (Ville d'art)*, 1909. — CAZES, *Château de Versailles*, 1910. — PAUL GRUYER. *Versailles et les Trianons* (dans la Collection des Guides Joanne), 1911.

TABLE DES PLANCHES

Pages.

TABLE DES MATIÈRES